ELEMENTOS DE **DIREITO CONSTITUCIONAL**

MICHEL TEMER

ELEMENTOS DE **DIREITO CONSTITUCIONAL**

25ª edição

EDITORA JusPODIVM | MALHEIROS EDITORES

www.editorajuspodivm.com.br

1ª edição: 1982, 2ª tiragem: 1983; 2ª edição: 1984; 3ª edição: 1985, 2ª tiragem: 1986; 4ª edição: 1987, 2ª tiragem: 1988; 5ª edição: 02.1989; 6ª edição, 1ª tiragem: 04.1989, 2ª tiragem: 06.1989; 7ª edição: 1990; 8ª edição: 1991; 9ª edição: 1992; 10ª edição, 1ª tiragem: 05.1993; 2ª tiragem: 02.1994; 3ª tiragem: 09.1994; 11ª edição: 1995; 12ª edição: 02.1996; 13ª edição: 02.1997; 14ª edição: 02.1998; 15ª edição: 01.1999; 16ª edição: 01.2000; 17ª edição: 01.2001; 18ª edição: 01.2002; 19ª edição, 1ª tiragem: 03.2003; 2ª tiragem: 03.2004; 20ª edição: 04.2005; 21ª edição: 07.2006; 22ª edição: 08.2007; 23ª edição: 02.2010; 24ª edição, 1ª tiragem: 03.2012; 2ª tiragem: 03.2014; 3ª tiragem: 08.2015; 4ª tiragem: 01.2017; 5ª tiragem: 02.2019.

EDITORA *Jus*PODIVM | MALHEIROS EDITORES

www.editorajuspodivm.com.br

Rua Canuto Saraiva, 131 – Mooca – CEP: 03113-010 – São Paulo – São Paulo
Tel: (11) 3582.5757

Contatos: https://www.editorajuspodivm.com.br/central-de-relacionamento
malheiroseditores@terra.com.br

Diagramação: PC Editorial Ltda. *(pceditorial@gmail.com)*

Capa: Maitê Coelho *(maitescoelho@yahoo.com.br)*

T279e Temer, Michel
Elementos de Direito Constitucional / Michel Temer. – 25. ed. - São Paulo: Editora JusPodivm, 2023.
240 p.

Inclui Bibliografia.
ISBN: 978-85-442-4577-4.

1. Direito Constitucional. 2. Normas Constitucionais. 3. Poder Legislativo. 4. Criação de Leis. I. Temer, Michel. II. Título.

CDD 341.2

Bibliotecária Responsável

Ana Carolina Ribeiro Mois – CRB7 – RJ 007348/0

Para

Luciana, Maristela e Clarissa.

EXPLICAÇÃO

Este livro é despretensiosa obra didática. Visa, simplesmente, a fornecer elementos de estudo para os alunos dos cursos de Direito Constitucional.

É fruto dos contatos que mantivemos, por meio de aulas, com alunos dos cursos de bacharelado e mestrado.

As aulas foram nosso laboratório de pesquisas. Resultado delas foi a divisão da matéria, neste livro, em quatro partes: Introdução, Divisão espacial do Poder, Divisão orgânica do Poder e Instrumentos de garantia de direitos.

Levamos aos estudiosos da disciplina alguns traços essenciais de cada tema tratado.

Em certas passagens afloramos e tentamos resolver alguns intrincados problemas científicos.

Nesse passo, foi de extrema valia permanente troca de ideias com colegas e juristas notáveis como Adilson Abreu Dallari, Arruda Alvim, Celso Antônio Bandeira de Mello, Celso Bastos, Geraldo Ataliba e Paulo de Barros Carvalho.

Esperamos que a leitura da obra desperte curiosidade científica e permita novas indagações e formulações.

Se este resultado for obtido, consideraremos cumprido o objetivo deste escrito.

MICHEL TEMER

SUMÁRIO

Parte I
INTRODUÇÃO

Capítulo I
A CONSTITUIÇÃO. NORMAS CONSTITUCIONAIS. INTERPRETAÇÃO E APLICABILIDADE

Capítulo II
O PODER CONSTITUINTE

Capítulo III
CONTROLE DA CONSTITUCIONALIDADE DE ATOS NORMATIVOS

Capítulo II

PODER LEGISLATIVO: SUA ESTRUTURA

Capítulo III

PODER LEGISLATIVO: SUAS FUNÇÕES

Capítulo IV

O PROCESSO DE CRIAÇÃO DA LEI

Capítulo V

AS ESPÉCIES NORMATIVAS

PARTE I

INTRODUÇÃO

Capítulo I – *A CONSTITUIÇÃO. NORMAS CONSTITUCIONAIS. INTERPRETAÇÃO E APLICABILIDADE*

Capítulo II – *O PODER CONSTITUINTE*

Capítulo III – *CONTROLE DA CONSTITUCIONALIDADE DE ATOS NORMATIVOS*

Capítulo I

A CONSTITUIÇÃO. NORMAS CONSTITUCIONAIS. INTERPRETAÇÃO E APLICABILIDADE

1. Conceito de Constituição. 2. A Constituição: 2.1 Sentido sociológico; 2.2 Sentido político; 2.3 Sentido jurídico. 3. Características do Direito. 4. Matéria constitucional. 5. Interpretação da norma constitucional. 6. Aplicabilidade da norma constitucional. 7. Espécies de Constituição.

1. Conceito de Constituição

A Constituição é o objeto do estudo do Direito Constitucional.

O que é a Constituição? Interessa-nos o seu conceito jurídico. Entretanto, para efeito didático, examinemos os sentidos do vocábulo *Constituição*. Em significado comum todas as coisas têm uma dada estrutura, um corpo, uma dada conformação. Uma constituição. Podemos examinar a poltrona e descrever a sua estrutura, o seu ser. Ao fazê-lo, indicaremos as peças componentes daquela cadeira que, somadas, perfizeram a unidade.

Em sentido mais restrito, Constituição significa o "corpo", a "estrutura" de um ser que se convencionou denominar Estado. Por ser nela que podemos localizar as partes componentes do Estado, estamos autorizados a afirmar que somente pelo seu exame é que conheceremos o Estado.

A Constituição é a particular maneira de ser do Estado, no dizer de Celso Bastos.[1]

Mas, o que é o Estado? Consiste na incidência de determinada ordenação jurídica, ou seja, de determinado conjunto de preceitos sobre determinadas pessoas que estão em certo território. Tais preceitos imperativos

1. *Curso de Direito Constitucional*, p. 74.

encontram-se na Constituição. O Estado regula globalmente as relações sociais de um povo fixado estavelmente em um território, ensina o mestre Ataliba Nogueira.[2]

A definição completa de Ataliba Nogueira é a seguinte: "Estado é a sociedade soberana, surgida com a ordenação jurídica, cuja finalidade é regular globalmente as relações sociais de determinado povo fixo em dado território sob um poder".

Entenda-se a expressão "povo" como domínio pessoal de vigência da ordem jurídica estadual.[3]

Território, por sua vez, é o domínio espacial de vigência de uma ordem jurídica estadual.[4]

O Estado é corpo social. Revela-o a Constituição. Como toda sociedade, pressupõe *organização*. Esta, por sua vez, é fornecida por conjunto de preceitos que imperam sobre determinados indivíduos em dado local e em certo tempo. Há identidade, pois, entre o Estado e a Constituição. Toda sociedade é uma ordem jurídica.[5]

Na sociedade encontramos, sempre, a organização. Podemos indicar cinco mil pessoas em estádio desportivo e dizer que não se trata de núcleo social. Estamos em sala onde se reúnem cinco pessoas e podemos dizer que estamos diante do núcleo social. Por que as cinco mil pessoas assentadas em estádio de futebol não constituem núcleo social e as cinco presentes na sala constituem-no? É que, examinando a reunião de cinco pessoas, verificamos tratar-se de comerciantes (por exemplo) vinculados uns aos outros por um preceito que os reúne imperativa e cogentemente e distribui direitos e deveres. São os sócios. Cada qual com funções determinadas naquela preceituação. Tudo isto aferiremos do exame do contrato social (são as regras constitutivas da sociedade).

O mesmo não se pode dizer das cinco mil pessoas que, circunstancialmente, se reuniram para assistir ao prélio esportivo. Não há normas imperativas ligando-as umas às outras.

2. *Lições de Teoria Geral do Estado*, p. 67.

3. Hans Kelsen, *Teoria Pura do Direito*, p. 387.

4. Idem, ob. cit., p. 388.

5. Idem, ob. cit., p. 385: "Como organização política, o Estado é uma ordem jurídica. Mas nem toda ordem jurídica é um Estado. Nem a ordem jurídica pré-estadual da sociedade primitiva, nem a ordem jurídica internacional supraestadual (ou interestadual) representam um Estado. Para ser um Estado, a ordem jurídica necessita de ter o caráter de uma organização no sentido estrito da palavra, quer dizer, tem de instituir órgãos funcionando segundo o princípio da divisão do trabalho para criação e aplicação das normas que a formam; tem de apresentar um certo grau de centralização. O Estado é uma ordem jurídica relativamente centralizada".

O Estado, já dissemos, é uma *sociedade*. Pressupõe *organização*. Os preceitos *organizativos* corporificam o instrumento denominado Constituição. Portanto, a Constituição é o conjunto de preceitos imperativos fixadores de deveres e direitos e distribuidores de competências, que dão a estrutura social, ligando pessoas que se encontram em dado território em certa época.[6]

2. *A Constituição: seus sentidos sociológico, político e jurídico*

2.1 *Sentido sociológico*

Representante mais expressivo do sociologismo jurídico é Ferdinand Lassalle, que, em obra clássica,[7] sustentou que a Constituição pode representar o efetivo poder social ou distanciar-se dele; na primeira hipótese ela é legítima; na segunda, ilegítima. Nada mais é que uma "folha de papel". A sua efetividade derivaria dos fatores *reais* de poder. Espelha o poder. A Constituição efetiva é o fato social que lhe dá alicerce. Assim, a "folha de papel" – a Constituição – somente vale no momento ou até o momento em que entre ela e a Constituição efetiva (isto é, aquele somatório de poderes gerador da "folha de papel") houver coincidência; quando tal não ocorrer, prevalecerá sempre a vontade daqueles que titularizam o poder. Este não deriva da "folha de papel", da Constituição escrita, mas dos *fatores reais de poder.*

Os que veem o Direito sob esse prisma sociológico distinguem o instrumento formal, consubstanciado na Constituição, e o instrumento real, consubstanciado na efetiva detenção e exercício do poder.

2.2 *Sentido político*

José Afonso da Silva salienta que "a concepção política da Constituição revela certa faceta do sociologismo, segundo a formulação de Carl Schmitt, que a considera como decisão política fundamental".[8]

De fato, para Carl Schmitt há diferença entre a Constituição e a lei constitucional. Aquela é a decisão concreta de conjunto sobre o modo e forma de existência da unidade política. A esse autor importa que, em dado

6. Hans Kelsen lembra a hipótese da existência *temporal* do Estado: é a vigência da ordem normativa durante certo período.

7. *Que es una Constitución?*

8. *Aplicabilidade das Normas Constitucionais*, p. 26.

instante, verifica-se a manifestação de um poder (o constituinte) que decida a respeito da forma de ser do Estado, de seus alicerces, de sua estrutura básica, de sua conformação fundamental. Tudo como fruto da *decisão política* que é tomada em certo momento.

Assim, é conteúdo próprio da Constituição aquilo que diga respeito à forma de Estado, à de governo, aos órgãos do poder e à declaração dos direitos individuais. Tudo o mais – embora possa estar *escrito* na Constituição – é lei constitucional. Significa: o constituinte não precisaria tratar daquela matéria porque não é emanação necessária da *decisão política fundamental*.

A Constituição, segundo esse entender, encontra seu fundamento de validade, extrai o seu ser, de uma decisão política que a antecede. Não da forma jurídica.

Próximas dessas ideias estão as de Constituição material e formal.

Aquilo que para Schmitt é conteúdo próprio de Constituição caracteriza a *matéria constitucional*; o mais, que assume *forma* constitucional, porque inserido na Constituição, é *formalmente constitucional* (o que Schmitt chama de lei constitucional). Isto porque essa última questão poderia ser deixada para trato em nível de legislação infraconstitucional.

2.3 *Sentido jurídico*

É Hans Kelsen quem demonstra, sob esse foco, o que é a Constituição. Ao fazê-lo, evidencia o que é o Direito. Ressalta a diferença entre o Direito e as demais ciências, sejam as naturais, sejam as sociais. Enfatiza que o jurista não precisa socorrer-se da Sociologia ou da Política para sustentar a Constituição. A sua sustentação encontra-se no plano jurídico. O sociólogo, o politicólogo, podem estudar a Constituição sob tais ângulos. Mas as suas preocupações serão outras (sociológicas, políticas). O cientista do Direito busca soluções no próprio sistema normativo. Daí por que buscará suporte para a Constituição num plano puramente jurídico.

Para uma explicação singela da teoria kelseniana é preciso fazer distinção entre o *mundo do ser* e o do *dever-ser*. O mundo do *ser* é o das leis naturais. Decorrem da natureza. De nada vale a vontade do homem na tentativa de modificá-las mediante a formulação de leis racionais. No mundo da natureza as coisas se passam mecanicamente. A um antecedente liga-se indispensavelmente dado consequente. Um corpo solto no espaço (antecedente) cai (consequente). Se chover (antecedente) a terra ficará molhada (consequente).

No mundo do *dever-ser* as coisas se passam segundo a vontade racional do homem. É este que, a dado antecedente, liga determinado consequente.

As ciências sociais pertencem a esse mundo do *dever-ser*. A Moral, a Ética, o Direito, dele fazem parte.

Tomemos a Ética. Norma ética poderá formular o juízo seguinte: as pessoas devem trajar-se convenientemente; se não o fizerem (antecedente) sofrerão a reprovação social (consequente) que corresponde a uma sanção.

Note-se que àquele antecedente (andar convenientemente trajado) o homem ligará o consequente que quiser.

Tomemos o Direito. Ao antecedente "tirar a vida de outrem", o homem poderá ligar consequentes diversos: será *crime*, importando sanção, se praticado por outrem sem norma que o autorize; será *execução* determinada pelo Estado se este abrigar a *pena de morte*. Veja-se que a razão humana é que confere consequências diversas ao mesmo antecedente.

3. Características do Direito

Se Direito, Moral, Ética, são ciências do *mundo do dever-ser*, como distinguir o Direito das demais ciências sociais? O que o peculiariza?

Diferentemente dos demais sistemas normativos (ético, moral, religioso), em que os preceitos se alinham uns ao lado de outros, formando dezenas, centenas, milhares de normas, no Direito verifica-se uma estrutura escalonada de normas que, a final, perfazem a unidade. Dezenas, centenas, milhares de preceptivos acabam por se reduzir a uma única norma. Explica-se: no Direito uma norma indica a forma de produção de outra norma, bem como o seu conteúdo. Daí o escalonamento normativo em que uma norma constitui o fundamento de validade de outra.[9]

Figuremos exemplo esclarecedor: o Chefe de Seção de uma repartição pública indefere requerimento por mim formulado. Expediu ele comando individual. Sendo assim, devo verificar se tal preceito firmado por aquele agente público é consoante com normas superiores. Devo compatibilizar aquela ordem com a Portaria do Diretor de Divisão; esta com a Resolução do Secretário de Estado; a Resolução com o Decreto do Governador; este com a Lei Estadual; a Lei Estadual com a Constituição do Estado (se se tratar de Federação); esta com a Constituição Nacional. Tudo para verificar se os comandos expedidos pelas várias autoridades, sejam executivas ou legislativas, encontram verticalmente suporte para a sua validade.

9. Hans Kelsen, *Teoria Pura do Direito*.

Cada comando normativo encontra respaldo naquele que lhe é superior. Se falhar essa verticalidade fundamentadora, posso insurgir-me contra a ordem expedida em função do meu requerimento.

Vê-se, portanto, que todos os comandos emanados do Estado são normas: umas individuais, outras gerais. Norma, nesse descrever, não é apenas a lei.

Assim, milhares de Ordens de Serviço, Portarias, Resoluções, Decretos, Leis, se reduzem a poucos artigos da Constituição.

Dissemos, contudo, que o Direito é sistema que se reduz à unidade, à norma única. Como alcançá-la?

Socorre-nos Hans Kelsen. Sustenta a existência, no Direito, de dois planos distintos: o jurídico-positivo e o lógico-jurídico. Aquele corporificado pelas normas postas, positivadas. O outro (lógico-jurídico) situa-se em nível do suposto, do hipotético. Umas são normas postas; outra é suposta.

Com efeito, ao fazer-se o percurso da verticalidade fundamentadora das normas, abica-se na Constituição. Este é o fundamento de validade de todo o sistema normativo infraconstitucional. Mas qual é o fundamento que suporta a Constituição?

Esta é a norma *única* a que alude o Professor de Viena, cujo enunciado pode assim resumir-se: "obedece a tudo que está na Constituição". E essa norma é logicamente pensável. Se todos obedecem a determinado sistema normativo, derivado da Constituição, é porque existe, a dar-lhe validade, uma norma hipotética que é o fundamento do sistema. E esse comando não é escrito. De nada adiantaria que o fosse. Pode-se modificar radicalmente um sistema (nova Constituição, por exemplo) que a norma fundamental, situada no plano lógico e, por isso, hipotética, não se altera. A ordem suposta continua a ser a mesma: "obedeça a tudo o que está na Constituição, a tudo que é posto pelo Poder Constituinte".

Com isso, Kelsen justifica o mundo jurídico dissociando-o do mundo político, do ético, do moral. Confere independência ao Direito. Demonstra que o Direito é uma unidade que se peculiariza pela estruturação escalonada de seus preceitos. Não se socorre de elementos extrajurídicos.

Nada impede que outros cientistas estudem o Direito. Historiadores, politicólogos, sociólogos, poderão fazê-lo. Estarão fazendo História, Política, Sociologia.

4. *Matéria constitucional*

Há, efetivamente, uma matéria constitucional, como há uma civil, tributária, trabalhista, penal, eleitoral?

Há preceitos materiais que sejam os identificadores da Constituição? Mais ainda. É necessário, em face da Constituição vigente, fazer distinção entre matéria essencialmente constitucional e aquela que não o seja? Tem relevo jurídico essa distinção?

Indubitavelmente, existe um núcleo material nas Constituições sem o qual não se pode falar em Estado. Se este pressupõe *organização* e se esta é fornecida por instrumentos normativos cogentes, imperativos, derivam eles do exercício do poder. Assim, é norma *substancialmente* constitucional aquela que identifica o *titular* do poder.

Na Constituição brasileira esse enunciado está no parágrafo único do art. 1º: "Todo o poder emana do povo, que o exerce por meio de representantes eleitos ou diretamente, nos termos desta Constituição".

Qual o grau de eficácia jurídica desse dispositivo? Será um simples programa do legislador constituinte? Não. Ao dizer que todo o poder emana do povo, o constituinte deixa claro que o poder não emana da divindade, de uma classe ou de uma família; emana do povo.

E ao dizer "que o exerce por meio de representantes" houve a opção pelo sistema representativo. E mais: ao registrar o exercício *direto* do poder, autorizou a democracia direta por meio de instrumentos (que estudaremos mais adiante) como a iniciativa popular, o referendo, o plebiscito e a possibilidade de impugnação de contas municipais pelos próprios munícipes.

O teor dessa norma identificadora da titularidade e do exercício do poder é que permite a organização. Antes do chamado Estado de Direito, que o mundo conheceu após os movimentos de prestígio do indivíduo, corporificados nas Revoluções Inglesa, Americana e Francesa, não se põe em dúvida a existência de um Estado: aquele chamado *Absoluto*. Portanto, fundava-se numa Constituição que se assentava, muitas vezes, em norma única: sempre aquela indicadora do *titular* do poder. Seu enunciado: "todo o poder emana do Soberano" ou "emana da divindade de que o Soberano é representante".

De modo que o Constitucionalismo, como movimento, não se destinou a conferir "Constituições" aos Estados, mas, sim, a fazer com que as Constituições (os Estados) abrigassem preceitos asseguradores da tripartição das funções estatais (executiva, legislativa e judiciária) e dos direitos individuais.

Em face desse movimento, conhecido como Constitucionalismo, é que se tornou inadmissível, no plano político, a existência de um Estado que não substituísse a vontade individual (do Soberano) pela vontade geral (do povo) e que não arrolasse e garantisse direitos inerentes à própria pessoa humana e que, ainda, não tripartisse o poder, entregando as funções estatais a órgãos distintos e independentes.

Por tudo isto que – volta-se a insistir – é *substancialmente* constitucional a norma que proclama o titular do poder. Mas não se pode negar que certos princípios foram – embora ontologicamente – sugeridos como normas de adoção obrigatória pelos Estados modernos.

Finalmente, ressalvada a questão da identificação dos *princípios*, que examinaremos a seguir, anotamos que não é relevante, juridicamente, a identificação de uma matéria constitucional e de outra que, embora na Constituição, não seria constitucional. Isto porque o critério de modificação, gerador de preceitos de porte constitucional, é o mesmo para todas as normas (com exceção daquelas que examinaremos nos próximos tópicos em que ocorre a *impossibilidade* de produção de norma constitucional sobre aquelas matérias).

Essa distinção só tem significado quando o processo de construção da norma constitucional é diversificado. Tinha relevo, por exemplo, na Constituição Imperial de 1824, cujo art. 178 prescrevia: "É só constitucional o que diz respeito aos limites e atribuições respectivas dos poderes políticos, e aos direitos políticos e individuais dos cidadãos. Tudo o que não é constitucional pode ser alterado sem as formalidades referidas pelas legislaturas ordinárias". As "formalidades referidas" eram aquelas atinentes à criação de Emendas Constitucionais, cujo processo de produção era mais árduo e solene do que o da lei ordinária.

Daí o significado jurídico, naquela Constituição, da distinção. Na vigente, tal inocorre.

5. *Interpretação da norma constitucional*

Para a boa interpretação constitucional é preciso verificar, no interior do sistema, quais as normas que foram prestigiadas pelo legislador constituinte ao ponto de convertê-las em *princípios* regentes desse sistema de valoração. Impende examinar como o constituinte posicionou determinados preceitos constitucionais. Alcançada, exegeticamente, essa valoração é que teremos os *princípios*. Estes, como assinala Celso Antônio Bandeira de Mello, são mais do que normas, servindo como vetores para soluções interpretativas. De modo que é preciso, para tal, conhecer cada sistema normativo.

No nosso, ressaltam o princípio federativo; o do voto direto, secreto, universal e periódico; a separação dos Poderes; os direitos e garantias individuais. Essa saliência é extraída do art. 60, § 4º, do Texto Constitucional, que impede emenda tendente a abolir tais princípios.[10]

Por isso, a interpretação de uma norma constitucional levará em conta todo o sistema, tal como positivado, dando-se ênfase, porém, para os princípios que foram valorizados pelo constituinte. Também não se pode deixar de verificar qual o sentido que o constituinte atribui às palavras do texto constitucional, perquirição que só é possível pelo exame do todo normativo, após a correta apreensão da principiologia que ampara aquelas palavras.

6. Aplicabilidade da norma constitucional

Todas as normas constitucionais são dotadas de eficácia. Algumas, eficácia jurídica e eficácia social; outras, apenas eficácia jurídica.

Eficácia social se verifica na hipótese de a norma vigente, isto é, com potencialidade para regular determinadas relações, ser efetivamente aplicada a casos concretos. *Eficácia jurídica*, por sua vez, significa que a norma está apta a produzir efeitos na ocorrência de relações concretas; mas já produz efeitos jurídicos na medida em que a sua simples edição resulta na revogação de todas as normas anteriores que com ela conflitam. Embora não aplicada a casos concretos, é aplicável juridicamente no sentido negativo antes apontado. Isto é: retira a eficácia da normatividade anterior. É eficaz *juridicamente*, embora não tenha sido aplicada concretamente.

Por tudo isto é que José Afonso da Silva, monografista do tema,[11] salienta que aplicabilidade é "a qualidade daquilo que é aplicável".

São aplicáveis, segundo esse dizer, todas as normas constitucionais, pois todas são dotadas de eficácia jurídica.

Nesse tema José Afonso da Silva presta inegável contribuição doutrinária ao sustentar aquela eficácia, descrevendo os seus graus.

10. José Alfredo de Oliveira Baracho ensina que: "Os problemas da interpretação constitucional são mais amplos do que aqueles da lei comum, pois repercutem em todo o ordenamento jurídico". E, invocando Hector Fix Zamudio, lembra que "a interpretação dos dispositivos constitucionais requer, por parte do intérprete ou aplicador, particular sensibilidade que permite captar a essência, penetrar na profundidade e compreender a orientação das disposições fundamentais, tendo em conta as condições sociais, econômicas e políticas existentes no momento em que se pretende chegar ao sentido dos preceitos supremos... Os diversos conceitos de Constituição, a natureza específica das disposições fundamentais que estabelecem regras de conduta de caráter supremo e que servem de fundamento e base para as outras normas do ordenamento jurídico, contribuem para as diferenças entre a interpretação jurídica ordinária e a constitucional" (*Teoria da Constituição*, p. 54).

11. *Aplicabilidade das Normas Constitucionais*.

Insurge-se, com Vezio Crisafulli,[12] contra a concepção da doutrina americana segundo a qual certas normas, de natureza programática, somente ganhariam eficácia após a edição de lei integrativa daqueles preceitos.

No seu trabalho o ilustre Professor agrupa as normas constitucionais, quanto à sua eficácia, da seguinte forma:

a) *Normas constitucionais de eficácia plena*: são aquelas de aplicabilidade imediata, direta, integral, independendo de legislação posterior para a sua inteira operatividade. Desse teor é a norma do art. 1º da Carta Constitucional: "A República Federativa do Brasil, formada pela união indissolúvel dos Estados e Municípios e do Distrito Federal, constitui-se em Estado Democrático de Direito e tem como fundamentos (...)". Como a do art. 2º: "São Poderes da União, independentes e harmônicos entre si, o Legislativo, o Executivo e o Judiciário".

São normas bastantes em si, que não necessitam da intermediação do legislador infraconstitucional.[13]

b) *Normas constitucionais de eficácia contida*: são aquelas que têm aplicabilidade imediata, integral, plena, mas que podem ter reduzido seu alcance pela atividade do legislador infraconstitucional. Por isso mesmo, aliás, preferimos denominá-las de *normas constitucionais de eficácia redutível ou restringível*.[14] Desse teor é o preceito do art. 5º, XIII: "É livre o exercício de qualquer trabalho, ofício ou profissão, atendidas as qualificações profissionais que a lei estabelecer".

O dispositivo é de aplicabilidade plena, mas sua eficácia pode ser reduzida, restringida, *nos casos e na forma que a lei estabelecer*. Enquanto não sobrevém a legislação restritiva, o princípio do livre exercício profissional é pleno.

c) *Normas constitucionais de eficácia limitada*: são aquelas que dependem "da emissão de uma normatividade futura, em que o legislador

12. *La Costituzione e le sue Disposizioni di Principio*.

13. Neste sentido, vide julgado publicado na *RT* 636/93 e 94: "Lei – Norma constitucional – Aplicabilidade imediata – Emenda dispondo sobre a construção de acessos a deficientes físicos em edifícios e logradouros públicos – Estabelecimento de comando certo e definido e presença de todos os elementos necessários à sua aplicabilidade, e não simples enunciação de princípios e programas a serem desenvolvidos – Eficácia plena, independentemente de regulamentação ulterior.

"A norma constitucional que estabelece comando certo e definido, dispondo sobre a construção de acessos a deficientes físicos em edifícios e logradouros públicos, contendo todos os elementos necessários à sua aplicabilidade (hipótese de incidência, conteúdo e destinatário), difere das de princípios programáticos a serem desenvolvidos e, assim, tem aplicabilidade imediata, independendo de regulamentação ulterior" (Ap. 106.872-1, 7ª C., j. 28.9.88, Rel. Des. Rebouças de Carvalho).

14. Conclusões de discussão levada a efeito no curso de mestrado da PUCSP.

ordinário, integrando-lhes a eficácia, mediante lei ordinária, lhes dê capacidade de execução em termos de regulamentação daqueles interesses visados".[15]

São divididas, pelo aludido monografista, em *normas de princípio institutivo* e *normas de princípio programático*. Ambas de eficácia limitada. As primeiras são as que dependem de lei para dar corpo a instituições, pessoas, órgãos, previstos na norma constitucional. Desse teor é a prescrição do art. 18, § 3º, da CF: "Os Estados podem incorporar-se entre si, subdividir-se ou desmembrar-se para se anexarem a outros, ou formarem novos Estados ou Territórios Federais, mediante aprovação da população diretamente interessada, através de plebiscito, e do Congresso Nacional, por lei complementar". As últimas (programáticas) são as que estabelecem um programa constitucional a ser desenvolvido mediante legislação integrativa da vontade constituinte. Desse teor é a norma do art. 205: "A educação, direito de todos e dever do Estado e da família, será promovida e incentivada com a colaboração da sociedade, visando ao pleno desenvolvimento da pessoa, seu preparo para o exercício da cidadania e sua qualificação para o trabalho".

São normas dotadas de eficácia jurídica porque têm o efeito de impedir que o legislador comum edite normas em sentido oposto ao direito assegurado pelo constituinte, antes mesmo da possível legislação integrativa que lhes dê plena aplicabilidade.[16]

É interessante notar que as normas constitucionais de eficácia limitada de princípio programático trazem consigo, algumas, a ideia de *instituição*.

Com efeito, não se pode pensar em educação senão mediante a instituição, a organização, a formação de organismos ou órgãos que realizem tais misteres.

É importante observar que os direitos e garantias fundamentais previstos no art. 5º têm aplicação imediata, segundo o comando expresso no § 1º do aludido dispositivo.

Significa, a nosso ver, que os princípios fundamentais ali estabelecidos podem ser invocados na sua plenitude, até que sobrevenha legislação regulamentadora, quando for o caso, de sua utilização. Caso típico é o do Mandado de Segurança Coletivo, o do *Habeas Data* e do Mandado de Injunção, que podem ser utilizados independentemente de qualquer regulamentação.

15. Ob. cit., p. 159.

16. Fornecemos breves exemplos. O estudo pode ser aprofundado com a leitura da obra já citada do Prof. José Afonso da Silva.

7. *Espécies de Constituição*

As Constituições são qualificáveis quanto à *forma*, à *origem*, à *mutabilidade*.

Quanto à *forma* podem ser escritas ou costumeiras.

São *escritas* aquelas cuja preceituação estruturadora do Estado vem documentada em um texto.[17]

Costumeiras são as que se fundamentam nos usos e nos costumes cristalizados pela passagem do tempo e obedecidos por aqueles aos quais se dirigem. Exemplo único, atualmente, é o da Constituição inglesa, que, entretanto, se assenta também em textos escritos, como a Magna Carta, o *Bill of Rights*, o *Petition of Rights* e o *Act of Habeas Corpus*.

Quanto à *origem*, classificam-se em *promulgadas* e *outorgadas*.

É *promulgada* aquela que se origina de Assembleia popular eleita para exercer a atividade constituinte. É *outorgada* aquela positivada por um indivíduo ou por um grupo que não recebeu do povo, diretamente, o poder para exercer a função constituinte.[18]

Ao longo da história constitucional brasileira, constata-se uma alternância de Constituições decorrentes de um processo democrático e outras decorrentes de um processo autoritário. Foram constituições promulgadas, também denominadas populares ou democráticas, as Cartas Constitucionais de 1891, 1934, 1946 e 1988.

Já as Constituições de 1824, 1937 e 1967 apresentaram uma origem autoritária.

Quanto à *mutabilidade*, as Constituições podem ser *rígidas*, *flexíveis* ou *semirrígidas*.

É *rígida* aquela que demanda processo especial e qualificado para a sua modificação, da qual deriva a criação de norma constitucional.[19]

17. "As Constituições escritas, em um corpo único, nacionais e limitativas das competências, só apareceram, de forma duradoura, com o advento das ideias que, no século XVIII, influíram nas Revoluções Americana e Francesa, espalhando-se, então, por imitação desses países, pelas Américas e Europa" (Oswaldo Aranha Bandeira de Mello, *A Teoria das Constituições Rígidas*, p. 35).

18. Pode até ter-se verificado movimentação social que tenha levado àquela outorga. O que se diz é que não houve processo regular de escolha dos que positivaram a Constituição.

19. "As vantagens das Constituições rígidas são magníficas. Capacitam-nos para definir, com alguma exatidão, a competência dos poderes governamentais; previnem a possibilidade de que capricho repentino da opinião pública transforme e desarraigue o que ao todo convém manter" (Oswaldo Aranha Bandeira de Mello, *A Teoria das Constituições Rígidas*, p. 67).

É *flexível* aquela inexigente do aludido processo especial, sendo aplicável procedimento legislativo comum para sua modificação.[20]

É *semirrígida* a que exige para modificação de parte de seus dispositivos processo especial e mais difícil do que o comum e, em outra parte, procedimento legislativo comum.[21]

A Constituição brasileira é *rígida*. Revela essa rigidez o confronto do art. 60 com o art. 47 da CF. Aquele prevê processo especial para a criação de Emenda à Constituição. Exige: a) no tocante à iniciativa, mediante proposta de um terço, no mínimo, dos membros da Câmara dos Deputados ou do Senado Federal; do Presidente da República; de mais da metade das Assembleias Legislativas das unidades da Federação, manifestando-se, cada uma delas, pela maioria relativa de seus membros; b) no tocante à discussão e votação, será discutida e votada em cada Casa do Congresso Nacional, em dois turnos; c) quanto ao *quorum* de votação, considerando-se aprovada se obtiver, em ambos, 3/5 dos votos dos respectivos membros.[22]

É diferente o processo de elaboração da lei comum, previsto no art. 47. Este preceitua que, "salvo disposição constitucional em contrário, as deliberações de cada Casa e de suas Comissões serão tomadas por maioria dos votos, presente a maioria absoluta de seus membros".

Por outro lado, a iniciativa de projeto de lei incumbe, dentre outros, a qualquer deputado ou senador, como preceitua o art. 61.

Finalmente, a sua discussão e votação se fazem em um único turno de votação.

De tudo se vê que é *mais fácil* dar início a um projeto de lei do que a um projeto de Emenda Constitucional. É mais simples discutir e aprovar o projeto de norma em um turno de votação do que em dois turnos; é mais

20. "Assim, nenhuma distinção faz entre lei constitucional e lei ordinária, quer quanto à formação, quer quanto à validade das mesmas. Os órgãos para a legislação ordinária estabelecem, por idênticos processos, aquela que tem caráter constitucional. O Parlamento pode tudo fazer, exceto transformar o homem em mulher, como diz o adágio popular, consagrando a frase jocosa de um jurista" (ob. cit., p. 51).

21. Foi semirrígida a Constituição Imperial de 1824. Veja-se seu art. 178: "É só Constitucional o que diz respeito aos limites, e atribuições respectivas dos Poderes Políticos, e aos Direitos Políticos, e individuais dos cidadãos. Tudo, o que não é Constitucional, pode ser alterado sem as formalidades referidas, pelas legislaturas ordinárias".

22. A Lei Complementar é aprovável por maioria absoluta. Difere da Emenda à Constituição, não só em razão do *quorum* para aprovação, como também porque não se submete às demais exigências que asseguram a rigidez constitucional, como a iniciativa especial e a submissão a dois turnos de votação.

singelo obter a maioria simples para aprovação, a que alude o art. 47, do que a maioria de 3/5 exigida para aprovação de Emenda à Constituição.[23]

Observe-se que todas as Constituições brasileiras foram rígidas, com exceção da Constituição de 1824, que foi semirrígida.

23. *Maioria absoluta* significa *mais da metade* dos integrantes da Casa legislativa, *maioria simples* significa *mais da metade* dos presentes à sessão, desde que presente se ache a maioria absoluta, ou seja, a maioria dos membros componentes da Casa. Exemplificando: se uma casa legislativa se compõe de 100 parlamentares, a maioria absoluta é representada por 51 membros; a maioria simples é representada por 26 membros. Nos termos constitucionais, o *quorum* exigido para instalação da sessão é o da maioria absoluta, a fim de que se possa tomar deliberações. A maioria de 3/5 é maioria qualificada, exigível para aprovação de Emenda Constitucional.

Capítulo II

O PODER CONSTITUINTE

1. Noções preliminares. 2. A titularidade e o exercício do Poder Constituinte. 3. Espécies de Poder Constituinte: originário e derivado. 4. Os limites da competência de reforma constitucional. 5. A revisão constitucional. 6. Recepção, repristinação e desconstitucionalização. 7. A possibilidade de revisão constitucional facilitada.

1. Noções preliminares

Ao falar-se em sociedade, fala-se em Direito. O Estado é uma sociedade. É sociedade política, de *fins políticos*. Como é de *fins comerciais* a sociedade comercial; de *fins literários* a sociedade literária; de *fins recreativos* a sociedade recreativa. Todas, porém, *juridicamente* organizadas. É o Direito que as estrutura, que lhes dá forma. O Direito corporificador da sociedade estatal instala-se em documento denominado Constituição. Nela se encontram os preceitos normativos identificadores do Estado.

Aludindo-se à sociedade, pode-se indagar quem é que tem o *poder* de estruturá-la, dar-lhe corpo, constituí-la.

Se deparamos com sociedade comercial integrada por cinco sócios, podemos dizer que estes tiveram a possibilidade de estruturá-la. De igual maneira, uma sociedade literária de 50 sócios ou uma recreativa de 100 sócios. Estes é que as fizeram nascer, constituíram-nas. Antes, inexistiam. Passaram a *ser* depois da manifestação de vontade.

Assim também ocorre com o Estado.

Somente se o pode visualizar após a manifestação de vontade daqueles que têm a força, o desejo, o *poder* de constituí-lo.

Esse é o significado do Poder Constituinte (de poder constituir): é a manifestação soberana de vontade de um ou alguns indivíduos capaz de fazer nascer um núcleo social.

Tais noções implicam a afirmação de que este tema refoge das preocupações do jurista, dado que seu trato envolve questões anteriores ao surgimento do Estado e, portanto, anteriores ao Direito.

A doutrina não é pacífica, contudo, a propósito dessa afirmação.[1]

Para os que sustentam a existência de um Direito Natural, esse poder é condicionado àquela normatividade anterior. Isto porque, anterior ao Direito Positivo, o grupo humano já tem uma ideia sobre como organizar-se, o que passa a ser o fio condutor da regração escrita. Para estes, há uma normatividade que decorre da própria estrutura íntima do homem. Se alguém *é*, automaticamente, titulariza direitos que não podem ser negados pelo Estado (direito à vida, à liberdade etc.). Decorrem dessa convicção os planos da *legitimidade* e da *legalidade*. Poderia, assim, verificar-se norma positiva *ilegítima* (porque vulnera direitos próprios ao ser humano).[2]

A noção de Poder Constituinte é contemporânea à de Constituição escrita.[3] Esta, por sua vez, está ligada à ideia de preservação de direitos individuais. O Abade de Sieyès foi o grande teorizador da doutrina do Poder Constituinte na obra: *Que é o terceiro Estado?*[4] Imaginava-se que o texto escrito impedisse governos absolutistas e atitudes detrimentosas aos direitos individuais.

Entretanto, nada impede a cogitação de um Poder Constituinte em Estado de Constituição costumeira, como é o caso da Inglaterra (formada de

1. Discute-se para saber se o poder constituinte é um *poder de fato* – sendo, pois, força e, como tal, se impondo – ou se é um *poder de direito* – provindo, assim, de noção jurídica anterior ao Estado que estrutura – Rosah Russomano, *Curso de Direito Constitucional*, p. 32.

2. Neste passo, é preciso distinguir o *plano da cidadania* (político) do *plano científico-jurídico*. Não há dúvida de que o cientista do Direito, *cidadão*, poderá e deverá postular modificações estruturais da normatividade estatal, de molde a prestigiar e assegurar princípios enaltecedores do ser humano; mas isto não autoriza o *cientista do Direito* a estudar a sua ciência baseado naqueles critérios metajurídicos.

3. "No século XVIII, superando velhas doutrinas, concretizou-se o princípio de que o homem, segundo sua vontade, pode estabelecer a organização do Estado através de um corpo de regras escritas, superiores aos poderes que elas instituam" (Anna Cândida da Cunha Ferraz, *Poder Constituinte do Estado-Membro*, p. 10).

4. Aricê Moacyr Amaral Santos, em primoroso estudo sobre o Poder Constituinte, ensina que: "Em seu livro *Manifesto*, empenhou-se Sieyès em salientar o anacronismo do absolutismo vigente, regime de privilégios odiosos sustentado por um injusto sistema de votação por estamentos, que fazia prevalecer a vontade da nobreza e do clero em detrimento do Terceiro Estado... O abade de Chartres, contudo, se consagrou no mundo jurídico por ter tido a primazia de conceber a existência de um poder criador da Constituição, poder estabelecedor da organização político-jurídica do Estado, que denominou de *Poder Constituinte*. Sobre esse poder que antecede a Constituição, poder não compreendido entre os poderes constituídos, o ilustre Cura desenvolveu longamente seu pensamento nas páginas do seu citado opúsculo. Do tema ainda cuidou em estudos esparsos e em pronunciamentos feitos perante a Assembleia Nacional Francesa" (*O Poder Constituinte*, 1ª ed., p. 20).

costumes e textos escritos). O que há, nestas, é permanente manifestação constituinte, na medida em que os hábitos vão-se sedimentando para corporificar o costume. Como, de resto, verifica-se permanente manifestação constituinte nos textos escritos flexíveis. Trata-se, sempre, de expressão volitiva de grupo humano determinado, a fixar novos moldes estatais. Não se lhes pode negar – aos costumes e aos textos escritos flexíveis – o haverem nascido da manifestação de alguém ou alguns que detêm o poder de constituir o Estado.

2. *A titularidade e o exercício do Poder Constituinte*

Costuma-se distinguir a *titularidade* e o *exercício* do Poder Constituinte. Com isto quer-se significar que o *titular* nem sempre é o *exercente* desse poder.

O titular seria o povo. Exercente é aquele que, em nome do povo, implanta o Estado, edita a Constituição. Esse exercício pode dar-se por vias diversas: a) pela eleição de representantes populares que integram "uma Assembleia Constituinte"; ou b) pela revolução, quando um grupo exerce aquele poder sem manifestação direta do agrupamento humano.[5]

Na verdade, a distinção tem natureza meramente acadêmica, uma vez que o conceito de "povo" só é apurável a partir da ordem jurídica. É esta definidora dessa expressão. Assim, na Constituição brasileira, integrante do povo é aquele catalogado no seu art. 12:

"Art. 12. São brasileiros:

I – natos:

a) os nascidos na República Federativa do Brasil, ainda que de pais estrangeiros, desde que estes não estejam a serviço de seu país;

b) os nascidos no estrangeiro, de pai brasileiro ou de mãe brasileira, desde que qualquer deles esteja a serviço da República Federativa do Brasil;

c) os nascidos no estrangeiro de pai brasileiro ou de mãe brasileira, desde que sejam registrados em repartição brasileira competente ou venham a residir na República Federativa do Brasil e optem, em qualquer tempo, depois de atingida a maioridade, pela nacionalidade brasileira;

II – naturalizados:

5. O Ato Institucional de 9.4.64, depois sob n. 1, no seu preâmbulo fixou-se nessas ideias ao dizer: "A revolução vitoriosa se investe no exercício do Poder Constituinte. Este se manifesta pela eleição popular ou pela revolução... Os chefes da revolução vitoriosa... representam o povo e em seu nome exercem o poder constituinte, de que o povo é o único titular".

a) os que, na forma da lei, adquiram a nacionalidade brasileira, exigidas aos originários de países de língua portuguesa apenas residência por um ano ininterrupto e idoneidade moral;

b) os estrangeiros de qualquer nacionalidade residentes na República Federativa do Brasil há mais de quinze anos ininterruptos e sem condenação penal, desde que requeiram a nacionalidade brasileira.

§ 1º. Aos portugueses com residência permanente no País, se houver reciprocidade em favor dos brasileiros, serão atribuídos os direitos inerentes ao brasileiro nato, salvo os casos previstos nesta Constituição.

§ 2º. A lei não poderá estabelecer distinção entre brasileiros natos e naturalizados, salvo nos casos previstos nesta Constituição.

§ 3º. São privativos de brasileiro nato os cargos:

I – de Presidente e Vice-Presidente da República;

II – de Presidente da Câmara dos Deputados;

III – de Presidente do Senado Federal;

IV – de Ministro do Supremo Tribunal Federal;

V – da carreira diplomática;

VI – de oficial das Forças Armadas.

VII – de Ministro de Estado da Defesa."

Se a Constituição é emanação do Poder Constituinte, não há, antes dela, o "povo", segundo concepção jurídico-positiva. Salvo se tomar-se como "povo" a definição dada por uma ordem jurídica anterior. Isto, aliás, é o que costuma ocorrer quando se trata de eleição popular instituidora de Assembleia Constituinte. Não, porém, quando se cuida de grupo que, titularizando a força, assume o poder e o exercita de maneira ilimitada. Nesta última hipótese fica difícil manter a distinção doutrinária entre *titularidade* e *exercício*.

O grupo que assume o poder fora dos parâmetros da Constituição vigente é juridicamente usurpador. Pode não sê-lo *de fato*, por receber integral apoio da vontade popular. Mas o rompimento da ordem jurídica o categoriza, juridicamente, como tal.

Em face destas razões, insistimos que é de pouco significado aquela distinção, pois, muitas vezes, podem confundir-se numa mesma figura o *titular* e o *exercente* do Poder Constituinte.

3. *Espécies de Poder Constituinte: originário e derivado*

É consequência da manifestação constituinte a produção de normas constitucionais. Algumas têm caráter originário; outras, por derivação. Daí a distinção entre poder constituinte originário (ou inicial, inaugural) e poder constituinte derivado (ou constituído, instituído, secundário ou de segundo grau). Quanto a este último, um deles se destina à reforma do texto; outro se destina a instituir coletividade (o exercido pelos Estados federados).

Tratemos do *poder constituinte originário*.

Visa a criar o Estado. Antes dessa manifestação, o Estado, tal como veio a ser positivado, não existia. *Existe, é*, a partir da Constituição.

Ressalte-se a ideia de que surge novo Estado a cada nova Constituição, provenha ela de movimento revolucionário ou de assembleia popular. O Estado brasileiro de 1988 não é o de 1969, nem o de 1946, de 1937, de 1934, de 1891, ou de 1824. Historicamente é o mesmo. Geograficamente pode ser o mesmo. Não o é, porém, juridicamente. A cada manifestação constituinte, editora de atos constitucionais como Constituição, Atos Institucionais e até Decretos (veja-se o Dec. 1, de 15.11.1889, que proclamou a República e instituiu a Federação como forma de Estado), nasce o Estado. Não importa a rotulação conferida ao ato constituinte. Importa a sua natureza. Se dele decorre a certeza de rompimento com a ordem jurídica anterior, de edição normativa em desconformidade intencional com o texto em vigor, de modo a invalidar a normatividade vigente, tem-se novo Estado.

O suporte da Constituição de 1946 deixou de ser a Assembleia Popular daquele ano; sua fonte geradora passou a ser o Ato Institucional de 9.4.64.[6]

Como todo movimento inaugural, não há limitações à sua atividade. *Materialmente*, o constituinte estabelecerá a preceituação que entender mais adequada; criará Estado Unitário ou Federal; estabelecerá forma republicana ou monárquica de governo; fixará sistema de governo, parlamentar, presidencial ou diretorial; dirá como se distribui o exercício do poder, descreverá e assegurará, ou não, direitos reputados individuais. Enfim, criará o Estado mediante atuação ilimitada do poder. Quanto à *forma* de produção constituinte, os exercentes do poder, seja pela via revolucionária (quando a forma de atuação jamais vem a público), seja pela via de Assembleia, é que estabelecerão tal procedimento.

Um caso de limitação da atividade da Assembleia Constituinte pode ser aventado: quando os concedentes do exercício constituinte já delimitam, na concessão, certas matérias como de adoção obrigatória e, também,

6. É preciso buscar o fundamento fático do novo texto. Por exemplo, a Constituição de 18.9.46 emanou de Assembleia Constituinte. Nesta encontrava ela a sua origem. A partir de abril de 1964 continuou a vigorar. Já agora, porém, fundada em manifestação de novo grupo constituinte que editou em 9.4.64 ato institucional que teve “força” suficiente para dizer: “São mantidas a Constituição de 1946 e as Constituições Estaduais e respectivas Emendas, com as modificações constantes deste Ato” (art. 1º).

a forma de procedimento para produção constituinte. De qualquer maneira, a limitação se dirige à atividade da Assembleia Constituinte, mas ela iniciou-se no momento em que houve a escolha dos seus representantes. Assim, a restrição não é à atividade constituinte, mas ao órgão que irá desenvolvê-la em sequência à manifestação popular.

Diante destas razões é que a doutrina caracteriza o poder constituinte originário como inicial, autônomo e incondicionado. Não há dúvida, também, de que o constituinte está limitado pelas forças materiais que o levaram à manifestação inauguradora do Estado. Fatores ideológicos, econômicos, o pensamento dominante da comunidade, enfim, é que acabam por determinar a atuação do constituinte.

"A Assembleia Nacional Constituinte pode tudo em tese, mas quando se reúne traz já compromissos indeclináveis emanados de suas origens sociais, políticas e ideológicas. E esses compromissos evidentemente lhe estreitam o espaço de ação, sem todavia desfalcá-la das qualidades de grande fórum e plenário insubstituível de uma vontade nacional em busca de consenso".[7]

Examinemos, agora, o *poder constituinte derivado*.

Em primeiro lugar, verifiquemos aquele que se destina à *reforma* do texto constitucional.

Este é denominado de *poder reformador*.[8]

Diferentemente do originário, que é *poder de fato*, o poder de reforma constitucional é jurídico.[9]

De fato, o constituinte originário, ao criar sua obra, fixa a possibilidade de sua reforma.

As Constituições se pretendem eternas, mas não imodificáveis. Daí a competência atribuída a um dos órgãos do poder para a modificação constitucional, com vistas a adaptar preceitos da ordem jurídica a novas realidades fáticas. Pode-se até questionar sobre a adequada rotulação: se *poder constituinte* ou *competência reformadora*. É certo que, por força da reforma, criam-se normas constitucionais. Já agora, entretanto, a produção dessa normatividade não é emanação direta da soberania popular, mas indireta, como também ocorre no caso da formulação da normatividade secundária (leis, decretos, sentenças judiciais). No caso da edição de lei,

7. Paulo Bonavides, "Quem tem medo da Constituinte?", artigo publicado no "Folhetim", da *Folha de S. Paulo*, de 26.7.81, p. 5.

8. Celso R. Bastos, *Curso de Direito Constitucional*, p. 62.

9. Paulo Bonavides, *Curso de Direito Constitucional*, p. 173.

por exemplo, também há derivação indireta da soberania popular. Nem por isso se aludirá a um "Poder Constituinte Originário".

Parece-nos mais conveniente reservar a expressão "Poder Constituinte" para o caso de emanação normativa *direta* da soberania popular. O mais é fixação de *competências*: a *reformadora* (capaz de modificar a Constituição); a *ordinária* (capaz de editar a normatividade infraconstitucional).

É apropriado, assim, denominar a possibilidade de modificação parcial da Constituição como *competência reformadora*.

Sendo tal competência derivada da atividade constituinte originária, esta lhe impõe limitações.

4. Os limites da competência de reforma constitucional

A competência reformadora se corporifica por meio de instrumento chamado Emenda à Constituição (art. 59, I).

Como já dissemos, essa atividade criadora de norma constitucional é submetida a limitações impostas pela manifestação constituinte prévia.

O Congresso Nacional é o exercente dessa competência.

Localizamos, na Constituição, três limitações condicionadoras: a) procedimental; b) material; e c) circunstancial.

O *procedimento* de elaboração da Emenda à Constituição obedece aos seguintes pressupostos: a) a iniciativa é conferida ao Presidente da República ou a um terço de deputados federais, ou a um terço de senadores e, ainda, por proposta de mais de metade das Assembleias Legislativas estaduais (art. 60); b) a proposta é discutida e votada em cada Casa do Congresso Nacional, em dois momentos distintos (chamados turnos de votação); discutida e aprovada em um turno, volta a sê-lo em outro turno de discussão e votação (art. 60, § 2º); c) sua aprovação demanda 3/5 dos membros de cada uma das Casas do Congresso Nacional (art. 60, § 2º); d) não há sanção; há promulgação efetivada pelas Mesas da Câmara dos Deputados e do Senado Federal (art. 60, § 3º).

Este procedimento há de ser rigorosamente obedecido, sob pena de inconstitucionalidade em razão de desobediência à forma.

Obedecido o procedimento, há condicionantes relativas ao conteúdo, à *matéria*.

Estas vedações são explícitas e implícitas.

São *explícitas* as que impedem a alteração da Federação; o voto direto, secreto, universal e periódico; a separação dos Poderes; os direitos e garantias individuais. Não se permite nem mesmo deliberação sobre proposta de emenda tendente a aboli-las.

"Na verdade, qualquer proposta que indiretamente, remotamente ou por consequência tenda a abolir a Federação é igualmente proibida, inviável e insuscetível de sequer ser posta como objeto de deliberação".[10]

Portanto, a proibição de discutir tais *matérias* é limitação *explícita* à atividade reformadora.

São *implícitas* as vedações atinentes à supressão do próprio artigo que impõe expressamente aquelas proibições. Não teria sentido emenda que suprimisse o disposto no § 4º do art. 60 da CF. Outra vedação implícita é a impediente de reforma constitucional que reduza as competências dos Estados federados. Assim, não é permitido ao exercente da competência reformadora localizar as competências residuais dos Estados e, por emenda aditiva, acrescentá-las às da União ou do Município, pois isto *tende* a abolir a Federação. É que, em dado instante, o texto constitucional, embora mantivesse intacta a sua letra, estaria substancialmente modificado na medida em que os Estados federados não tivessem nenhuma competência.

Também se veda, *implicitamente,* alteração constitucional que permita a perpetuidade de mandatos, dado que a *temporariedade* daqueles é assento do princípio republicano.

Finalmente, é proibição *implícita* aquela atinente ao procedimento de criação da norma constitucional, em nível derivado. Isto porque o constituinte estabeleceu procedimento rígido para a reforma e em grau determinado. Não pode o órgão a quem se atribuiu a competência reformadora modificar o critério de rigidez estabelecido pelo legislador constituinte.

Cuidemos, agora, das vedações circunstanciais.

O § 1º do art. 60 impede Emenda Constitucional na vigência de estado de sítio ou estado de defesa e intervenção Federal.

Significa: nas *circunstâncias* do estado de sítio, ou do estado de defesa ou da intervenção federal, impede-se reforma.

O constituinte esteve atento ao fato de que a reforma constitucional é matéria de relevância inquestionável e, por isso, não pode ocorrer em instantes de conturbação nacional.

O constituinte exige serenidade, equilíbrio, a fim de que a produção constitucional derive do bom senso e de apurada meditação.

10. Geraldo Ataliba, *Estudos e Pareceres de Direito Tributário*, vol. 3, p. 12.

O estado de sítio, o estado de defesa e a intervenção federal afastam, necessariamente, esses pressupostos, gerando a preocupação e a instabilidade na condução dos negócios governativos. Daí a proibição de natureza circunstancial.

5. A revisão constitucional

O art. 3º do Ato das Disposições Constitucionais Transitórias estabeleceu a possibilidade de revisão constitucional após cinco anos contados da promulgação da Constituição. Portanto, após 5 de outubro de 1993. Esclareça-se que a revisão não precisaria ocorrer, necessariamente, no 5º ano, mas após cinco anos. Poderia ser em seis, dez, vinte ou trinta anos. O art. 3º do ADCT deixou a escolha do momento revisional à discrição e competência exclusiva do Congresso Nacional.

Impõe-se uma primeira pergunta: qual a diferença entre a competência reformadora, via Emenda à Constituição, e a reforma, via revisão?

A Emenda à Constituição exige aprovação por quórum qualificado de 3/5 dos votos dos membros de cada Casa do Congresso Nacional. Exige-se, ainda, que a aprovação se dê em dois turnos de discussão e votação, sempre na Câmara dos Deputados e no Senado Federal. O sistema, portanto, de discussão e votação de Emenda à Constituição se dá com obediência ao sistema bicameral de nosso Poder Legislativo.

A revisão constitucional, diferentemente, deu-se com exigência de menor quórum: maioria absoluta dos membros do Congresso Nacional. E em sessão unicameral. Significa: deputados e senadores, durante a revisão, eram simplesmente revisores, e o seu voto tinha um mesmo valor. O voto do senador não tinha maior peso que o do deputado, como acontece no caso da Emenda à Constituição, em face da bicameralidade.

Outra pergunta: quais os limites da revisão constitucional? A nosso ver, eram os mesmos impostos à Emenda à Constituição, ou seja, os limites estão estabelecidos no art. 60, § 4º, da CF. A diferença, reiteramos, estava no processo de criação da norma constitucional por meio da revisão, tal como antes descrito.

Registramos, contudo, a existência de várias correntes doutrinárias sobre essa matéria. Uma delas sustentava a ilimitação da competência revisora (José Afonso da Silva); outra sustentou limitação maior: que a revisão somente seria admitida se o plebiscito previsto no art. 2º do ADCT modificasse a forma ou o sistema de governo (Geraldo Ataliba e Paulo Bonavides), o que não ocorreu.

6. *Recepção, repristinação e desconstitucionalização*

A ordem constitucional nova, por ser tal, é incompatível com a ordem constitucional antiga. Aquela revoga esta.

Entretanto, não há necessidade de nova produção legislativa infraconstitucional.[11]

A Constituição nova *recebe* a ordem normativa que surgiu sob o império de Constituições anteriores se com ela for compatível.[12]

É o fenômeno da *recepção*, que se destina a dar continuidade às relações sociais sem necessidade de nova, custosa, difícil e quase impossível manifestação legislativa ordinária.

Ressalte-se, porém, que a nova ordem constitucional recepciona os instrumentos normativos anteriores dando-lhes novo fundamento de validade e, muitas vezes, nova roupagem.

Explica-se: com o advento de nova Constituição, a ordem normativa anterior, comum, perde seu antigo fundamento de validade para, em face da recepção, ganhar novo suporte. Da mesma forma, aquela legislação, ao ser recebida, ganha a natureza que a Constituição nova atribuiu a atos regentes de certas matérias. Assim, leis anteriores tidas por *ordinárias* podem passar a *complementares*; *decretos-leis* podem passar a ter a natureza de *leis ordinárias; decretos* podem obter característica de *leis ordinárias*.[13]

Se isto ocorre com a legislação imediatamente anterior, pergunta-se: a Constituição nova recebe, também, a legislação nascida sob o império de Constituições revogadas pela que a antecedeu e que, em face desta, perderam sua eficácia? A nova Constituição restaura, automaticamente, a legislação aludida? A resposta é negativa.

11. Sobre os efeitos da Constituição sobre o direito anterior, consultar artigo elaborado por Fernanda Dias Menezes de Almeida e Anna Cândida da Cunha Ferraz, in *Revista da Procuradoria-Geral do Estado de São Paulo*, junho de 1989, pp. 45-56.

12. Se houver normas incompatíveis com a nova ordem constitucional, manifesta-se o fenômeno da perda de eficácia. A este respeito, cristalina é a lição extraída do julgamento da Ação Direta de Inconstitucionalidade 36-5, publicado na *RT* 675/244: "Não cabe ação direta de inconstitucionalidade para questionar lei promulgada na vigência do regime constitucional pretérito. Com efeito, leis anteriores à Constituição não podem ser inconstitucionais em relação a ela, que só mais tarde veio a ter existência. Se entre ambas houver inconciliabilidade, ocorrerá revogação segundo as normas de Direito Intertemporal onde a lei posterior revoga a anterior no que com ela for incompatível".

13. O Dec. 24.643, de 1934, é o Código de Águas. Foi produzido ao tempo em que os decretos do Poder Executivo tinham força de lei. Foi recebido por todas as ordens constitucionais posteriores. Hoje a disciplina dessa matéria é fornecida pela lei; daí sua natureza *legal*.

A legislação infraconstitucional que perdeu sua eficácia diante de um texto constitucional não se restaura pelo surgimento de nova Constituição. Essa restauração de eficácia é categorizável como *repristinação*, inadmitida em nome do princípio da segurança e da estabilidade das relações sociais. O permanente fluxo e refluxo de legislação geraria dificuldades insuperáveis ao aplicador da lei, circunstância não desejada pelo constituinte.

Uma hipótese de repristinação é possível, lembra Celso Bastos: a de sua previsão expressa.[14]

Outra preocupação é a que se refere à possibilidade de recepção pela nova ordem constitucional, como leis ordinárias, de disposições da Constituição anterior. É a chamada *teoria da desconstitucionalização*.

No particular, ficamos com Celso Bastos, para quem "a tese da *desconstitucionalização* não é de ser aceita, em nosso entender, uma vez que as antigas leis constitucionais não encontram explicação para se verem rebaixadas à categoria de leis ordinárias sem disposições nesse sentido na nova Constituição".[15]

7. *A possibilidade de revisão constitucional facilitada*

Todas as edições anteriores vieram com as teses referentes ao emendamento e à revisão constitucional nos termos que até aqui foram descritos.

Nos últimos tempos, em face de parecer que dei na Comissão de Constituição, Justiça e Redação a uma proposta de emenda do deputado Luiz Carlos Santos que convocava Assembleia de Revisão Constitucional, avancei nos conceitos referentes à revisão constitucional com quórum de aprovação menor que aquele exigido por modificação de preceitos constitucionais. Ou seja: ao invés de 3/5 dos votos de cada Casa do Congresso Nacional, a aprovação poderia dar-se por maioria absoluta, com a dificuldade que acrescento: submissão do projeto revisado a referendo popular. Para tanto, transmito parte da teoria que formulei.

Sabemos que o processo de modificação constitucional é tido como cláusula *implicitamente pétrea* e, por isso, imodificável. E com fortes razões: é que, se fosse possível alterar o processo de formação das emendas pelo Congresso Nacional, a Constituição, rígida, poderia passar a flexível – o que contraria frontalmente a vontade do constituinte originário.

Como, de resto, são imodificáveis as cláusulas *explicitamente pétreas*. Exemplificando, mais uma vez: no caso das *explícitas*, seria impossível a

14. *Curso de Direito Constitucional*, p. 28.

15. Idem, ibidem.

proposta de parlamentarismo, no país, se adotada a tese da intoçabilidade absoluta da separação de Poderes estabelecida no art. 60, § 4º, III. Afinal, a Constituição, ao estabelecer o princípio da imutabilidade da tripartição do Poder, estaria aludindo à separação tal como positivada no Texto Magno. Não da separação de Poderes adotada nos Estados Unidos ou na Argentina. Nem em Constituições anteriores. Mas *desta* separação, tal como positivada pelo constituinte de 1988, em que Legislativo legisla, Executivo executa e Judiciário julga. No parlamentarismo, sabidamente, parcela da atividade executiva é transferida para o Legislativo. Confesso que já tive simpatia e cheguei a adotar essa tese da invariabilidade absoluta do princípio tripartidor do Poder. Mas a vivência política, o trato com os problemas nacionais, com o cotidiano administrativo e, especialmente, com a necessidade de mantença da Constituição, sem a necessidade de convocação de uma Constituinte, levaram-me a flexibilizar tal conceituação. Por isto que (estou apenas exemplificando), se um dia optarmos por regime parlamentar de governo, vejo mantido o conteúdo, o princípio, as vigas mestras da separação de Poderes – e por isso, a intocabilidade do princípio insculpido no art. 60, § 4º, III.

Em face da distinção entre cláusulas pétreas *explícitas* e *implícitas* e da flexibilização que a elas se deu, passei a adotar a tese do *conteúdo conceitual* das cláusulas pétreas *explícitas* (CF, art. 60, § 4º) ou *implícitas*. Seja: se no caso das *cláusulas explícitas* sustento que não há violação principiológica desde que mantido o *conceito* adotado pelo constituinte, também não vejo nas *cláusulas pétreas implícitas* agressão à rigidez constitucional se o *princípio* se mantiver intacto.

Tudo isto para salientar que continuará inalterado o processo de modificação constitucional, *"petrificado" implicitamente*, se a rigidez, ou seja, o processo especial, qualificado, dificultoso, diferenciado em relação às leis ordinárias e complementares, for mantido.

A regra do art. 1º, parágrafo único, da Constituição Federal, segundo a qual *o poder emana do povo*, tem duas significações: uma, a de indicar quem é o titular do poder que fez editar a Constituição; outra, a de indicar um poder constituinte latente que pode ser convocado para convalidar atos regulares, autorizados pela Constituição, ou outros que, embora constantes de cláusulas pétreas, possam ser alterados sem que se revogue o *princípio* nelas contido.

Acrescente-se dado novo da Constituição Federal de 5.10.1988. Não adotou, ela, exclusivamente, o princípio da representação popular, ou seja da democracia indireta. As Constituições anteriores adotaram-no. Naquelas talvez fosse possível argumentar com a impossibilidade do *exercício direto* do poder – e, portanto, a norma ("Todo o poder emana do povo, que o exerce por meio de representantes") se esgotaria na afirmação de que o dispositivo apenas indicou quem foi o *titular* do poder de editar a Constituição. Nas Constituições anteriores, portanto, o povo criou o Estado mas entregou o *exercício* do poder, por inteiro, aos representantes eleitos. Aqui, não. A Constituição Federal, no art. 1º, parágrafo único, fixou: "Todo o poder emana do povo, *que o exerce* por meio de representantes eleitos ou *diretamente*, nos termos desta Constituição".

Portanto, não apenas a *titularidade*, mas também o *exercício* do poder está entregue ao povo.

Adotou-se a tese das democracias diretas amalgamada com a indireta ou representativa. De um lado, o povo, *exercendo* diretamente o poder; de outro, o representante eleito pelo *titular* do poder para *também* exercê-lo. As vias para o exercício *direto* desse poder ("nos termos desta Constituição") são o plebiscito, o referendo e a iniciativa popular para a apresentação desses projetos. Não é sem razão que esses institutos estão no capítulo que trata da soberania popular (Título I, Capítulo IV, art. 14).

Diferença sutil, pouco notada, mas de importância inquestionável.

Nosso pranteado jurista Celso Bastos, no seu *A Reforma da Constituição: em Defesa da Revisão Constitucional*, Manoel Gonçalves Ferreira Filho, no seu *Constituição e Governabilidade* (Ed. Saraiva), e Aléxis Vargas, em dissertação de Mestrado na PUC/SP com o título *O Princípio da Soberania Popular: seu Significado e Conteúdo Jurídico*, sustentam a possibilidade da *revisão constitucional facilitada*, dizendo eu que é fundamental submetê-la a referendo popular para que o povo, titular do poder constituinte originário, diga se está, ou não, de acordo com o texto revisado. Ou seja: embora se reduza o quórum de aprovação para maioria absoluta, estabelece-se uma grande dificuldade, que é a necessidade de aprovação popular do projeto de Constituição.

A ideia de processo especial e qualificado com maioria especial de 3/5 para modificação constitucional impõe uma dificuldade não encontrável no caso das leis complementares e ordinárias. Se eliminarmos a maioria de 3/5 mas adicionarmos a extrema dificuldade da aprovação popular, estaremos mantendo o processo mais dificultoso para emenda à Constituição – e, portanto, o mesmo *conteúdo conceitual* dessa clausula pétrea implícita. E a autorização para esse raciocínio está na nossa crença de que o art. 1º, parágrafo único, da Constituição Federal fixou a possibilidade do exercício do poder constituinte diretamente pelo povo.

Capítulo III

CONTROLE DA CONSTITUCIONALIDADE DE ATOS NORMATIVOS

1. Introdução. 2. Órgãos de controle. 3. Formas de controle da constitucionalidade. 4. Os meios de controle (repressivo) da inconstitucionalidade. 4.1 Via de exceção; 4.2 Via direta: 4.2.1 Competência para o julgamento da representação de inconstitucionalidade; 4.2.2 Ação direta de inconstitucionalidade; 4.2.3 Ação direta de inconstitucionalidade por omissão; 4.2.4 Ação declaratória de constitucionalidade; 4.2.5 Arguição de descumprimento de preceito fundamental. 5. O pedido de cautelar nas representações por inconstitucionalidade.

1. Introdução

Controlar a constitucionalidade de ato normativo significa impedir a subsistência da eficácia de norma contrária à Constituição. Também significa a conferência de eficácia plena a todos os preceitos constitucionais em face da previsão do controle da inconstitucionalidade por omissão.

Pressupõe, necessariamente, a supremacia da Constituição; a existência de escalonamento normativo, ocupando a Constituição o ponto mais alto do sistema normativo. É nela que o legislador encontrará a forma de elaboração legislativa e o seu conteúdo. Aquele, ao inovar a ordem jurídica infraconstitucional, haverá de obedecer à forma prevista e ao conteúdo anteposto. Se um deles for agravado, abre-se espaço para o controle da constitucionalidade daquele ato normativo cujo objetivo é expelir, do sistema, o ato agravador.[1]

Por isso, tais atos são presumidamente constitucionais até que, por meio de fórmulas previstas constitucionalmente, se obtenha a declaração

1. No caso Marbury *versus* Madison, o Juiz Marshall sustentou a célebre tese da supremacia da Constituição, dizendo que os atos do Congresso a ela contrários deveriam ser tidos por nulos, inválidos e ineficazes.

de inconstitucionalidade e a retirada de eficácia daquele ato ou a concessão de eficácia plena (no caso de inconstitucionalidade por omissão).

A ideia de controle está ligada, também, à de *rigidez* constitucional.

De fato, é nas Constituições rígidas que se verifica a superioridade da norma magna em relação àquela produzida pelo órgão constituído. O fundamento do controle, nestas, é o de que nenhum ato normativo – que necessariamente dela decorre – pode modificá-la.[2]

Da rigidez constitucional "resulta a superioridade da lei constitucional, obra do poder constituinte, sobre a lei ordinária, simples ato do poder constituído, um poder inferior, de competência limitada pela Constituição mesma".[3]

Esta lealdade se dá obrigatoriamente em dois níveis: o formal e o material. Formalmente, a norma é compatível com a Constituição se sua elaboração obedeceu ao rito procedimental estabelecido pelo poder constituinte originário.

Portanto, não tem relação com o conteúdo da norma, mas com o processo legislativo.

A norma será materialmente constitucional se inovar o ordenamento jurídico de forma a não afrontar o que diz a Constituição, ou seja, se o conteúdo da norma for compatível com o Texto Magno.

2. *Órgãos de controle*

A doutrina indica a possibilidade de controle por meio de órgãos distintos: por *órgão político* e por *órgão jurisdicional*.

O controle por *órgão político* assenta-se na ideia de que o órgão controlador deve ocupar posição superior no Estado e deve ser distinto do Legislativo, do Executivo e do Judiciário.

Essa concepção ganhou força na França, onde a Constituição do ano VII, por inspiração de Sieyès, criou o Senado Conservador com a finalidade de decretar a inconstitucionalidade de atos legislativos.

A tentativa mais eficaz, feita naquele país, foi com a criação do Conselho constitucional, da Constituição de 1958.[4]

2. Como consequência da teoria das Constituições rígidas, surge o que se denomina *supralegalidade constitucional* (Wilson Accioli, *Instituições de Direito Constitucional*, p. 45).

3. Paulo Bonavides, *Curso de Direito Constitucional*, 26ª ed., Malheiros Editores, 2011, p. 267.

4. O art. 62 dessa Constituição determinou que as decisões desse Conselho não eram recorríveis e que se impunham a "todos os poderes públicos e a todas as autoridades administrativas e jurisdicionais".

O controle mais conhecido e aplicado é aquele efetivado por *órgão jurisdicional*.

Sustentam muitos que esta atividade adquire color eminentemente político dado que seu objetivo último é a retirada da eficácia do ato normativo.[5]

Não nos parece que esse desempenho do Judiciário não seja exclusivamente jurisdicional. Como veremos, o Judiciário se cinge a *declarar* a inconstitucionalidade. Realiza a mesma atividade desenvolvida em outras questões postas à sua apreciação. Isto é, diz o direito aplicável a uma controvérsia, em caráter definitivo.

Não há controvérsia mais séria do que o saber se o ato normativo consoa, ou não, com o texto constitucional. Nesse momento o Judiciário está "dizendo o direito" no mais expressivo dos litígios ocorrentes no Estado: o confronto entre a manifestação de um órgão constituído (atos normativos) e a manifestação anterior do poder constituinte (Constituição).

Pode inexistir interesse pessoal e mesmo material em jogo. Mas o Judiciário não tem a missão constitucional de solucionar conflitos individuais ou coletivos, apenas. Tem, também, a de manifestar-se sobre o direito infraconstitucional que pode permanecer no sistema, porque a este não vulnera. Trata-se de interpretação de normas, de apreciação do Direito, atividade decorrente da jurisdição.

A circunstância de a decisão interessar à coletividade não transmuda a função do órgão. Todas as decisões por ele proferidas interessam à comunidade, dado que visam à pacificação das relações sociais. Daí entendermos que a função de declarar a inconstitucionalidade de ato normativo pelo STF é jurisdicional.

O controle por órgão jurisdicional é o adotado no Brasil. A ele se adiciona controle político feito por outro órgão: o Senado Federal, como veremos adiante.

3. *Formas de controle da constitucionalidade*

A Constituição vigente permite a identificação de *controle preventivo* e *repressivo*. O primeiro é localizável quando se pensa em controle lato da constitucionalidade: destina-se a impedir o ingresso, no sistema, de normas que, em seu projeto, já revelam desconformidade com a Constituição. Esse controle é exercido tanto pelo Legislativo quanto pelo Executivo. Aquele é

5. Ronaldo Porto Macedo escreveu magnífico trabalho, ainda não publicado, em que busca demonstrar a natureza legislativa dessa atividade do Judiciário.

estruturado em Comissões, como decorre do art. 58 da CF. Tais Comissões, permanentes, destinam-se, basicamente, a emitir pareceres sobre projetos de lei. Uma delas se incumbe do exame prévio da constitucionalidade.

E nada impede que durante a discussão e votação se argúa a inconstitucionalidade, podendo provir, desse argumento, a rejeição.

Também se controla *preventivamente* por meio de atuação do Chefe do Executivo. O art. 66, § 1º, não deixa dúvida a esse propósito. Preceitua: "Se o Presidente da República considerar o projeto, no todo ou em parte, *inconstitucional* ou contrário ao interesse público, *vetá-lo-á* total ou parcialmente...".

Convém salientar que esse controle prévio visa, como dissemos, a impedir a inserção, no sistema, de preceito vulnerador da Constituição.

O texto constitucional se refere a controle de constitucionalidade de "lei ou ato normativo". Isto é, de atos perfeitos, acabados, enquanto o controle prévio se refere a projetos. Portanto, atos inacabados.

Anote-se mais. Nem todos os projetos de atos normativos se submetem, constitucionalmente, a esse controle preventivo. Inocorre, por exemplo, no caso de medidas provisórias, resoluções dos Tribunais e decretos. Decretos são atos a cujo procedimento o constituinte não impôs fórmulas de apreciação formal.

O controle *repressivo* – este, sim – é viabilizado por dois meios distintos: a via de exceção e a via de ação. Tanto para suprimir normas inconstitucionais (ação) como suprir omissão (inação). Exercita-os o Judiciário.

4. *Os meios de controle (repressivo) da inconstitucionalidade*

O controle repressivo jurisdicional pode realizar-se por duas vias distintas. Pela via indireta, também chamada de *controle difuso*, via de exceção; ou pela via direta, também conhecida como *controle concentrado*, via de ação.

4.1 Via de exceção

Na *via indireta*, o objeto principal da ação não é a declaração de inconstitucionalidade da norma, questão incidental no processo, mas a solução do caso concreto. Pleiteia-se, no caso da via de exceção, o direito ao não-cumprimento de norma que o indivíduo acredita inconstitucional. A decisão sobre a obrigatoriedade, ou não, do cumprimento da norma passa pela decisão de ser, ou não, a norma, inconstitucional.

Caberá ao juiz da ação decidir a questão que lhe foi colocada. Para atingir este fim, precisa, obrigatoriamente, resolver sobre a constitucionalidade da norma.

Portanto, qualquer indivíduo com direito lesado, ou ameaçado de lesão, estará legitimado a provocar o Judiciário sobre a questão. Qualquer membro do Judiciário, competente para decidir o caso concreto, está legitimado a declarar a inconstitucionalidade da norma questionada.

No entanto, o art. 97 da Constituição Federal exige que a inconstitucionalidade de lei ou ato normativo só seja declarada pelos tribunais pelo voto da maioria de seus membros ou dos membros do respectivo Órgão Especial. De qualquer forma, o efeito desta decisão é sempre *inter partes*.

Ou seja, o interessado defende-se da aplicação da lei inconstitucional, mas, ainda que declarado inconstitucional, este ato normativo continua válido em relação a terceiros, contra quem continua a produzir efeitos normais. A declaração não anula a lei, só impede sua aplicação ao caso concreto.

Por se tratar de questão envolvendo norma constitucional, o caso pode chegar até o STF, o qual exerce o "controle terminal",[6] que se opera depois de esgotadas as instâncias inferiores.

Se a decisão chegar ao STF em razão de recurso, aquela Corte deve remeter eventual declaração de inconstitucionalidade, derivada da apreciação do caso concreto, ao Senado Federal, para que este suspenda a execução da lei, nos termos do art. 52, X, da Constituição Federal.[7]

O art. 52, X, autoriza o Senado "a suspender a execução, no todo ou em parte, de lei declarada inconstitucional por decisão definitiva do Supremo Tribunal Federal".

Terá o Senado autorização constitucional para negar a retirada da eficácia do ato normativo após a declaração efetivada pelo Supremo Tribunal Federal? Terá ele a possibilidade de retirar parcialmente a eficácia de uma lei se o STF a declarou, no seu todo, inconstitucional?

A nosso perceber, pode. O Senado não está obrigado a suspender a execução da lei na mesma extensão da declaração efetivada pelo STF. A ex-

6. António Vitorino, "Protecção Constitucional e Protecção Internacional dos Direitos do Homem: Concorrência ou Complementaridade?", p. 76.

7. Entendemos, em face do princípio federativo, que, se a matéria questionada diz respeito a confronto entre lei municipal e a Constituição Estadual, ou entre lei estadual e a Constituição Estadual, pode e deve o Tribunal de Justiça, após declarar a inconstitucionalidade, remeter essa declaração à Assembleia Legislativa, para que esta suspenda a execução da lei (evidentemente, nos Estados em que as Constituições confiram essa competência à Assembleia).

pressão "no todo ou em parte", que se encontra no art. 52, X, não significa que o Senado suspenderá parcial ou totalmente a execução da lei ou decreto de acordo com a declaração de inconstitucionalidade, parcial ou total, efetivada pelo STF.

O Senado Federal não é mero órgão chancelador das decisões da Corte Suprema. Qual é exatamente o papel do Senado no controle da constitucionalidade?

A nosso ver, existe discrição do Senado ao exercitar essa competência. Suspenderá, ou não, a execução da lei declarada inconstitucional pelo Supremo, de acordo com o seu entendimento. O simples fato de o art. 52, X, possibilitar a suspensão *parcial* ou *total* da lei revela essa discricionariedade. Seja: se o STF declarar a inconstitucionalidade de lei, por inteiro, faculta-se ao Senado a possibilidade de suspendê-la em parte. De fato, haverá hipótese em que a Corte Suprema terá declarado a inconstitucionalidade por maioria de um ou dois votos, remanescendo, portanto, fundada dúvida sobre a provável constitucionalidade. Se em dado instante mudar a composição do Supremo ou a convicção de alguns de seus Ministros relativamente ao tema, a declaração, em nova ação, será de constitucionalidade.

As expressões "no todo" ou "em parte" são utilizadas em outros dispositivos constitucionais. Por exemplo, no art. 66, § 1º. Tratando-se da possibilidade de veto, por inconstitucionalidade ou contrariedade ao interesse público, concede ao Presidente da República a possibilidade de veto total ou parcial. Significa, no caso deste preceito, que a Constituição deixa à discrição do Chefe do Executivo a dimensão do veto. Assemelha-se à competência conferida ao Senado Federal no art. 52, X.

4.2 *Via direta*

Outra forma de controle é a *via direta*, na qual a norma, em tese, será questionada. Não há caso concreto, mas interpretação em abstrato. As ações previstas como controle concentrado são quatro: ação direta de inconstitucionalidade, ação direta de inconstitucionalidade por omissão, ação declaratória de constitucionalidade e arguição de descumprimento de preceito fundamental.

4.2.1 *Competência para o julgamento da representação de inconstitucionalidade*

Essa competência é privativa do STF, verdadeira Corte Constitucional, dado que o art. 102, I, estabelece competir-lhe processar e julgar *ori-*

ginariamente tais representações. Tanto em face da *atividade* dos órgãos do poder, geradora de atos normativos tidos por inconstitucionais, como também pela *inatividade* dos mesmos órgãos, geradora da inefetividade da norma constitucional (inconstitucionalidade por omissão).

4.2.2 *Ação direta de inconstitucionalidade*

É a mais antiga no nosso ordenamento. Até a Constituição de 1969 somente podia ser proposta pelo Procurador-Geral da República, o qual, para agravar a situação, era nomeado pelo Presidente da República e demissível *ad nutum*. A Constituição de 1988 ampliou muito a legitimidade ativa desta ação, passando-a ao Presidente da República, à Mesa do Senado Federal, à Mesa da Câmara dos Deputados, à Mesa da Assembleia Legislativa ou da Câmara Legislativa do Distrito Federal, ao Governador do Estado ou do Distrito Federal, ao Procurador-Geral da República, ao Conselho Federal da OAB, partido político com representação no Congresso Nacional, confederação sindical ou entidade de classe de âmbito nacional (art. 103 da CF). A Câmara Legislativa do Distrito Federal e o Governador do Distrito Federal não constavam do texto original, tendo sido acrescentados pela Emenda Constitucional 45, de dezembro/2004.

É verdade que o STF entende que nem todos têm a mesma legitimidade. A jurisprudência da Corte estabeleceu a necessidade de uma legitimação especial para alguns deles.

Desta forma, para que a Mesa da Assembleia Legislativa ou Câmara Legislativa Distrital, o Governador de Estado ou do Distrito Federal, as confederações sindicais e as entidades de âmbito nacional possam ingressar com ação direta de inconstitucionalidade, devem demonstrar a pertinência temática entre o objeto da ação e seu interesse específico.

Já, no caso do Presidente da República, Mesa do Senado Federal, Mesa da Câmara dos Deputados, Procurador-Geral da República, Conselho Federal da OAB e partido político com representação no Congresso Nacional, a legitimação ativa é universal.

Convém anotar que a Lei federal 11.648/2008 conferiu às centrais sindicais legitimidade para a propositura da ação direta de inconstitucionalidade ou de constitucionalidade.

A norma questionada na ação direta de inconstitucionalidade deve ser lei ou ato normativo federal ou estadual pós-constitucionais. O STF entende que eventual colisão entre o direito pré-constitucional e a Constituição vigente deve ser resolvida pela jurisdição ordinária, de acordo com os princípios de direito intertemporal (*lex posterior derogat priori*). No entanto, a arguição de descumprimento de preceito fundamental admite tal confronto, como veremos adiante.

No caso da ação direta, a competência para julgar é originária do STF (art. 102, I, "a").

A Lei 9.868/1999 estabeleceu o procedimento da ação direta de inconstitucionalidade e da ação declaratória de constitucionalidade. Ao discipliná-las, introduziu algumas novidades, especialmente no referente aos efeitos da ação direta de inconstitucionalidade.

Declarada a procedência ou improcedência da ação, o efeito será *erga omnes* e vinculante em relação aos órgãos do Poder Judiciário e à Administração Pública Federal, Estadual e Municipal (art. 28, parágrafo único, da Lei 9.868/1999).

O efeito *erga omnes* e vinculante da ação direta de inconstitucionalidade foi posteriormente incorporado à Constituição, pela Emenda 45, de dezembro/2004.

De acordo com a Lei 9.868/1999, uma vez declarada a inconstitucionalidade ou constitucionalidade da lei ou ato normativo, e tendo em vista razões de segurança jurídica ou de excepcional interesse social, o STF poderá, por voto de 2/3 de seus membros, restringir os efeitos da declaração ou decidir que ela só tenha eficácia *ex nunc* ou a partir de outro momento a ser fixado (art. 27 da Lei 9.868/1999). Daí, pode-se deduzir, a regra é o efeito retroativo (*ex tunc*) da declaração.

4.2.3 *Ação direta de inconstitucionalidade por omissão*

A Constituição de 1988 trouxe uma novidade para o sistema de controle: o da inconstitucionalidade por omissão. Deriva do disposto no art. 103, § 2º, assim redigido: "Declarada a inconstitucionalidade por omissão de medida para tornar efetiva norma constitucional, será dada ciência ao Poder competente para a adoção das providências necessárias e, em se tratando de órgão administrativo, para fazê-lo em trinta dias".

O controle da inconstitucionalidade por omissão inspirou-se na Constituição portuguesa.[8]

8. "1. A requerimento do Presidente da República, do Provedor de Justiça ou, com fundamento em violação de direitos das regiões autônomas, dos presidentes das assembleias regionais, o Tribunal Constitucional aprecia e verifica o não-cumprimento da Constituição por omissão das medidas legislativas necessárias para tornar exequíveis as normas constitucionais.

"2. Quando o Tribunal Constitucional verificar a existência de inconstitucionalidade por omissão, dará disso conhecimento ao órgão legislativo competente" – *Constituição de Portugal*, de 25.4.86, art. 283, 1 e 2.

Vejamos as principais questões referentes à inconstitucionalidade por omissão, hoje regulada pela Lei 9.868, de 9.11.1999 (Capítulo II-A – arts. 12-A a 12-F – incluído pela Lei 12.063, de 27.10.2009).

A primeira afirmação que se deve fazer é aquela referente à finalidade desse controle: é a de realizar, na sua plenitude, a vontade constituinte. Seja: nenhuma norma constitucional deixará de alcançar eficácia plena. Os preceitos que demandarem regulamentação legislativa ou aqueles simplesmente programáticos não deixarão de ser invocáveis e exequíveis em razão da inércia do legislador. O que se quer é que a *inação* (omissão) do legislador não venha a impedir o auferimento de direitos por aqueles a quem a norma constitucional se destina. Quer-se – com tal forma de controle – passar da abstração para a concreção; da inação para a ação; do descritivo para o realizado.[9] O legislador constituinte de 1988 baseou-se nas experiências constitucionais anteriores, quando muitas normas não foram regulamentadas por legislação integrativa e, por isso, tornaram-se ineficazes. Ou seja: o legislador ordinário, omitindo-se, inviabilizou a vontade do legislador constituinte.

São autorizados a propor a ação de inconstitucionalidade por omissão os mesmos legitimados a propor a representação de inconstitucionalidade por *ação* (art. 103).

A competência é do STF originariamente. É o que deflui do art. 102, I, "a". Embora este dispositivo aluda apenas à "ação direta de inconstitucionalidade de lei ou ato normativo federal ou estadual", haveremos de entender que o julgamento das ações de inconstitucionalidade por omissão também compete à Corte Suprema, uma vez que foi transformado, o Supremo, em verdadeiro Tribunal Constitucional.

O que ocorre após a declaração de inconstitucionalidade por omissão? Dar-se-á ciência da decisão ao Poder incumbido das providências omitidas.

Sendo legislativas, a cientificação será ao Poder Legislativo e, nessa hipótese, não há fixação de prazo para adoção das medidas necessárias. Tratando-se, porém, de medida que deveria ter sido tomada por órgão ad-

9. A jurisprudência tem fixado o entendimento de que na ação direta de inconstitucionalidade por omissão objetiva-se a expedição de ato normativo necessário ao cumprimento de preceito constitucional que sem ele não poderia ser aplicado: "Ação direta de inconstitucionalidade por omissão – Propositura visando prática de ato administrativo em caso concreto, cuja omissão ofende preceitos constitucionais – Descabimento – Possibilidade de ajuizamento somente se se objetivar a expedição de ato normativo necessário ao cumprimento de preceito constitucional que, sem ele, não poderia ser aplicado – Seguimento negado – Inteligência e aplicação dos arts. 102, I, e 103, § 2º, da CF" (ADI 19-5, *DJU* 14.4.89, in *RT* 645/184).

ministrativo (seja do Executivo, Legislativo ou Judiciário), a ordem judicial fixará o prazo de 30 dias para que se a tome.[10]

Verifica-se que, em se tratando de órgão administrativo, o agente público encarregado da prática do ato poderá ser responsabilizado se não o praticar no prazo fixado de 30 dias. Mas, em se tratando de medidas legislativas, não havendo a Constituição Federal fixado prazo para a adoção da providência, qual a sanção para o não-cumprimento da ordem judicial que declarou a inconstitucionalidade por omissão e determinou a prática da medida? Não há previsão no texto constitucional, no que a nossa Constituição reproduziu o sistema da Constituição portuguesa que, nessa matéria, assim se exprimiu: "quando o Tribunal Constitucional verificar a existência de inconstitucionalidade por omissão, dará disso conhecimento ao órgão legislativo competente" (Constituição portuguesa, art. 283, 2).

Tudo indica que o constituinte pátrio confia no estabelecimento de mecanismos regimentais, internos no Poder Legislativo, capazes de viabilizar o disposto na determinação judicial.[11]

Registre-se, por fim, que o Advogado-Geral da União não deverá ser citado na representação de inconstitucionalidade por omissão. É que o preceito do art. 103, § 3º, da Constituição Federal manda citá-lo para defender o "ato ou texto impugnado". Portanto, para defender *ato* inquinado de inconstitucionalidade e não a inatividade inconstitucional.[12]

10. Ante a finalidade da ação direta de inconstitucionalidade por omissão, qual seja, a ciência ao poder omisso para a adoção das providências necessárias, o STF decidiu ser incompatível com o instituto a concessão de liminar: "Ação direta de inconstitucionalidade por omissão – Liminar. É incompatível com o objeto mediato da referida demanda a concessão de liminar. Se nem mesmo o provimento judicial último pode implicar o afastamento da omissão, o que se dirá quanto ao exame preliminar" (ADI 361-5, in *RT* 668/212).

11. O Regimento Interno da Câmara dos Deputados fixa prazos e fórmulas viabilizadores do controle da inconstitucionalidade por omissão declarada por decisão judicial.

12. Na ação direta por omissão não há necessidade. Vide julgado proferido em ação direta de inconstitucionalidade 23-3, SP, *DJU* 1.9.89, ementa 126.924: "A audiência do Advogado-Geral da União, prevista pelo art. 103, § 3º, da CF de 1988, é necessária na ação direta de inconstitucionalidade, em tese, de norma legal ou texto impugnado (já existentes), para se manifestar sobre o ato ou texto impugnado – não, porém, na ação direta de inconstitucionalidade por omissão, prevista no § 2º do mesmo dispositivo, pois nesta se pressupõe, exatamente, a inexistência da norma legal ou ato normativo" (*RT* 659/205).

Quanto à defesa do ato impugnado pelo Advogado-Geral da União, o STF, por unanimidade, decidiu que: "Compete ao Advogado-Geral da União, em ação direta de inconstitucionalidade, a defesa da norma legal ou ato normativo impugnado, independentemente de sua natureza federal ou estadual.

"Não existe contradição entre o exercício da função normal do Advogado-Geral da União, fixada no *caput* do art. 131 da Carta Magna, e o da de defesa de norma ou ato inqui-

4.2.4 *Ação declaratória de constitucionalidade*

A ação declaratória de constitucionalidade foi instituída pela Emenda 3/1993. Tem como finalidade atestar a validade da norma. Apesar de cuidar do controle das normas em abstrato, foi pensada para resolver um problema concreto: a grande quantidade de processos na Justiça Federal.

Para atender a esse fim, a Emenda 3/1993 incorporou, no art. 102, § 2º: a decisão na ação declaratória de constitucionalidade tem eficácia *erga omnes* e efeito vinculante para os demais órgãos do Judiciário e da Administração Pública direta e indireta, nas esferas federal, estadual e municipal.

A decisão não reforça ou diminui a densidade normativa, mas simplesmente outorga, à norma, imunidade especial perante as incidentais arguições de inconstitucionalidade. A Emenda 45/2004 manteve essa disposição, tendo apenas modificado a redação do parágrafo, para acrescentar, também, a ação direta de inconstitucionalidade.

Os legitimados para propositura da ação eram, inicialmente, o Presidente da República, a Mesa do Senado Federal, a Mesa da Câmara dos Deputados e o Procurador-Geral da República (art. 103, § 4º). Com a Emenda 45/2004 os legitimados para propor a ação declaratória de constitucionalidade passaram a ser os mesmos da ação direta de inconstitucionalidade. Revogado o § 4º do art. 103, a ação foi incluída no *caput* do art. 103. O objeto da ação deve ser norma ou ato normativo federal.

4.2.5 *Arguição de descumprimento de preceito fundamental*

A arguição de descumprimento de preceito fundamental prevista no art. 102, § 1º, da CF, redigido da seguinte forma: "A arguição de descumprimento de preceito fundamental, decorrente desta Constituição, será apreciada pelo Supremo Tribunal Federal, na forma da lei".

A última parte da redação explicita o caráter limitado da norma. É norma de eficácia limitada de princípio institutivo, que só adquiriu eficácia social com a edição da Lei 9.882/1999.

Essa lei, ao estabelecer o objeto da arguição, primeiramente repetiu o que diz a norma constitucional – ou seja, terá por objeto evitar ou reparar lesão a preceito fundamental, resultante de ato do Poder Público. Em segui-

nado, em tese, como inconstitucional, quando funciona como curador especial, por causa do princípio da presunção de sua constitucionalidade.

"Questão de ordem que se decide no sentido da devolução dos autos à Procuradoria-Geral da República, para que apresente a defesa das normas estaduais impugnadas" (ADI 97-7, in *RT* 670/200).

da, acrescentou a possibilidade de arguição de descumprimento de preceito fundamental quando for relevante o fundamento da controvérsia constitucional sobre lei ou ato normativo federal, estadual ou municipal, incluídos os anteriores à Constituição.

Esta segunda parte cria forma de controle da constitucionalidade ausente do texto constitucional. Entrega ao STF competência não prevista constitucionalmente, que não poderia ser estabelecida por norma infraconstitucional. Portanto, a arguição, que deve ser coadjuvante no sistema de controle da constitucionalidade, já nasce inconstitucional. Esta é a posição da maior parte da doutrina.[13]

A verificação de inconstitucionalidades do gênero não é novidade no nosso ordenamento. A ação declaratória de constitucionalidade, criada em 1993, teve sua constitucionalidade questionada por grande parte da doutrina e foi objeto de ação direta de inconstitucionalidade. Acabou por ser declarada constitucional, por maioria de votos.[14]

Os legitimados para propositura da arguição são os mesmos da ação direta de inconstitucionalidade. A eficácia é contra todos, e o efeito é vinculante.

O art. 5º, § 1º, da Lei 9.882/1999 diz que "não será admitida arguição de descumprimento de preceito fundamental quando houver qualquer outro meio eficaz de sanar a lesividade".

Importante ressaltar: o caráter subsidiário da ação não decorre do texto constitucional, mas foi inspirado em dispositivos análogos – quais sejam, o recurso constitucional alemão e o recurso de amparo espanhol.

No entanto, a jurisprudência do STF tem entendido, para a verificação da subsidiariedade, a necessidade de, a cada caso, ser analisada a eficácia da outra opção de ação referida na lei. Ou seja, a outra opção de medida tem que ser tão efetiva quanto a arguição.

5. *O pedido de cautelar nas representações por inconstitucionalidade*

O art. 102, I, "p", estabelece a possibilidade de solicitação de medida cautelar nas representações por inconstitucionalidade.

13. Alexandre de Moraes, *Direito Constitucional*; Luiz Alberto Davi Araújo e Vidal Serrano Nunes Jr., *Curso de Direito Constitucional*.

14. In Ives Gandra da Silva Martins e Gilmar Ferreira Mendes (coords.), *Ação Declaratória de Constitucionalidade*.

Seu objeto é a paralisação da eficácia do ato normativo enquanto a representação pender de julgamento.

O pressuposto (implícito) do pedido é a ocorrência de lesão irreparável a pessoas, à sociedade, à ordem, à segurança e à economia pública, de modo a não se poder aguardar o julgamento final e a suspensão de eficácia pelo Senado. Somente será deferida se, no período que medeia entre a propositura da ação e a eventual declaração de inconstitucionalidade, puder verificar-se a ocorrência de atos que impeçam, após a declaração, a recomposição de direitos vulnerados.

A concessão da liminar, no caso, é exceção ao princípio segundo o qual os atos normativos são presumidamente constitucionais. Sendo excepcional, sua interpretação é restritiva. A regra é a não-invalidação apriorística do texto normativo. A concessão da liminar produz esse efeito *antes* da declaração definitiva.

PARTE II

DIVISÃO ESPACIAL DO PODER

Capítulo I – *O ESTADO FEDERAL*

Capítulo II – *A UNIÃO. INTERVENÇÃO FEDERAL NOS ESTADOS*

Capítulo III – *OS ESTADOS FEDERADOS*

Capítulo IV – *TERRITÓRIOS FEDERAIS*

Capítulo V – *DISTRITO FEDERAL*

Capítulo VI – *O MUNICÍPIO. REGIÕES METROPOLITANAS*

Capítulo I

O ESTADO FEDERAL

1. Conceito de Federação. 2. A Federação brasileira. 3. Origem da Federação. 4. A Federação: evolução constitucional no Brasil. 5. Vários rumos do Federalismo brasileiro. 6. Conclusões.

1. Conceito de Federação

Federação, de *foedus, foederis*, significa aliança, pacto, união. Pois é da união, da aliança, do pacto entre Estados que ela nasce.

Que espécie de pacto? Que gênero de aliança? Qual a natureza dessa União?

Eis questões que só podem ser solucionadas à vista da intelecção de ideias tais como a centralização e a descentralização política e administrativa.

A centralização ou seu oposto, a descentralização, podem ser de natureza administrativa ou política.

Assim, ao buscar a satisfação do interesse público, o Estado instrumenta-se de forma que lhe permita o atingimento daquele ideal. Ao fazê-lo, poderá prestar serviços por maneira direta, sem que haja qualquer deslocação do desempenho dessas funções para outro centro, ou, ao contrário, permitindo o seu desenvolvimento por outros núcleos. Na primeira hipótese temos a centralização administrativa; na segunda, a descentralização administrativa. No primeiro caso tem-se um só centro titular das prerrogativas, competências e deveres públicos de natureza administrativa; no segundo, têm-se vários centros senhores de tais prerrogativas, competências e deveres. Se tal figuração ocorre no Estado, seja a centralização, seja a descentralização administrativa, não se cogita de Federação. É preciso dar mais alguns passos. É preciso atingir a ideia de centralização e descentralização política.

Descentralizar implica a retirada de competências de um centro para transferi-las a outro, passando elas a ser próprias do novo centro. Se se fala em descentralização administrativa quer-se significar a existência de novos centros administrativos independentes de outros. Se a referência é a descentralização política, os novos centros terão capacidade política. Mas o que significa *ser capaz*, politicamente? É ter a possibilidade de estabelecer comandos normativos sobre assuntos de sua competência. Quem é que fixa tais competências? Poderá ser tanto o legislador ordinário como o constituinte. Isto leva à convicção de que a descentralização política pode operar-se tanto em nível constitucional como em nível de legislação infraconstitucional. A centralização política importa a existência de centro único emanador de comandos normativos e, por isso mesmo, de sede exclusiva de competências. A descentralização política significa a realidade de várias pessoas (entendidas como centros de imputação de direitos e deveres) investidas da função de dizer, por meio de regras gerais e abstratas, sobre tudo o que importa a uma coletividade e que configura as suas competências. Quer dizer: os comandos reguladores da atividade de uma pessoa não vêm de fora dela, mas dela própria. *Ser capaz* politicamente é, em síntese, ter capacidade legislativa.

Na centralização política um único centro tem capacidade legislativa. Na descentralização política vários núcleos têm tal capacidade.

Importa bastante a descentralização política. Convém defini-la corretamente, como o fez Celso Antônio Bandeira de Mello: "o regime no qual, dentro de um único sistema jurídico global, as capacidades políticas são distribuídas entre diferentes pessoas jurídicas".[1]

Diante da centralização política, diz-se que o Estado é unitário. E em face da descentralização política? Estaremos diante de outra forma de Estado? A descentralização, por si, não é suficiente para mudar a fisionomia do Estado Unitário, venha estabelecida na Constituição ou fora dela, na lei comum.

Explica-se melhor: existindo centro único dotado de capacidade legislativa, pode ele, por meio de lei, conferir a várias circunscrições territoriais determinadas competências, atribuindo-lhes, também, capacidade legislativa. Quem delega competências pode fazer cessar a delegação. Basta a superveniência de legislação revogadora. Tudo depende da vontade do órgão central. De outra forma, ainda, podem estar divididas as competências: a Constituição as reparte entre um órgão central e vários regionais. A repartição competencial não demanda o desejo do órgão legislativo central; ao

1. *Prestação de Serviços Públicos e Administração Indireta*, 1973, p. 8.

contrário, este nada pode fazer para retirar os negócios entregues a corpos regionais, porque a divisão é realizada pelo constituinte.

Numa outra hipótese a descentralização não permite supor a Federação. O Estado será, ainda assim, unitário. Costuma-se dizer, no particular, que se está diante de Estado unitário fortemente descentralizado.

Kelsen cuidou do tema. Disse que, "idealmente, uma comunidade jurídica centralizada é aquela cujo ordenamento consta única e exclusivamente de normas jurídicas que valem para todo o território do Estado, enquanto uma comunidade jurídica descentralizada é, idealmente, aquela cujo ordenamento consta de normas que apenas vigoram para domínios (territoriais) parcelares. Dizer que uma comunidade jurídica se desmembra em regiões ou parcelas territoriais significa que todas as normas ou apenas certas normas deste ordenamento apenas vigoram para territórios parcelares. Neste último caso, a ordem jurídica que constitui a comunidade jurídica é integrada por normas com diferentes âmbitos espaciais de validade".[2]

Para o jusfilósofo de Viena o Estado é concebido como um sistema de normas vigentes em certo tempo e em certo local. Por isso, a divisão do Estado em circunscrições territoriais só tem significado para o Direito se vier acompanhada de uma parcela da ordem jurídica, dado que a divisão física "é um problema especial do domínio espacial de validade das normas que formam a ordem estadual".[3] É integral a razão do asserto, que convalida o quanto já se afirmou.

Vigorante a descentralização política, há, ainda assim, a necessidade de unidade jurídica do todo: um ponto central e vários regionais. Assim é que se tem o Estado, dado que a simples ligação de ordens jurídicas parciais por um liame que não perfaça unidade impede falar-se em ordem estatal. Por isto Kelsen alude à "comunidade jurídica" integrada por normas vigentes em domínios parcelares. Abrigada a descentralização política, convivem num mesmo território a ordem jurídica global e as ordens jurídicas parciais. Tudo por meio de repartição de atribuições entre tais ordenações. É importante o afirmado, que permite sustentar que a Confederação de Estados não é "forma de Estado", pois sobre o território compreendido pelas ordens jurídicas contratantes não incide normatividade global, partida de sede legislativa, mas cada qual delas submete-se a normação própria.

Tais considerações trazem à baila as ideias de soberania e autonomia. Aquela é nota caracterizadora do Estado na ordem internacional; esta é

2. *Teoria Pura do Direito*, p. 419.

3. Ob. cit., p. 417.

peculiarizadora de Estado cuja ordem jurídica é dividida em domínios parcelares. Interessa, a última, à ordem interna, não à externa.

Soberania é fenômeno ligado à ideia de "poder", de autoridade suprema. Funciona como unificadora de uma ordem. Daí a concepção kelseniana segundo a qual ela é a expressão da unidade de uma ordem. Esta ordem unificada, por sua vez, é que se apresenta aos demais Estados. A estes importa, tão somente, a existência dessa ordem jurídica global. É esta a reconhecida, ou desconhecida, internacionalmente. Esta fisionomia externa do Estado é figurada pela soberania. Ela faz com que, no plano jurídico, inexistam Estados maiores ou menores, fortes ou fracos, mais ou menos importantes. Iguala-os a todos. Pois, em nível externo, não reconhece nenhum poder superior ao seu. Reconhece-os iguais. Admite, pois, os demais Estados. Ou seja, entrevê neles a soberania.

Dalmo de Abreu Dallari[4] aponta a concepção política e a jurídica de soberania. Politicamente, é concebida como o poder incontrastável de querer coercitivamente e de fixar as competências. Juridicamente, é o poder de decidir em última instância sobre a atributividade das normas, ou seja, sobre a eficácia do Direito. Daí se dessume, como linhas antes se salientou, ser cada Estado senhor de sua conduta. Juridicamente, nenhuma ordem externa pode ditar comandos sobre misteres. Não há confundir interferências de natureza política, econômica – que, muitas vezes, podem modificar a ordem jurídica –, com injunções de feitio jurídico.

Firmem-se – por indispensável a este estudo – as características de unidade e indivisibilidade da soberania. Os Estados a vislumbram de forma global e não de maneira parcelada. É a unidade, é o todo, que importa, não a parte, a fração. Donde se vê que para efeitos exteriores tanto faz se o Estado descentraliza, ou não, a sua atividade legislativa, se reparte, ou não, as competências por espaços parciais. Vale dizer: se descentraliza, ou não, a atividade política. O Estado é uma unidade jurídica. Fornece-a a soberania.

Concepção diversa é a de autonomia. Seu valor reside na visão interior que se tem do Estado. É o encaixe das várias peças componentes da ordenação jurídica global que lhe dá significado. Repita-se que a autonomia comporta graduação. Se ela vai ao ponto de criação de diversos núcleos capazes de dizer a respeito de atribuições próprias, ou seja, com aptidão para inovar a ordem jurídica sobre aquela matéria, tem-se a autonomia política. Se, ao contrário, o novo centro pode apenas executar o estabelecido por outro núcleo, original, encontra-se a autonomia administrativa. Naquela o grau autonômico é máximo; nesta, é mínimo.

4. *Elementos de Teoria Geral do Estado*, 1972, p. 79.

Em face da ideia de *soberania* ressalta a concepção da unidade estatal. Por isso, no plano internacional não tem relevo o saber se a forma de Estado é federal ou unitária. Diante da ideia de *autonomia*, a importância da distinção é inquestionável. É que ela só se encontra onde tiver sede a descentralização política (grau máximo) geradora de domínios parcelares da ordem estatal que, reunidos, formam a unidade. E as relações entre tais domínios são um dos pontos em que se assenta o conceito de Federação. Sem a descentralização política não há como falar-se nesta forma estatal. E é preciso que a divisão aludida tenha sido prevista no texto constitucional. A simples divisão de competências entre várias ordens parciais, feita em nível de lei comum, jamais será elemento caracterizador da Federação, porque aquele que as conferiu poderá retirá-las sem qualquer empeço superior.

Em síntese: a descentralização política fixada na Constituição é fator indicativo da existência de Estado federal.

Não é o definitivo, contudo. Vários outros devem somar-se para fornecer o conceito adequado do objeto deste estudo. Entre eles, *a participação das vontades parciais na vontade geral*. Ou seja: cada qual das unidades federadas deve participar, com sua manifestação, da vontade federal. Assim ocorrendo, as deliberações do órgão federal constituem, em verdade, a soma das decisões emanadas das vontades locais. Essas deliberações são tomadas por meio de órgão representativo das unidades federadas. Atribui-se-lhe, costumeiramente, o nome de "Senado Federal".

É comum, nas Federações, a coexistência de duas Câmaras: a dos representantes do povo e a dos representantes das unidades federadas.[5] A primeira – que no nosso sistema é a Câmara dos Deputados – tem a sua representação vinculada ao critério populacional, ou ao do número de eleitores. Adotamos o critério populacional. Consequência: os Estados federados mais populosos ou com maior número de eleitores têm maior número de representantes. Melhor dizendo: habitantes da unidade federada (se o critério é o populacional) ou os eleitores dela possuem maior representação na Casa Legislativa, enquanto persistir aquele número no Estado. Se os habitantes de um Estado ou os seus domiciliados eleitores (dependendo do critério adotado pelo constituinte) se deslocam para outra unidade da Federação serão sempre estes que terão representantes e, por consequência, o Estado que os abrigar, em razão do aludido afluxo, mandará à Câmara dos Deputados maior número de mandatários.

5. José Roberto Dromi lembra que "Para evitar la desunión y llevar a cabo la organización del gobierno mixto Alberdi propone el sistema legislativo bicameral. La estructura federal impone la necesidad de dos cámaras: uma de las provincias y otra de la Nación" (*Federalismo y Diálogo Institucional*, p. 22).

Resulta que o intento do constituinte federal é fazer dessa Câmara a representante da população ou do povo.[6]

Por temor, entretanto, de que tais mandatários passem a defender e postular tão somente pelos interesses do seu Estado, estabelece-se, nas Federações, um órgão assegurador do equilíbrio dos interesses federativos. Daí a instituição de outra Câmara onde têm assento apenas os representantes dos Estados. Tal representação é paritária. Cada unidade da Federação elege, escolhe, nomeia, o mesmo número de representantes. Os membros dessa Casa participam do processo de elaboração das leis (decisões da Federação para o todo estatal). Por isto, influem com a sua manifestação regional na manifestação geral. Assim, tanto o povo como as unidades federadas, enquanto pessoas jurídicas de direito público interno, tomam parte ativa na condução dos negócios federais.

Outra característica importantíssima[7] é a circunstância de os Estados-membros se *auto-organizarem* por meio de Constituições *próprias*.

Não basta a descentralização política. Não é suficiente que certas circunscrições territoriais tenham capacidade para legislar sobre matérias que lhes são atribuídas. Mesmo que essa atribuição e capacidade legislativa sejam conferidas pela Constituição. Pois isto ocorreu na Constituição Imperial brasileira, quando as Províncias receberam competências e capacidades legislativas do texto constitucional. Isto ocorre, também, na Itália, onde a Constituição confere aquelas prerrogativas às Regiões. Não têm elas, entretanto, capacidade de autoconstituição e as normas por elas editadas são aprováveis por "um comissário", que é um servidor do Estado italiano. O seu estatuto, aprovado pelo Conselho Regional, depende de sanção efetivada por lei da República (art. 123 da Constituição italiana). De modo que estes seres regionais, embora legislem sobre temas de sua competência, ficam subordinados a uma manifestação de vontade externa à Região. Tal não ocorre na Federação.

Sobre se autoconstituírem, os negócios locais são debatidos, positivados e solucionados por autoridades próprias.

6. Ensina Ataliba Nogueira: População é conceito meramente demográfico, colhido da geografia humana. Povo é expressão extraída do Direito: é o conjunto de cidadãos, sendo tais aqueles que a lei assim define. Se o constituinte toma como fator de proporção para ter assento na Câmara dos Deputados o populacional, está dando determinado valor jurídico aos estrangeiros e apátridas residentes no País; se o fator de proporção é o do número de eleitores, está valorando juridicamente apenas os integrantes do povo daquela Federação, mais precisamente aqueles titulares da cidadania ativa. Este é o significado da proporcionalidade em relação à população ou ao número de eleitores.

7. Acrescentamos esta última nota tipificadora àquelas antes expostas em trabalho que já publicamos sobre a Federação.

Daí por que, nas Federações, os Estados (ordens jurídicas parciais) possuem órgãos legislativo, executivo e judiciário próprios.

É bastante ilustrativa a hipótese do art. 102, III, da nossa Constituição, que só permite o extrapolamento da discussão de uma matéria estadual local quando houver vulneração à Constituição ou a lei nacional. Tudo a indicar que o Estado é competente para decidir legislativamente, executivamente e judicialmente sobre as matérias que a Constituição lhe atribuiu.

Em síntese: quando se diz que o Estado federado "tem Constituição", significa que cada unidade da Federação tem um *texto magno*, uma *lei maior*, que é o *fundamento de validade* de toda normatividade local. Sobre os negócios locais há texto legal supremo no Estado (a Constituição estadual) ao qual deve prestar obediência a legislação ordinária.

Anote-se, ao propósito, que o art. 25 da CF alude, distintamente, a "... Constituições e leis que adotarem...". Estas (as leis estaduais), subordinadas àquela (a Constituição Estadual).

Verifica-se, pois, que três notas são essenciais à caracterização federal: a) descentralização política fixada na Constituição (ou, então, *repartição constitucional de competências*); b) participação da vontade das ordens jurídicas parciais na vontade criadora da ordem jurídica nacional; e c) possibilidade de autoconstituição; existência de Constituições locais.

As ordens jurídicas parciais são chamadas Estados ou Províncias (Argentina), ou Cantões (Suíça) ou *Länder* (Alemanha).

Se estes requisitos são indispensáveis para a *caracterização* da Federação, dois outros colocam-se necessários para a sua *mantença*. São eles: a) a rigidez constitucional e b) a existência de um órgão constitucional incumbido do controle da constitucionalidade das leis.

Vejamos o primeiro deles. Somente subsiste o Estado federal onde o processo de modificação da norma constitucional é mais complexo do que o previsto para alteração ou revogação da norma ordinária. Se o processo é o mesmo, a Constituição é flexível. Em face da flexibilidade, o legislador ordinário (não-constituinte) alteraria livremente os comandos constitucionais, inclusive os referentes à Federação, para retirar-lhes a eficácia, transmudando o Estado para a forma unitária.

Mas não basta, por outro lado, a rigidez. É preciso que esta atinja grau tão elevado – no pertinente à Federação – capaz de impedir o legislador ordinário de empreender a sua extinção. Ou, até mesmo, de impedir a possibilidade de alterar a repartição espacial de competências que possa abalar a estrutura federativa tal como positivada pelo constituinte. Isto porque, se o legislador comum não estiver proibido expressamente pelo texto constitucional, nada obsta à alteração que chegue ao ponto de eliminar a Federação.

Como meio mantenedor dessa forma de Estado o constituinte há de vedar o acesso do legislador ordinário a essa matéria.

Em outras palavras: a rigidez será de tal ordem que tornará a Constituição imutável nessa matéria. A Federação será intocável.

Examinemos, agora, o segundo requisito: existência de um órgão constitucional incumbido do controle da constitucionalidade das leis.

Decorre do princípio da rigidez constitucional. Note-se bem: se a Constituição é flexível, não há falar-se em *controle*. Este só se verifica nos sistemas em que há escalonamento na ordem jurídica. Umas normas são superiores a outras porque constituem o seu fundamento de validade.

É de normas hierarquicamente superiores que a normatividade subsequente extrai o seu *ser*, ou seja, a forma de sua criação e o seu conteúdo. É o que ocorre onde impera a Constituição rígida. Os atos normativos produzidos pelo Legislativo submetem-se ao que, anteriormente, a Constituição estabeleceu.

Se é assim, há necessidade de a Constituição criar órgão capaz de dizer da adequação da normatividade infraconstitucional a ela, texto magno. Dizer da sua consonância. Da necessária compatibilização vertical.

Esse órgão tanto poderá sediar-se no Legislativo como no Executivo ou no Judiciário. Ou, ainda, em outro conjunto orgânico, se houver.

Não se recomenda, entretanto, a sua localização nos conjuntos orgânicos Legislativo e Executivo. Recomenda-se tal atividade ao Poder Judiciário. É que a ele incumbe, rotineiramente, o exercício da jurisdição, ou seja, dizer qual o Direito aplicável a uma controvérsia em caráter definitivo e com a força institucional do Estado. Nenhum outro órgão, diferente do Judiciário, poderá verificar a compatibilização entre a lei e a Constituição, pois aquele tem sido, nos vários Estados, após a teorização de Montesquieu, o seu mister típico, a sua função básica.

Insista-se num ponto: para caracterizar a Federação tornam-se dispensáveis estes dois últimos elementos apontados. Avulta a sua indispensabilidade quando se cuida da *persistência* da forma federal do Estado.

Registre-se, por fim, que deixamos de indicar a Confederação como *forma de Estado*. É que esta se assenta em *tratado internacional* e não em *Constituição*. Compreenda-se: a *Confederação* surge de convênio entre Estados soberanos que não abdicam de sua soberania. A Federação, se surgida de um movimento centrípeto, leva os Estados contratantes a abrirem mão da soberania que lhes é peculiar. Entregam o seu exercício à União. Esta é que se manifesta em nome da Federação no contexto internacional. Os Estados, nessa hipótese, despojando-se da soberania, conservam, tão somente, autonomia política. Esclarecendo: mantêm a possibilidade de editarem leis sobre competências suas por meio de autoridades próprias. Não têm, contudo, a possibilidade de se manifestarem na ordem internacional. A sua manifestação isolada não obriga a Federação perante os demais Estados.

2. *A Federação brasileira*

Vejamos se concorrem, na Constituição brasileira, os elementos caracterizadores da Federação, bem assim aqueles que se destinam a preservá-la.

Quanto aos elementos tipificadores.

a) *Descentralização política ou repartição constitucional de competências.*

Está traçada, basicamente, nos arts. 21 e 25, § 1º, da Constituição.[8] O primeiro enumera expressamente as competências da União; o segundo dispositivo indica as dos Estados. É preciso fazer, aqui, distinção entre essas competências: as da União são chamadas *expressas* e *enumeradas* (sobre se acharem expressamente descritas, vêm *enumeradas* no Texto); as dos Estados são denominadas *residuais* ou *remanescentes*. Constituem o *resíduo*, o *remanescente* daqueles negócios que não foram conferidos expressamente à União ou ao Município (art. 30, incisos I a IX). Mas os Estados não possuem apenas competências residuais, e nem a União apenas as expressas.

Com efeito, em matéria tributária as competências estaduais são *expressas*. O poder de instituir tributos, pelos Estados, está expressamente mencionado no art. 155 da CF. De outra parte, embora a União tenha competências expressas nessa matéria (art. 153), a Constituição lhe confere, também, competência residual (art. 154, I).

União e Estados titularizam, portanto, competências expressas e enumeradas, bem como residuais. A União tem as competências elencadas expressamente nos arts. 21, 22 e 153 da Constituição. Possui, ainda, competência residual por força do art. 154, I e II. Não há, nesta hipótese, o elenco dos tributos que podem ser criados pela União. Faculta-se-lhe a criação de "outros" impostos que não tenham fato gerador ou base de cálculo idênticos àqueles atribuídos aos Estados, Municípios e Distrito Federal. Trata-se de "resíduo", de "remanescência".

8. CF, art. 25, § 1º: "São reservadas aos Estados as competências que não lhes sejam vedadas por esta Constituição".

Já os Estados, se possuem as competências residuais a que alude o art. 25, § 1º, têm-nas em caráter *expresso* por atribuição do art. 155. Há previsão expressa da possibilidade de criação de tributos estaduais: taxas, contribuição de melhoria, imposto relativo à circulação de mercadorias e serviços, imposto de transmissão *causa mortis*...

Devemos nos referir a outras espécies de competências previstas na Constituição. A competência *autorizada* do art. 22, parágrafo único, por exemplo. Depende o Estado, nesse caso, de *autorização* a ser veiculada por lei complementar. Que será *nacional*. Outra: a competência *comum*. União, Estados, Distrito Federal e Municípios poderão dispor sobre as matérias do art. 23, sendo dependentes de lei complementar *nacional* que fixará as normas para a cooperação entre aquelas pessoas, tendo por fundamento o equilíbrio do desenvolvimento e do bem-estar em âmbito nacional.

Ao lado destas: a competência *concorrente*. União, Estados e Distrito Federal poderão legislar sobre as matérias do art. 24 da CF. Exclui-se o Município.

Em que consiste a competência *concorrente*?

Basicamente, funda-se na distinção entre *normas gerais* e *normas especiais*. Seja: a União editará normas gerais sobre certas matérias (as do art. 24) e Estados bem como Distrito Federal editarão normas específicas aplicáveis às suas realidades.

Na falta de normas gerais, a competência dos Estados será *plena* (no sentido de geral, expressa, total), podendo legislar, assim, sobre o *geral* e o *especial*. Essa espécie de competência – que versa sobre matérias relevantes (veja-se o art. 24) – é fato de reforço do princípio federativo.

Finalmente, a competência que o constituinte chama de *suplementar*. Destina-se a conferir aos Estados a possibilidade de, ao lado da União, legislar também sobre *normas gerais* atinentes às questões arroladas no aludido art. 24 da CF. A competência da União não *exclui* a dos Estados, fixa o art. 24, § 2º. *Não pode* excluir, sob pena de inconstitucionalidade, enfatiza Geraldo Ataliba, que comentou dispositivo semelhante existente na Constituição de 1967.

b) *Participação da vontade dos Estados (ordens jurídicas parciais) na vontade nacional (ordem jurídica central).*

A vontade nacional é expressa por meio de lei. É a lei nacional ou, ainda, a federal.

O órgão que exerce essa função é o Congresso Nacional, integrado por duas Casas: a dos deputados e a dos senadores.

Na Câmara dos Deputados estão os representantes do povo brasileiro (art. 45 da Constituição). Os que elegem representantes podem ter domicílio eleitoral em qualquer Estado da Federação. Os representantes eleitos serão fruto da manifestação do povo brasileiro. A representação, no caso, não é dos Estados, mas do povo domiciliado eleitoralmente em cada qual deles.

No Senado Federal estão os representantes das unidades federadas (art. 46). Cada Estado e o Distrito Federal elegem três senadores, nada importando a sua dimensão territorial ou populacional.

A lei, por sua vez, demanda, para sua criação, a participação de ambas as Casas do Congresso Nacional. Em outra expressão: a lei federal só vem a lume pela manifestação da Casa representativa do povo (Câmara dos Deputados) e da Casa representativa dos Estados e do Distrito Federal (Senado).

No Senado, como se disse, estão os delegados dos Estados e do Distrito Federal, ou seja, das ordens jurídicas parciais. É precisamente a atuação dos senadores na feitura da lei que faz presente a vontade parcial da unidade federada na vontade nacional. Não há lei inovadora da ordem jurídica infraconstitucional de que não participe o Senado Federal.

Bem por isso, aliás, o nosso bicameralismo é do tipo *federal*, ou seja, ambas as Casas participam do processo de elaboração de lei, mas o Senado tem função moderadora, visando a manter o equilíbrio federativo. É a adoção desse bicameralismo (federativo) que permite a parificação dos Estados no concerto federal. Isto porque, apesar de a Câmara dos Deputados abrigar representantes do povo brasileiro, não há dúvida de que os deputados oriundos de um Estado tenderão a emitir opiniões que favoreçam seus Estados de origem. É no Senado, em face da paritariedade da representação, que se moderará a atividade legislativa da Câmara dos Deputados quando, nesta, a legislação tiver o objetivo de beneficiar determinadas regiões em detrimento do todo nacional. É no Senado que se promove o equilíbrio dos interesses federativos.

Acha-se presente, portanto, a segunda nota tipificadora da Federação: participação da vontade dos Estados na vontade nacional.

c) *Possibilidade da autoconstituição.*

Os Estados brasileiros têm a possibilidade de autoconstituição, como expresso no art. 25 da CF. Ao se constituírem obedecerão aos princípios estabelecidos na Constituição Nacional. Significa: o constituinte estadual há de obedecer àquela principiologia. Não se trata de mera cópia dos dispositivos constitucionais.[9]

9. Sobre o assunto, interessante trabalho de Régis Fernandes de Oliveira, "A Constituinte do Estado", in *RT* 637/13.

Assim, exemplificativamente, devem prestar obediência ao *princípio* da fiscalização financeira e orçamentária; ao *princípio* do processo legislativo. Não quer dizer que a forma da fiscalização financeira e orçamentária bem como o processo legislativo sejam transcrição daqueles da União. É preciso que haja no Estado federado um *sistema* de fiscalização, um *sistema* do processo legislativo. Sistemas próprios, porém.

Examinaremos, agora, os elementos *mantenedores* da Federação:

a) *Rigidez constitucional.*

O art. 60 da CF indica a forma pela qual se pode alterá-la. O instrumento é a *Emenda à Constituição* (art. 59, I). O primeiro trata da iniciativa. A proposta deve partir do Presidente da República ou de, no mínimo, um terço dos membros da Câmara dos Deputados ou um terço dos membros do Senado Federal ou, ainda, de mais da metade das Assembleias Legislativas estaduais. Aqui se vislumbram indícios de rigidez. É que a regra constitucional, quanto à iniciativa de leis ordinárias, é prevista no art. 61: cabe a *qualquer* membro da Câmara dos Deputados ou do Senado (um deputado, um senador), à Comissão dessas Casas, ao Presidente da República, ao Supremo Tribunal Federal, aos Tribunais Superiores, ao Procurador-Geral da República e a cidadãos (iniciativa popular).

Percebe-se maior dificuldade na deflagração do processo de emenda à Constituição do que no da lei ordinária. Mas não é só. Pelo art. 60, § 2º, a proposta de emenda deverá ser discutida e votada em dois turnos, considerando-se aprovada se obtiver, em ambas as votações, a aquiescência de 3/5 dos membros de cada uma das Casas. Não se exige tanta dificuldade para a discussão e aprovação da lei comum, matéria regida pelo art. 47 da CF: exige-se a aprovação por maioria de votos dos presentes à sessão, num só turno de votação, desde que presente a maioria absoluta dos membros da Casa Legislativa.

O art. 60, § 4º, por sua vez, impede a apreciação de emenda tendente a abolir a Federação, o voto direto, a separação de Poderes e os direitos e garantias individuais. Ou seja: tais matérias são vedadas ao legislador comum. Elevam-se à condição de imutáveis. Nesse ponto a Constituição é imodificável. Ou seja, ainda: nessas matérias o grau de rigidez é máximo, inadmitindo qualquer flexibilidade.

Com esses requisitos mantém-se a Federação tal como positivada pelo constituinte.

Vejamos o último dos traços peculiarizadores da Federação:

d) *A existência de um órgão constitucional incumbido do controle de constitucionalidade das leis.*

A rigidez constitucional impõe o controle da constitucionalidade.

Todo magistrado, integrante do Judiciário, pode exercê-lo. Qualquer juiz pode exercitar o controle da constitucionalidade das leis. Há de fazê-lo, porém, diante do caso concreto. É na apreciação de litígios, solucionando controvérsias, para negar ou conceder a pretensão formulada pelo autor, que lhe é dado o exercício desse sistema. O juízo monocrático não tem a possibilidade de declarar, em tese, a inconstitucionalidade da lei. Tem-na o Supremo Tribunal Federal. Este órgão do Judiciário recebeu competência originária para declarar a inconstitucionalidade da lei em tese, desde que provocado. É o que se lê no art. 102, I, "a". Esta declaração já é feita com vistas a extirpar do sistema normativo aqueles preceitos tidos por inconstitucionais. Cuida-se, no caso, da chamada ação direta de declaração de inconstitucionalidade.

Ainda ao Supremo Tribunal Federal podem ser levadas todas as questões decididas por outras instâncias se a discussão envolver o confronto da lei com a Constituição. Chega-se a ele por meio de recurso *extraordinário*, como previsto no art. 102, III, "a", "b" e "c", ou da *ação declaratória da constitucionalidade*, conforme o art. 102, § 2º.

Verifica-se, pois, que o Supremo Tribunal Federal opera como guardião da Carta Magna. Não há questão constitucional que a ele não possa ser levada, conhecida e decidida.

Trata-se do *órgão incumbido do controle da constitucionalidade das leis*, nota necessária à mantença do sistema federal.

3. *Origem da Federação*

Por que se pode dizer que Federação é forma de Estado com as singularidades já descritas? Qual o motivo da utilização desse "rótulo" para identificar essa forma de Estado?

É preocupação que só encontra resposta na história do Direito Constitucional.

Com efeito, somente a existência de um exemplo histórico autoriza aquela qualificação: o nascimento dos EUA.

As treze colônias inglesas, ao se liberarem da dominação inglesa, constituíram Estados soberanos (ordens jurídicas independentes) que firmaram um tratado internacional criando a Confederação.

Posteriormente, em face das dificuldades para a execução daquele tratado internacional,[10] políticos e juristas norte-americanos, como John Jay,

10. "O plano de governo, contudo, falhou, à vista de sua fragilidade e impotência. O *liberum veto*, que podia ser oposto pelos Estados confederados, tornava a Confederação im-

Alexander Hamilton e James Madison, pregaram a necessidade do estabelecimento de outro pacto entre os Estados contratantes, de modo a que a união entre eles fosse duradoura.[11]

Convocou-se uma reunião dos Estados em Filadélfia para a discussão dessa tese e, eventualmente de uma Constituição reunificadora, pois pretendia-se a revisão dos "Artigos da Confederação".[12]

A essa Convenção os Estados mandaram representantes, verdadeiros embaixadores seus, que levavam a ela a manifestação da vontade dos Estados norte-americanos.

Vencida a resistência de alguns Estados que não pretendiam abdicar de sua soberania, foi editada a Constituição, a qual previu que "os poderes legislativos pela presente Constituição serão atribuídos ao Congresso dos EUA, composto do Senado e da Câmara dos Representantes" (art. I, seção I).

Estava aí corporificada a ideia segundo a qual não se poderia legislar para o Estado recém-criado sem a participação da vontade de cada Estado federado.

Registre-se a peculiaridade: os senadores eram designados pelas Assembleias Legislativas de seus Estados, em indicação clara de que eram representantes das unidades federadas.[13]

Esta concepção, nascida do constitucionalismo norte-americano, acabou por servir de modelo para vários Estados que se constituíram mais tarde. Tanto para Estados soberanos que se agregaram, em movimento centrípeto, como para aqueles, unitários, num movimento centrífugo, em que o Direito criou autonomias regionais.

Em outras palavras: passou a entender-se como federal o Estado em que a Constituição repartia as competências entre pessoas distintas (União e Estados ou Províncias), mantendo, estas, representantes no órgão legislativo nacional (Senado).

Somente com a presença desta ideia se pode compreender o fenômeno federal.

praticável como ação de governo" (José Luiz de Anhaia Mello, *O Estado Federal e as suas Novas Perspectivas*, 1960).

11. V. artigos publicados em jornais e discursos daqueles eminentes homens públicos a final reunidos na obra clássica denominada *O Federalista*.

12. Geraldo Ataliba lembra que se verifica, na Confederação, a supremacia dos Estados sobre a União; na Federação, igualam-se Estados e União.

13. "O Senado dos EUA será formado por dois senadores por Estado, designados por seis anos pela Assembleia Legislativa respectiva. Cada senador terá direito a um voto" (art. I, seção III).

4. *A Federação: evolução constitucional no Brasil*

Sustenta-se que as autonomias regionais no Brasil constituem fato histórico. E que a sua dimensão territorial bem como a grande diversidade dos costumes e das condições naturais – enfim, os "regionalismos" – foram circunstâncias exigentes da Federação como forma de Estado. Subjacente a essa ideia está a de que – como já se afirmou na doutrina – a Federação é a forma hábil de manter unidas as autonomias regionais. Isto porque, descentralizado o exercício espacial do poder, os "regionalismos" se pacificam, pois suas peculiaridades locais são preservadas pela repartição constitucional de competências.

A Federação surge, provisoriamente, no Brasil por meio do Decreto 1, de 15 de novembro de 1889, que também instituiu a República como forma de governo e estabeleceu "as normas pelas quais se devem reger os Estados Federais".

Consolida-se na Constituição de 24.2.1891, que já fornece todos os lineamentos básicos indispensáveis à sua caracterização.[14]

A Constituição de 1934 manteve a forma federal de Estado.[15] Com uma singularidade: o Senado Federal passou a ser órgão colaborador da Câmara dos Deputados. A dizer: em muitas hipóteses a função legislativa de maior importância incumbia à Câmara dos Deputados. Nem por isso a Câmara dos Senadores deixou de participar da vontade nacional. Basta atentar para o seu art. 41, § 3º: "Compete exclusivamente ao Senado Federal a iniciativa das leis sobre a intervenção federal e, em geral, das que interessem determinadamente a um ou mais Estados".

Vê-se que os assuntos de interesse dos Estados só podiam ser decididos pelo Senado, mantendo incólume uma das características da Federação.

A Constituição de 1937, outorgada pelo Presidente da República ao povo brasileiro, fez subsistir, formalmente, a Federação.[16] Na realidade, porém, ela não se conservou. É que no período de 1937 a 1945 pouca obediência se prestou à Constituição. Os Estados regiam-se pelo Decreto-lei 1.202, de 8 de abril de 1939, verdadeira "lei orgânica" dos entes federados. Eram governados por interventores nomeados pelo Presidente da República. As eleições para o Parlamento Nacional jamais foram convocadas. Para as Assembleias Legislativas, igualmente, não se convocaram eleições.

14. Conferir os arts. 1º, 5º, 7º, 30, 63, 65, 59, n. 3, "b".

15. Ver arts. 1º, 5º, 6º, 7º, 8º, 10, 41, § 3º, 89, 90, 91 e seus itens, especialmente o IV, 76, III, "b" e "c".

16. Conferir arts. 3º, 15, 16, 20, 21, 23, 38, § 1º, 50 (o Senado ganhou a denominação de Conselho Federal), 101, item III, "b" e "c".

Assim, embora *formalmente* federal, a forma de Estado foi, *realmente*, unitária.

A Constituição promulgada em 18 de setembro de 1946 faz coincidir a *forma* com a *realidade*. Pode-se dizer, no plano histórico-constitucional, que a Federação foi restabelecida pela Constituinte daquele ano que, em amplo e democrático debate, fez nascer um dos mais primorosos textos constitucionais do Brasil.[17]

Acentuada tendência centralizadora se verifica a partir do movimento político-militar de 31 de março de 1964.

O Ato Institucional de 9 de abril daquele ano, depois numerado, manteve a Constituição de 1946 com as modificações por ele introduzidas. Essas alterações já indicavam o fortalecimento da União em detrimento das autonomias estaduais. Centralizava-se o poder naquela pessoa de capacidade política ao mesmo tempo que se entregava ao Presidente da República a maior parte do seu exercício.

Seguiram-se, cada vez mais concentrantes, os Atos Institucionais de ns. 2, 3 e 4, cujo teor foi, a final, incorporado à nova Constituição, a de 1967. Havendo albergado a filosofia inspiradora do constituinte revolucionário, esta Constituição reduziu sensivelmente a autonomia estadual e, concomitantemente, diminuiu a independência do Poder Legislativo. Pode-se dizer que a fisionomia federal do Estado brasileiro se alterou (comparando-se o regime de 1946 com o de 1967).

Mas o grau elevado de centralização se operou com a edição do AI 5, de 13.12.68, que juntamente com outros atos posteriores editados passaram a conviver com nova Constituição que veio a lume em 17.10.69.

Essa Constituição, portanto, concentrou poderes na União e, nesta, na figura do Chefe do Executivo. Por isso, não há como negar a evidência: a Federação norte-americana foi a inspiradora dos federalistas brasileiros, mas o Brasil muito se afastou, depois, daquela fonte iluminadora.

É certo que a EC 11, de 13.10.78, revogou todos os Atos Institucionais "no que contrariarem a Constituição Federal" (art. 3º da Emenda). Mas o fenômeno centralizador continuou presente naquele Texto Constitucional.

Finalmente, a Constituição de 5.10.88 faz renascer a Federação. Confere maior soma de competências administrativas e legislativas aos Estados. Dá-lhes mais recursos tributários na tentativa de pautar-se por uma

17. A propósito das notas caracterizadoras da Federação e das necessárias à sua mantença, conferir arts. 1º, 5º, 15, 18, §§ 1º e 2º, 19, 37, 60, 101, item III, "a", "b" e "c".

verdade: não há verdadeira autonomia sem numerário para execução de suas tarefas constitucionais.

O exame de suas características federativas já foi feito linhas antes.

5. *Vários rumos do Federalismo brasileiro*

Houve inúmeras tentativas, assim, de desnaturamento do Federalismo surgido em 1891. Os autores buscaram qualificá-lo sob denominação diversa.

Já em 1969, Anhaia Mello[18] dissertou: "E na atual fase do Estado Federal brasileiro, vive-se o Federalismo de cunho cooperativo, isto é, são inúmeras as relações entre a União, os Estados e os Municípios baseadas em empréstimos, subvenções, em auxílios, enfim, relações que discrepam bastante da orientação primitiva do Federalismo, concebida em 1891, onde a ajuda do poder central a esse sistema de interpenetração só era prevista em casos de exceção e necessidade.

"De momento, é tal a soma de benesses distribuídas pela União que os Estados ficam inteiramente à sua mercê."

Em análise que, no particular, fez Raul Machado Horta,[19] percebe-se a mesma preocupação: "A evolução do comportamento da Federação brasileira não conduz a diagnóstico necessariamente pessimista, preconizando o seu fim. A evolução demonstra que a Federação experimentou um processo de mudança. A concepção clássica, dualista e centrífuga, acabou sendo substituída pela federação moderna, fundada na cooperação e na intensidade das relações intergovernamentais. A relação entre federalismo e cooperação já se encontra na etimologia da palavra 'federal', que deriva de *foedus*: pacto, ajuste, convenção, tratado, e essa raiz entra na composição de laços de amizade, *foedus amicitiae*, ou de união matrimonial, *foedus thalami*. Em termos de prospectiva, é razoável presumir que a evolução prosseguirá na linha do desenvolvimento e da consolidação do federalismo cooperativo, para modernizar a estrutura do Estado Federal".

É a tese do *Federalismo cooperativo*, tão cara àqueles que buscam rotulação cientificamente adequada para distinguir o novo federalismo daquele tradicional.

Paulo Bonavides, após criticar a expressão, propõe o "Federalismo das Regiões". Seria uma forma de Estado em que se adotaria uma quarta

18. O *Estado Federal e suas Novas Perspectivas*, São Paulo, 1969, p. 142.

19. "Tendências do federalismo brasileiro", *RDP* 9/7-26, jul-set./1969.

esfera de governo, as Regiões (além de União, Estados e Municípios), "que se moveria dentro do sistema federativo no mais alto grau de autonomia, superior ao dos correntes níveis estaduais e municipais".[20]

Propõe a institucionalização de Regiões Brasileiras (por exemplo, a SUDENE, a SUDAM, a SUDECO) como pessoas de capacidade política. Salienta os interesses comuns da região, os vínculos que reúnem, sob mesma aspiração, vários Estados. Basta verificar o desempenho, no Congresso Nacional, das bancadas "regionais".

Paulo Lopo Saraiva ofereceu, posteriormente, tese com o título "Federalismo Regional", em que prega a necessidade de revisão da Federação brasileira para adaptá-la às necessidades regionais.

Outra proposta – sempre com a preocupação de viabilizar o federalismo – é a inversão do disposto no art. 24, § 2º, que trata da competência supletiva dos Estados para legislarem sobre matéria atribuída à União.

Consiste, sinteticamente, no seguinte: a União legislará sobre as matérias que lhe foram conferidas pela Constituição. Entretanto, em certas matérias – na forma disposta pelo Constituinte – o Estado federado poderia editar a sua legislação, com o quê afastaria aquela da União. A dizer: a legislação será sempre federal e de obrigatória aplicação para os Estados; ressalva-se a hipótese de estes virem a dispor sobre a matéria. A ideia-força desta proposta reside na verificação de que certos Estados possuem suficiente potencial político, administrativo e econômico para dispor até mesmo sobre certas competências que, hoje, o constituinte entrega – guiado por paternalismo centralizador – à União.

6. Conclusões

De tudo ressaem as seguintes conclusões:

a) a Federação é forma de Estado cujo objetivo é manter reunidas autonomias regionais;

b) assenta-se numa Constituição;

20. Paulo Bonavides critica essa rotulação. Entende que o "chamado "Federalismo cooperativo" tem sido uma palavra amena e esperançosa, de emprego habitual pelos publicistas que ainda acreditam comodamente na sobrevivência do velho federalismo dualista, batizado com outro nome — posto que esteja a encobrir realidade nova. Urge primeiro reconhecer o desaparecimento da velha ordem federativa, esteada no binômio Estado autônomo e poder federal" (*Reflexões, Política e Direito*, p. 133; cf., ainda, do mesmo autor, *A Constituição Aberta*, 3ª ed., Malheiros Editores, 2004, onde reúne os seus estudos sobre o "Federalismo das Regiões").

c) daí por que não se pode confundi-la com outra forma de união de Estados, a Confederação, suportada por *tratado* internacional;

d) na Federação, a Constituição (retratadora da Federação) é soberana; os Estados federados são autônomos, nunca soberanos;

e) na Confederação, cada Estado aliado é soberano;

f) o pacto, na Federação, é indissolúvel; na Confederação, é dissolúvel;

g) Estado Federal e Estado Unitário não se confundem; o primeiro se caracteriza por três notas singulares: a descentralização política, a participação da vontade regional na vontade nacional e a existência de Constituições estaduais; no segundo, não se cogita desta última singularidade;

h) o conceito só é apurável a partir de exemplo histórico;

i) o grau autonômico estadual poderá variar; presentes, entretanto, suas notas tipificadoras, subsiste, como adequado, o rótulo federal;

j) adjetiva-se a Federação como tentativa de melhor identificá-la;

l) a doutrina postula, com insistência, novo federalismo, que melhor atenda à realidade política atual.

Capítulo II

A UNIÃO. INTERVENÇÃO FEDERAL NOS ESTADOS

1. Explicação preliminar. 2. Competências da União. 3. A União, por si e em nome da Federação. 4. Intervenção federal nos Estados. 5. O processo da intervenção federal. 6. Bens da União.

1. Explicação preliminar

A União é pessoa jurídica de capacidade política e só cogitável em Estado do tipo federal. É fruto da união de Estados. Da aliança destes, sob o império de uma única Constituição, nasce a União. Sem união de Estados não há União. É dizer: sem a reunião de várias ordens jurídicas parciais não desponta a ordem jurídica central. Todas, a central e as parciais, debaixo da ordem jurídica total (a Constituição). É o que está expresso no art. 1º da CF, ao dizer que: "A República Federativa do Brasil, formada pela união indissolúvel dos Estados...".

Note-se que esse dispositivo não alude à pessoa política "União" mas menciona, tão-só, a ligação de Estados usando o vocábulo "união" como substantivo feminino.

Porém, como a aliança indissolúvel de Estados, nas Federações, é fonte geradora da União, o constituinte passa a revelá-la, como pessoa, em artigos subsequentes (arts. 18, 19, 20, 21, 22, 23, 24 etc.).[1]

1. Sempre foi assim nas Constituições brasileiras. Conferir: Constituição de 1891, art. 1º, a de 1934, art. 1º, a de 1937, art. 3º. A exceção está na Constituição de 1946, pois seu art. 1º, § 1º, utilizava a palavra "União" no sentido de Federação, ao preceituar: "a União compreende, além dos Estados, o Distrito Federal e os Territórios". A de 1988 volta a utilizar o substantivo feminino "união" no seu art. 1º.

Assim, o constituinte, ao instituir a Federação, reparte competências entre a União e os Estados. Mas as competências são (em plano eminentemente jurídico) dos Estados, que abrem mão de uma parcela para atribuí-la à pessoa oriunda de sua união. O constituinte expressa, na verdade, a vontade dos Estados contratantes. São estes que partilham as competências no momento constituinte da Federação.[2]

2. *Competências da União*

O art. 21 do Texto Constitucional as enumera. Também os arts. 22 e 23, assim como os arts. 24 e 153.

Dos arts. 21 e 22 se extrai que a União tem competências *expressas* e *enumeradas*. São, também, *exaustivas*, pois exaurem, pela enumeração, as matérias que lhe cabem (à exceção das tributárias).

No art. 23 estão as competências *em comum* com Estados, Distrito Federal e Municípios.

No art. 24, a competência *concorrente* com os Estados e o Distrito Federal.

No art. 153, I a VII, estão as competências *expressas* em matéria tributária. No art. 154, I, encontramos a competência *residual* nessa matéria, uma vez que a União poderá instituir outros impostos, não previstos no art. 153. Além disso, impostos extraordinários na iminência ou no caso de guerra externa.[3] Neste último caso a competência pode ser chamada *extraordinária*.

Não se cuida de competência residual (como na hipótese do art. 154 da CF), pois a Constituição indica expressamente a competência para instituir impostos extraordinários. *Ordinariamente*, a União pode instituir taxas, contribuição de melhoria, impostos catalogados nos itens I a VII do art. 153 e *outros* impostos, desde que não tenham fato gerador ou base de cálculo idênticos aos impostos de competência dos Estados, Distrito Federal e Municípios.

Em síntese, a União tem competências: a) *expressas e enumeradas*; b) *expressas, não enumeradas*; c) *residual;* d) *em comum* (com Estados, Municípios e Distrito Federal); e) *concorrente* (com Estados e Distrito Federal).

2. No nosso sistema a partilha de competências é feita entre a União, Estados, Municípios e Distrito Federal, porque o constituinte os criou como ordens jurídicas autônomas.

3. CF, art. 154, II.

3. A União, por si e em nome da Federação

A União age em nome próprio como em nome da Federação. Ora se manifesta por si, como pessoa jurídica de capacidade política, ora em nome do Estado Federal.

Isto ocorre no plano interno como no internacional.

No *plano interno*, revela a vontade da Federação quando edita *leis nacionais* e demonstra a *sua vontade* (da União) quando edita *leis federais*.

Geraldo Ataliba precisou essa distinção ao salientar que as leis nacionais são as que alcançam todos os habitantes do território nacional (leis processuais, civis, penais, trabalhistas etc.) e as federais são aquelas que incidem apenas sobre os jurisdicionados da União (são aquelas que dizem respeito aos servidores da União e ao seu aparelho administrativo).

Para fazer essa distinção o mestre paulista apoiou-se no princípio federativo.

Também manifesta-se pela Federação, no plano interno, quando intervém nos Estados federados (art. 34 da CF), quando decreta o estado de sítio e o estado de defesa (arts. 21, V, 136 e 137 da CF).

No *plano internacional*, representa a Federação quando mantém relações com Estados estrangeiros, participa de convenções internacionais, declara guerra e faz a paz. Revela, dessa forma, a soberania nacional. Exerce-a. Não a titulariza, dado que a soberania é nota tipificadora do Estado.

Disso tudo deflui – como lembra Celso Ribeiro Bastos[4] – a dupla posição da União como pessoa de direito internacional (art. 21, I e II) e pessoa de direito interno (arts. 21, III a XXV, da CF).

4. Intervenção federal nos Estados

A intervenção federal nos Estados é da essência do sistema federativo, lembra Ernesto Leme.[5]

Visa a manter a integridade dos princípios basilares da Constituição. De um lado, objetiva a proteção do território e da divisão territorial: é autorizada para manter a integridade nacional (art. 34, I) e para repelir invasão estrangeira ou a de um Estado em outro (art. 34, II). De outro lado, pretende a paz social e moralidade administrativa bem como o adequado cuidado com as finanças do Estado: é autorizada para pôr termo a grave perturbação

4. *Curso de Direito Constitucional*, pp. 432-433.

5. *A Intervenção Federal nos Estados*, p. 25.

da ordem (art. 34, III), reorganizar as finanças do Estado se este suspender o pagamento de sua dívida fundada[6] durante dois anos consecutivos (art. 34, V, "a"). Visa ainda a garantir a tripartição do poder no plano estadual (art. 34, IV).

Em outro passo garante a observância da forma republicana, do sistema representativo e do regime democrático; dos direitos da pessoa humana; da autonomia municipal; e da prestação de contas da Administração pública, direta e indireta (art. 34, VII, "a" a "d").

Deve-se notar que a intervenção federal afasta, temporariamente, a autonomia estadual ou parcela desta. Sua previsão constitucional, contudo, revela e realça a autonomia dos Estados. É que a regra é a não intervenção (a União *não* intervirá nos Estados, salvo para...). Só é possível a intervenção em negócios peculiares do Estado em face da autorização constitucional. Não há, na Constituição, autorização para a União intervir nos assuntos das pessoas administrativas federais, por exemplo. É que estas são inferiores à pessoa política União, ao passo que o Estado federado é pessoa política *igual* à União. Por isto, a previsão expressa.

Na verdade, quando a União intervém em dado Estado, todos os Estados estão intervindo conjuntamente; a União age, no caso, em nome da Federação.

A mantença do decreto de intervenção depende de processo de que participam as vontades dos Estados federados, como veremos a seguir.

5. *O processo da intervenção federal*

O Presidente da República decreta a intervenção. É o deflagrador do processo interventivo. Não em todos os casos, porém. Excepcionam-se as hipóteses: a) de coação exercida contra o Poder Legislativo, o Poder Executivo e o Poder Judiciário; b) da execução de lei federal, ordem ou decisão judiciária.

De fato, tratando-se de coação contra o Poder Legislativo ou o Poder Executivo estaduais o processo se inicia mediante sua *solicitação*. Se a coação for exercida contra o Poder Judiciário, mediante requisição do Supremo Tribunal Federal.

Também quando se verifica descumprimento de ordem ou decisão judiciária o processo interventivo se inicia por meio de requisição do Supre-

6. O art. 98 da Lei 4.320, de 17.3.64, conceitua dívida fundada: "a dívida fundada compreende os compromissos de exigibilidade superior a 12 meses, contraídos para atender o desequilíbrio orçamentário ou financeiro de obras e serviços públicos".

mo Tribunal Federal, do Tribunal Superior Eleitoral (se a matéria for dessa natureza), ou do Superior Tribunal de Justiça.

Quando se trate de prover à execução de lei federal, o processo interventivo tem seu início mediante representação do Procurador-Geral da República ao Superior Tribunal de Justiça.

Nos casos acima arrolados o Presidente da República não pode decretar a intervenção sem que estejam preenchidos os aludidos requisitos.

Apesar da necessidade de solicitação (do Legislativo ou do Executivo coatos ou impedidos), pode ocorrer a hipótese de o impedimento ser de tal ordem que obste à solicitação. Aí, nada proíbe o decreto interventivo independentemente de solicitação, pois o constituinte deseja, primacialmente, o livre exercício dos Poderes estatais.

Já dissemos que a intervenção é ato de que participam todos os Estados federados por meio da União. Por isso, o decreto de intervenção é submetido à apreciação do Congresso Nacional, em prazo máximo de 24 horas, como dispõe o art. 36, § 1º, da CF. Se não estiver funcionando, o Congresso será convocado, no mesmo prazo de 24 horas, para deliberar a respeito do decreto presidencial.

Há uma única hipótese de dispensa da apreciação do ato presidencial pelo Congresso Nacional. É o caso em que o decreto suspensivo da execução de um ato estadual impugnado vier a produzir todos os seus efeitos (art. 36, § 3º, da CF). Não poderia ser de outra forma, pois, se a suspensão do ato houver produzido seus efeitos, sanando o mal, não se cogita mais de intervenção, inexistindo ato presidencial a ser apreciado pelo Congresso Nacional.

O exame do ato pelo Legislativo visa a permitir a participação de todos os Estados (que têm representação no Senado) e do povo brasileiro (que tem representação na Câmara dos Deputados) no processo interventivo.

São estes que decidem sobre a intervenção, tanto que deliberarão a respeito de sua amplitude, prazo e condições de execução, circunstâncias que deverão constar, necessariamente, do decreto de intervenção, sob pena de imediata rejeição por não preencher os requisitos constitucionais do art. 34.

Assim, compete ao Congresso Nacional examinar os aspectos *formal* e *material* do decreto interventivo. Examina a *forma* para verificar se foram preenchidos todos os requisitos procedimentais. É preliminar de conhecimento. Vencida esta, examinará o *conteúdo* (as razões, os motivos) para aprová-lo ou não.

Um dos eventuais efeitos da intervenção é o afastamento de autoridades estaduais de seus cargos. Cessados os motivos da intervenção, deverão elas retornar a seus cargos, salvo *impedimento legal* (art. 36, § 4º).

O impedimento a que alude o constituinte há de estar relacionado com os motivos da intervenção. Há de ser a prática de ato ou atos que ensejaram a ingerência da União nos negócios do Estado, que fizeram nascer a hipótese excepcional. Não é, portanto, qualquer impedimento legal, visto como outros podem existir sem relação com os motivos da intervenção. É possível, por exemplo, que a autoridade afastada tenha praticado crime comum que não tenha tido ligação com os atos geradores da intervenção. Tal circunstância pode caracterizar-se como *impedimento legal*, mas quem decidirá sobre ele é o próprio Estado federado e não eventual interventor.

A intervenção não é carta branca conferida à União para que esta, por meio de seus agentes, a exercite com poderes ilimitados. Ao contrário, estarão limitados pelo decreto aprovado pelo Congresso Nacional. Não é sem razão que o constituinte determina a fixação de sua *amplitude* (âmbito territorial de sua abrangência), *prazo* (lapso temporal de sua duração) e *condições de execução* (limites de atuação do interventor ou, se não houver nomeação deste, daqueles que executarão o decreto).

O princípio federativo recomenda estas afirmações.

6. Bens da União

Os bens são públicos ou particulares. São públicos os bens da União, dos Estados, dos Municípios e do Distrito Federal.

Os bens públicos, segundo categorização feita pelo legislador civil, são: I – os de uso comum do povo, tais como rios, mares, estradas, ruas e praças; II – os de uso especial, tais como os edifícios ou terrenos destinados a serviço ou estabelecimento da administração federal, estadual ou municipal, inclusive os de suas autarquias; III – os dominicais, que constituem o patrimônio das pessoas jurídicas de direito público, como objeto de direito pessoal, ou real, de cada uma dessas entidades (CC-2002, art. 99).

Esse dispositivo infraconstitucional é decorrência do texto constitucional e com ele é consonante.

De fato, o art. 20 da CF elenca os bens da União e a todos alude.

A relação do art. 20 não é exaustiva, mas exemplificativa. Não estabelece quais sejam *todos os bens* da União. Diz que alguns se *incluem* entre eles. E descreve: "II – as terras devolutas indispensáveis à defesa das fronteiras, das fortificações e construções militares, das vias federais de comunicação e à preservação ambiental, definidas em lei". Note-se, desde logo, que o constituinte mencionou terras devolutas indispensáveis à preservação das fronteiras. Estas lhe pertencem. As demais terras devolutas pertencem aos Estados federados, como se depreende do art. 26, IV, do texto constitucional.

Vale a pena transcrever a lição de Celso Bastos explicativa do conceito de terras devolutas: "são todas aquelas que pertencem ao domínio público e que não se encontram afetas a uma utilização pública. São terras que nunca deixaram de pertencer ao domínio público, ou que, tendo sido transpassadas a particulares, retornaram ao Poder Público por não terem os seus donatários cumprido com suas obrigações. Essas terras, até a Proclamação da República, pertenciam à Nação; pela Constituição de 1891 foram transferidas aos Estados-membros (art. 64) e alguns destes a transpassaram, em parte, aos Municípios".[7]

Como domínio aquóreo da União temos: a) os lagos e quaisquer correntes de água em seus terrenos; b) os que banhem mais de um Estado; c) os que constituam limites com outros países; d) os que se estendam a território estrangeiro; e) o mar territorial.

É o domínio da União sobre águas componentes do território brasileiro.

O mar territorial é fixado, hoje, em 12 milhas marítimas de largura, "medidas a partir da linha da baixa-mar do litoral continental e insular tal como indicada nas cartas náuticas de grande escala, reconhecidas oficialmente no Brasil" (Lei 8.617, de 4.1.93, art. 1º).

Pertencem, ainda, à União as ilhas oceânicas e as fluviais e lacustres nas zonas limítrofes com outros países. Quanto às ilhas oceânicas, só se pode entender aquelas situadas no mar territorial brasileiro. Quanto às ilhas fluviais e lacustres, o critério estabelecedor de domínio é o mesmo daquele referente aos lagos e correntes de água. O pressuposto constitucional desse domínio é a segurança do Estado brasileiro, quando se trate de limites territoriais com o estrangeiro, e a paz e harmonia entre os Estados federados, quando se trate de águas que banhem mais de um Estado.

A União exerce domínio sobre a *plataforma continental*. É o solo e o subsolo cobertos pelas águas do mar territorial. É a base submersa do território nacional.[8]

Pode a plataforma continental ultrapassar as águas territoriais, pois os continentes se assentam em uma base submersa que vai além das águas territoriais, até sob o alto-mar, baixando gradualmente em certa extensão, como estando entre 180 e 200 metros de profundidade, a partir da qual descem subitamente para as zonas de maior profundidade dos mares.[9]

7. *Curso de Direito Constitucional*, p. 438.

8. Sahid Maluf, *Direito Constitucional*, p. 87.

9. Ob. cit., p. 88.

As terras tradicionalmente ocupadas pelos índios também pertencem à União. Lembra Celso Bastos que estas "são inalienáveis e indisponíveis e os direitos sobre elas imprescritíveis", e "nulos e extintos quaisquer direitos" sobre elas, ressalvadas "as benfeitorias derivadas de ocupação de boa-fé".[10]

Finalmente, a Constituição menciona como bens da União aqueles que *atualmente lhe pertencem*. Costuma-se criticar esse dispositivo sob o fundamento de inocuidade.

Não nos parece assim. O dispositivo é útil, juridicamente. Destina-se a revelar que, além daqueles exemplificados no art. 20, são da União todos os bens dominicais que no momento da promulgação da Constituição a ela pertenciam.

10. Ob. cit., p. 441.

Capítulo III

OS ESTADOS FEDERADOS

1. Introdução. 2. A autonomia estadual. 3. Competências dos Estados. 4. Autoridades próprias dos Estados. 5. A eleição do governador, do vice-governador e dos deputados. A escolha dos magistrados. 6. O Poder Constituinte dos Estados. 7. Intervenção do Estado no Município.

1. Introdução

O Brasil é Federação desde 15 de novembro de 1889. O Decreto n. 1, como ato constituinte, fixou que as antigas Províncias ficariam constituindo os "Estados Unidos do Brazil".

Assim se mantiveram até a Constituição vigente, registrando-se desnaturamento da Federação no período que mediou entre 1937 e 1945, quando o Dec.-lei 1.202, de 8.4.39, dispôs sobre a administração dos Estados e dos Municípios, preceituando, no art. 1º, que "os Estados, até a outorga das respectivas Constituições, serão administrados de acordo com o disposto nesta lei".

Afora esse momento histórico, sempre se buscou a preservação da autonomia estadual mediante a possibilidade de os Estados editarem suas próprias Constituições e, portanto, se auto-organizarem. Isto porque a autonomia estadual, de grau político, é um dos pressupostos da Federação.

Nos dias que correm, a Constituição vigente preserva aquela autonomia. Porém, com muitas limitações, como passaremos a examinar.

2. A autonomia estadual

É mais autônomo ou menos autônomo, politicamente, o ser que tenha maior ou menor capacidade para dispor a respeito de suas competências por meio de autoridades locais. Na medida em que cerceios exteriores àquele ser impeçam ou reduzam sua autocondução, a autonomia é limitada.

O Estado federado detém competências próprias (arts. 25, § 1º, e 155); autoridades próprias (arts. 27, 28 e 125). Tais autoridades – do Legislativo, do Executivo e do Judiciário – decidem a respeito dos negócios locais.

Por outro lado, a autonomia estadual é realçada por outro dispositivo constitucional: o art. 34.

Já vimos, ao tratarmos da intervenção federal nos Estados, autorizada pelo aludido art. 34, que tal circunstância é fator que ressalta a autonomia dos Estados.

A necessidade de previsão constitucional para a União intervir significa a igualdade entre ela e os Estados. Fossem desiguais, existisse a subordinação dos Estados à União, não se cogitaria de autorização constitucional expressa.

Essa previsão constitucional é demonstração inequívoca da autonomia estadual.

Se o constituinte estabeleceu a autonomia estadual, toda interpretação que nesse tema se faça levará em conta esse prestígio constitucional.

A Constituição de 1988 concedeu maior autonomia aos Estados.

Diferentemente, a Constituição anterior concentrou poderes na União. Raul Machado Horta[1] lembra que "alargaram-se consideravelmente os instrumentos da ação federal. A repartição de competências concentrou no domínio da União os grandes poderes nacionais de decisão (...) uma exigência do Estado moderno, intervencionista ou dirigista, na área do constitucionalismo ocidental, quando se localizaram no centro do poder nacional, que é a União, as apreciáveis atribuições que integram os poderes federais".

3. *Competências dos Estados*

O art. 25, § 1º, confere aos Estados "as competências que não lhes sejam vedadas por esta Constituição". Desse dispositivo se extrai a ideia de que as competências dos Estados não estão enumeradas no texto constitucional. Para identificá-las é preciso saber quais os poderes que *explícita* ou *implicitamente* não lhes são vedados.

Em primeiro lugar fica-lhes proibido dispor sobre as competências da União (arts. 21 e 22) e as dos Municípios (art. 30). Nada podem dispor,

1. "Tendências do Federalismo brasileiro", *RDP* 9/7.

também, a respeito das competências tributárias da União e dos Municípios. A tais competências o Estado não tem acesso. É o que dispõe *implicitamente* a Constituição.

Explicitamente se lhes nega a possibilidade de organizar-se e reger-se por normas que vulnerem os princípios mencionados no inc. VII do art. 34.

Ainda se lhes proíbe, *explicitamente*, criar distinções entre brasileiros ou preferências em favor de uma das pessoas de direito público interno (art. 19, III).[2]

"Estabelecer cultos religiosos ou igrejas, subvencioná-los, embaraçar-lhes o exercício ou manter com eles ou seus representantes relações de dependência ou aliança, ressalvada a colaboração de interesse público, na forma e nos limites da lei federal, notadamente no setor educacional, no assistencial e no hospitalar"; e "recusar fé aos documentos públicos" (art. 19, I e II)".[3]

Exemplificadas as vedações *implícitas* e *explícitas* impostas aos Estados e tendo presente a afirmação de que a Constituição não enumera (salvo hipótese que se verá mais adiante) as competências dos Estados, chega-se à conclusão de que a eles pertence o *resíduo*, o *resto*, a *remanescência* daquilo que não foi conferido à União ou aos Municípios. Daí falar-se em competências *residuais* ou *remanescentes* como titularizadas pelos Estados.

Bem examinado o texto constitucional, verifica-se que aos Estados compete, *residualmente*, dispor sobre matéria administrativa (seus servidores e a organização da Administração Pública local). Entre essa matéria elenca-se a financeira. Também compete aos Estados a disposição sobre os seus agentes políticos (definição de responsabilidades etc.).

Mas, ao lado das residuais, o Estado ainda é senhor de *competências expressas*, *competências em comum*, *competências concorrentes* e *competências suplementares*.

São expressamente conferidas aos Estados as competências tributárias, como a do art. 145 (instituição de impostos, taxas e de contribuição de melhoria) e as do art. 155 (instituição de impostos sobre transmissão *causa mortis* e doação de bens ou direitos, operações relativas ao ICMS e o IPVA).

Em síntese, o Estado federado titulariza competências *residuais, expressas, em comum, concorrente* e *suplementar*.

2. José Afonso da Silva e Raul Machado Horta classificaram didaticamente esses princípios sob a fórmula de princípios constitucionais sensíveis, princípios federais extensíveis e princípios constitucionais estabelecidos. Conferir os trabalhos "O Estado-membro na Constituição Federal", *RDP* 16/15, e *Autonomia do Estado-membro*.

3. José Afonso da Silva, "O Estado-membro na Constituição Federal", *RDP* 16/15. Anoto que o trabalho mencionado se refere à Constituição de 1967.

Em comum são as competências que o Estado titulariza juntamente com a União, o Distrito Federal e os Municípios (art. 23). São, no geral, competências de natureza programática.

Concorrente é a competência do Estado exercida ao lado da União e do Distrito Federal. É competência que visa à edição de *leis* sobre as questões elaboradas no art. 24. Diferentemente daquelas *em comum*, que podem cingir-se a atos concretos da Administração.

Finalmente, a competência *suplementar*, que decorre da *concorrente*. Explico. Nas competências concorrentes a União pode editar apenas *normas gerais*. Mas o Estado pode *suplementar* essa atividade da União. Ou seja: o Estado pode – em atenção, naturalmente, às suas peculiaridades locais – legislar sobre *normas gerais* nos claros deixados pelo legislador federal. E, inexistindo lei federal sobre tais normas, o Estado as expedirá sem limitação, plenamente.[4]

4. Autoridades próprias dos Estados

Os Estados têm governo próprio. Possuem órgãos de governo – Legislativo, Executivo e Judiciário – próprios. São autoridades locais: o governador, os deputados estaduais e os magistrados. São autoridades que decidem a respeito de assuntos locais sem nenhuma ingerência de autoridades externas.

Com efeito, existem matérias sobre as quais dispõe o Legislativo estadual; a execução do disposto nessa lei cabe ao Poder Executivo estadual e, ocorrendo litígio nesse particular, será ele solucionado, em caráter definitivo, pelo Judiciário local. É a Constituição que fornece amparo para essas ideias, as quais são realçadas pela previsão de recurso extraordinário, aludido no art. 102, III, "a" a "c", da CF, e pelo recurso especial, previsto no art. 105, III, "a" a "c" .

A leitura desse dispositivo indica a impossibilidade de extrapolar os limites decisórios estaduais em matéria de peculiar interesse do Estado.[5]

O que dele se vê é a possibilidade de levar a questão decidida no plano estadual para fora deste, para um órgão estranho ao Estado, quando a decisão afetar a Constituição, tratado ou lei federal (do tipo nacional). Só é possível a utilização do recurso extraordinário ou do recurso especial quando a decisão contraria dispositivo da Constituição, contraria ou nega vigência

4. Veja-se, a propósito, o trato dessa questão no capítulo: *O Estado Federal*.

5. Retratando essa afirmação constitucional a Súmula 280 do STF assentou que: "Por ofensa a direito local não cabe recurso extraordinário".

a tratado ou lei federal, declara a inconstitucionalidade desses atos normativos, considera válida lei ou ato do governo local contestados em face da Constituição ou de lei federal e, numa última hipótese, quando der à lei federal interpretação divergente da que lhe tenha dado outro tribunal ou o STJ.

Verifica-se – para insistir na ideia – que as questões estaduais não envolventes de interpretação da Constituição Federal ou de ato normativo federal (tratado ou lei) não ensejarão a manifestação de órgão externo ao Estado.

Feitas estas considerações, indiquemos quais são as autoridades próprias dos Estados Federados: os *deputados* (previsão do art. 27); o *governador* e *vice-governador* integrantes do Executivo (previsão do art. 28 da CF) e os *magistrados estaduais* (previsão do art. 125).

Os deputados compõem a Assembleia Legislativa, órgão do Poder Legislativo estadual. São representantes do povo domiciliado eleitoralmente naquele Estado. Representam aquele povo e sua função – no cumprimento de missão constitucional – é satisfazer, nos limites da competência do Estado federado, as aspirações daquele povo.

O governador e o vice-governador compõem o Poder Executivo estadual, cujo objetivo é executar, administrar, dar, o que formulou o legislador estadual, seja o constituinte, seja o ordinário.

Os magistrados, integrantes de órgãos da Justiça estadual, compõem o Poder Judiciário estadual.

O órgão de cúpula do Judiciário estadual é o Tribunal de Justiça, a ele cabendo a iniciativa da lei de organização judiciária local. Nada impede, assim, que essa lei crie tribunais de *alçada* em função do valor ou da natureza da causa, tanto mais que a eles se refere o art. 93, III.

É função do Judiciário local aplicar a lei para solucionar litígios, buscando soluções definidas, ou, ainda, validar uniões relativas ao matrimônio (como é o caso dos juízes de paz).

Assim, o governo estadual não é exercido apenas pelo governador, chefe do Executivo. Este é uma das autoridades próprias do Estado.

O governo estadual é desempenhado por todas as autoridades locais: as do Executivo, do Legislativo e do Judiciário.

5. A eleição do governador, do vice-governador e dos deputados. A escolha dos magistrados

O governador e o vice-governador do Estado são eleitos por meio de sufrágio universal e voto direto e secreto. O vice-governador é eleito em razão da eleição do candidato a governador com ele registrado. Basta a eleição deste para que aquele se considere eleito. É o que preceitua o art. 28, conjugado com o art. 77, da CF.

Somente será considerado eleito o candidato a governador que obtiver maioria absoluta de votos. Se tal não se der no primeiro turno de votação, haverá, necessariamente, um segundo turno, com disputa entre os dois candidatos mais votados no primeiro. Neste segundo turno a eleição se dará por maioria simples: será eleito o que obtiver o maior número de votos válidos (art. 28, c/c o art. 77, §§ 2º e 3º).

Os deputados estaduais também são eleitos por sufrágio universal e voto direto e secreto.

O art. 27 estabelece que o número de deputados à Assembleia Legislativa corresponderá ao triplo da representação do Estado na Câmara Federal e, atingido o número de 36, será acrescido de tantos quantos forem os deputados federais acima de 12.

O mandato dos deputados estaduais é de quatro anos (art. 27, § 1º).

Quanto aos componentes do Poder Judiciário, nele ingressam por duas vias: a) mediante concurso público de provas e títulos (art. 93, I); b) mediante indicação, em lista tríplice, do Tribunal de Justiça ao governador do Estado, de advogados, e membros do Ministério Público, todos de notório merecimento e idoneidade moral, com mais de 10 anos de efetiva atividade profissional (art. 94). Nessa última hipótese, um quinto dos lugares dos Tribunais será preenchido por advogados e integrantes do Ministério Público. A indicação dos nomes ao Tribunal de Justiça será feita por meio de lista sêxtupla organizada pelos órgãos de representação das respectivas classes.

Não há, neste caso, manifestação popular direta. Há participação de dois órgãos do poder: do Judiciário, que organiza a lista tríplice, tanto no caso de concurso quanto no de indicação de advogados e membros do Ministério Público, e do Executivo – quando o governador escolhe e nomeia o escolhido.

6. O Poder Constituinte dos Estados

Trata-se de competência outorgada pela Constituição Federal para que os Estados se auto-organizem. Visa a "institucionalizar coletividades", no dizer de Manoel Gonçalves Ferreira Filho.[6]

6. *Curso de Direito Constitucional*, p. 37.

Não é, contudo, emanação direta da soberania constituinte. Deriva desta e, por isso, é competência que o constituinte atribui às unidades federadas, subordinando-a a parâmetros determinados. Assim, as Constituições estaduais hão de observar os princípios estabelecidos na Constituição Federal.

Trata-se de obediência a *princípios*. Não de obediência à literalidade das normas. A Constituição estadual não é mera cópia dos dispositivos da Constituição Federal. *Princípio*, como antes ressaltamos, amparado em Celso Antônio Bandeira de Mello, é mais do que norma: é alicerce do sistema; é sua viga mestra.

É aos *princípios* que se subordinam os Estados ao se organizarem. Essa obrigatoriedade de observação dos princípios tem objetivo de assegurar a unidade nacional, a uniformidade jurídica, a fim de que as várias ordens jurídicas parciais (Estados federados) perfaçam a unidade (Estado Federal).

Nesse campo da principiologia, verifica-se a existência de alguns mais amplos e outros mais estritos. Exemplifica-se: é mais *amplo* e, portanto, permite margem maior de atuação do constituinte estadual o princípio alusivo ao processo legislativo. O que o constituinte nacional determinou foi a existência, na Constituição estadual, de um processo legislativo. Mas este não há de ser necessariamente o da União, até porque é impossível a adoção do mesmo processo, uma vez que o Legislativo da União é bicameral e o dos Estados é unicameral.

Ainda exemplificando: é mais *estrito* e enseja margem menor de atuação do constituinte estadual o princípio contido no art. 27, § 2º, referente à remuneração dos parlamentares estaduais. O Estado não poderia, por exemplo, isentar os seus deputados do imposto sobre a renda.

Tudo a indicar que a competência atribuída aos Estados-membros para se auto-organizarem não é de molde a obrigar mera reprodução do texto federal. Nisso, aliás, o constituinte mostrou-se atento ao princípio federativo.

Por ser Federação é que as Constituições estaduais são textos normativos hierarquicamente superiores a todos os demais, que a elas se submetem. Há, portanto, nos Estados, distinção entre a Lei Maior estadual e aquelas que a ela se submetem, ao disporem sobre negócios locais.

De qualquer forma, a atividade do constituinte estadual é subordinada e condicionada às limitações impostas pelo constituinte nacional.

A propósito do tema ora em estudo Anna Cândida da Cunha Ferraz elaborou primorosa e substanciosa monografia.[7] Igualmente Oswaldo Trigueiro tratou do tema no seu *Direito Constitucional Estadual*.

7. *Poder Constituinte do Estado-Membro*.

7. *Intervenção do Estado no Município*

Os Municípios não são, necessariamente, seres intraestaduais. Isto porque alguns não se localizam nos Estados, mas nos Territórios Federais.

Uns e outros têm assegurada a autonomia prevista no art. 29 da Constituição Federal. Esta dispõe sobre a intervenção nos Municípios situados nos Estados e nos Territórios federais.

As mesmas ideias expostas por ocasião do trato da intervenção federal nos Estados podem ser aqui aplicadas. Também aqui o fenômeno intervencionista realça a autonomia dos Municípios.

Essa interferência do Estado nos negócios municipais, prevista no art. 35 da CF, destina-se a: a) manter intatos os princípios indicados na Constituição Estadual, bem como garantir o respeito à tripartição do Poder (especialmente quando alude a execução de lei ou de ordem ou decisão judiciária); b) preservar a moralidade e a lisura na aplicação do dinheiro público e na condução dos negócios públicos; c) prestigiar o ensino primário.

O processo interventivo é previsto na Constituição de cada Estado, que sobre ele dispõe da forma que o constituinte estadual entender. Somente não poderá deixar de submeter o ato veiculador da intervenção à Assembleia Legislativa, uma vez que ali se encontram os representantes do povo do Estado. Há de prestar obediência, sempre, ao princípio da representação popular.

Capítulo IV

TERRITÓRIOS FEDERAIS

1. Surgimento do Território. 2. A natureza jurídica dos Territórios Federais: 2.1 Centralização administrativa; 2.2 Concentração e desconcentração; 2.3 Descentralização; 2.4 Descentralização política; 2.5 Descentralização administrativa; 2.6 Autarquias. 3. Conclusões.

1. Surgimento do Território

O primeiro território federal, no Brasil, foi criado pela Lei 1.181, de 24.2.1904. Tratou-se do Território do Acre que, pelo Decreto 5.188, de 7 de abril daquele ano, foi dividido em três departamentos: Alto-Acre, Alto-Purus e Alto-Juruá.

A criação efetivou-se por lei ordinária, pois a Constituição de 1891 não previa aquela figura territorial. Dividia o espaço territorial brasileiro em Estados e Distrito Federal (arts. 1º e 2º daquela Constituição). Derivou da incorporação de terras bolivianas mediante Tratado Internacional, o de Petrópolis, em que teve ação decisiva o Barão do Rio Branco, que dirigiu as negociações com a Bolívia.[1] Foi na Constituição de 1934 que o Território

1. Anota Rubens Rosa, in "Territórios Federais – Criação e Administração – Tomada de Contas dos Governadores", *RDA* 70/311: "Audazes seringueiros e traficantes do Amazonas, empenhados na procura, extração e venda da borracha, foram remontando o curso do rio Purus e passaram a um dos seus tributários chamado Acre (outrora Aquiri). Tais aventureiros nas suas incursões ultrapassaram a linha oblíqua que desde o Tratado de 1867 (Ayacucho) constituía o limite entre o Brasil e a Bolívia; esta linha partia da junção do Beni com o Madeira aos 10°20 de latitude Sul, cortava o Abunã e, em linha reta, ia alcançar a nascente do Javari. Achando-se em pleno território boliviano, aqueles incursionistas deram lugar aos conflitos que, em certo momento, agravaram as relações políticas entre o Brasil e a Bolívia. Nessa difícil conjuntura, formaram-se diversas correntes de opiniões, e, tensas as relações entre as duas respectivas chancelarias, não faltou quem apelasse para a guerra, e quem sugerisse o alvitre da arbitragem".

ganhou estatura constitucional e assim se manteve nas Constituições que se seguiram.

2. A natureza jurídica dos Territórios Federais

Em trabalho anterior indagamos e respondemos a várias questões atinentes ao tema.[2]

Naquela oportunidade fizemos as seguintes indagações:

O Território é parte integrante da Federação? É seu componente? É mero órgão da União, integrante da sua administração direta? Ou se trata de organismo da administração descentralizada da União, portanto, ente personificado? Se se tratar de ente personificado, importa indagar a respeito do seu substrato ou basta afirmar a sua personalidade? Ainda, verificada esta última hipótese, devemos chamá-lo "autarquia"?

Océlio de Medeiros afirmou tratar-se de uma centralização desconcentrada, portanto, organismo da própria União, sem personalidade própria.

Celso Antônio Bandeira de Mello registrou a sua personalidade, enquadrando-o no gênero autarquia, e apontou o seu substrato corporativo. Na mesma linha Hely Lopes Meirelles, que o qualifica como *autarquia territorial*.

Para responder às indagações, adotar uma das posições mencionadas ou, mesmo, rejeitá-las é preciso – ainda que em rápidas palavras – questionar sobre a concentração e desconcentração, bem como acerca de centralização, administrativas e políticas.[3]

2.1 Centralização administrativa

O Estado busca a satisfação do interesse público por meio do desempenho de funções administrativas, incumbindo-lhe aparelhar-se para tanto.

Uma das formas de desempenho dessas atividades é a que se identifica com a maneira *direta* de prestar serviços, sem que a atividade se desloque para outro centro de capacidades. Há um único centro capaz de desenvolver a atividade administrativa. Esta forma *direta* de administrar é denominada *administração centralizada*. Nesta, o cumprimento da missão administrativa se verifica pela atuação de uma só pessoa. Tem-se, na verda-

2. *Território Federal nas Constituições Brasileiras*.

3. Servimo-nos das lições de Celso Antônio, que, didaticamente, expôs os traços distintivos de tais formas no seu *Prestação de Serviços Públicos e Administração Indireta*.

de, um só centro, titular das prerrogativas, competências e deveres públicos de natureza administrativa. Tem-se a centralização administrativa.

2.2 *Concentração e desconcentração*

Pode dar-se o fato de todas as atividades administrativas serem desempenhadas por um único centro e que este centro seja um *único órgão*, o qual, sozinho, perseguirá o cumprimento da função administrativa.

Não encontramos nenhum segmento, nenhum elemento auxiliar, nada que não fosse exatamente aquela mesma pessoa. Não haveria qualquer distribuição de competências, pois estas seriam exercitadas pelo centro original e único.

Seria o caso de se supor o Estado em que o Presidente da República concentrasse toda a atividade administrativa em suas mãos, inexistindo qualquer organismo auxiliar, com poder decisório.

A esse fenômeno dá-se o nome de *concentração administrativa*. Assim, quando toda a atividade é exercida por um só centro, onde não se opera a distribuição do poder decisório, estamos diante de centralização concentrada.[4]

Evidentemente, tal forma de administrar é, na prática, impossível de encontrar, diante da crescente complexidade dos assuntos administrativos. O exemplo formulado demonstra a inviabilidade de tal sistema.

Mas a atividade administrativa pode – e é o que ocorre – ser desempenhada por vários organismos, em virtude de distribuição de competências decisórias efetivada por lei. O poder de decidir repousará em novos centros que, entretanto, estão presos no centro original pela relação hierárquica.

Há distribuição de servidores da administração por determinadas faixas, as quais se escalonam, subordinando-se os do escalão inferior aos do imediatamente superior. Esta relação hierárquica constitui-se no pólo unificador e centralizador da atividade administrativa. Eis, assim, que os atos dos servidores de grau inferior estão subordinados à apreciação dos de grau superior, o que implica permanente e constante fiscalização.

4. Celso Antônio anota que as noções de desconcentração e concentração são sempre relativas. "Compreende-se uma, necessariamente, em função da outra. Distribuição de competências decisórias concernentes a atividades, serviços em geral, sempre existe, dada a impossibilidade de concentrar nas mãos de uma só pessoa (o Chefe do Executivo) todos os poderes decisórios relativos a todos os assuntos da alçada do Executivo. Por isso, tanto faz dizer que a Administração é menos desconcentrada como que é mais desconcentrada e vice-versa" (*Prestação de Serviços Públicos e Administração Indireta*, p. 4, rodapé).

Tem-se, pois, um só centro que é titular das prerrogativas e competências administrativas. Mas são atribuídas funções a órgãos subordinados. Designa-se, a este fenômeno, *centralização desconcentrada.*

Desconcentrar é, portanto, distribuir competências decisórias dentro de uma hierarquia administrativa.[5] Verifica-se simples distribuição interna de autoridade. É o caso do Poder Executivo, centro inicial de decisões e ação administrativa, que *desconcentra* a sua atividade por meio de Ministérios, Secretarias, Departamentos, Divisões, Diretorias etc.

Trata-se de fenômeno oposto ao da administração concentrada, dela se diferenciando com nitidez cristalina, como se pode depreender das palavras de Marcello Caetano: "Quando, dentro de uma hierarquia, a competência para praticar atos definitivos e executórios pertence apenas a um órgão superior, diz-se que existe administração concentrada; se, porém, os órgãos e agentes subalternos podem também decidir, embora sujeitos ao poder hierárquico, há administração desconcentrada".[6]

Fica claro, pois, que na *administração desconcentrada* os órgãos se manifestam em nome e por conta de um único centro de capacidades, ou seja, em nome de uma pessoa jurídica, isto é, de um centro ao qual se imputam direitos e obrigações.

2.3 Descentralização

Descentralizar – já o dissemos – implica a retirada de competências de um centro para transferi-las a outro, passando essas competências a ser próprias do novo centro, que age em nome próprio, e não mais em nome do centro original. Essa transferência é realizada por lei ou pode ser conferida pelo próprio texto estruturador do Estado. Esses centros são dotados de capacidade, podendo, pois, falar e agir, defender interesses seus nas relações jurídicas. Descentralizando, quase sempre criam-se seres para os quais convergem direitos e deveres. Criam-se *pessoas*. Assim, é criando *pessoas*, dotadas de competências próprias, retiradas do centro original, que o Direito efetiva a descentralização.[7] Esse centro original, este núcleo, é, também, uma pessoa. Por força da descentralização surgem vários novos núcleos que têm a possibilidade de opor seus interesses aos do núcleo original. É exatamente o oposto da centralização. Naquela, identificamos a pluralidade; nesta, a unidade.

5. Celso Antônio Bandeira de Mello, ob. cit., p. 3.

6. Marcello Caetano, *Manual de Direito Administrativo*, p. 378.

7. A transferência de poder de uma para outra pessoa – ambas já existentes – também importa descentralização.

A descentralização pode-se operar tanto em nível de atividade política como em nível de atividade administrativa.

Examinemos tais formas.

2.4 *Descentralização política*

Em determinado sistema jurídico várias pessoas jurídicas podem estar investidas de funções políticas, o que lhes confere *capacidade política*. Ser capaz, politicamente, é ter a possibilidade de estabelecer comandos sobre assuntos de sua competência. É ter capacidade para dispor, por meio de regras gerais e abstratas, sobre tudo o que importe a uma coletividade. Quer dizer: os comandos reguladores da atividade de uma pessoa não vêm de fora dela, mas dela própria. É, em síntese, ter capacidade legislativa, a qual deriva do próprio sistema jurídico, da própria estrutura do Estado, do texto documentador do sistema.

Desde que isto se verifique, encontramo-nos diante da *descentralização política*.

Constituem expressão de descentralização política a Federação e a autonomia municipal.

2.5 *Descentralização administrativa*

O Estado pode, ao invés de centralizar toda a atividade administrativa, *descentralizá-la*, criando novos centros de capacidade, novos entes sujeitos de direitos e deveres, novas pessoas, as quais haverão de atuar buscando cumprir a missão administrativa.

A estas novas pessoas criadas por lei confia-se a realização de certas atividades administrativas, guardando elas, com a administração central, relação não hierárquica. A descentralização administrativa implica, pois, a criação de novos centros dotados de capacidade, os quais agem e deliberam em nome próprio. Têm interesses próprios, competências privativas, o que lhes permite opor-se a qualquer outro interesse que contrarie os seus. Rompe-se, destarte, o vínculo hierárquico, caracterizador da centralização administrativa, restando apenas a submissão ao controle administrativo, ao qual se submetem todas as pessoas exercentes de atividades administrativas.

Não há, pois, como confundir *descentralização administrativa* com *desconcentração*. Nesta não se verifica a criação de pessoas. Naquela, a personalidade é seu elemento definidor, pois o organismo criado pode manifestar a sua vontade, agindo em nome próprio e não em nome de outrem.

Mas, embora dotados de personalidade própria, diferem daqueles centros dotados de capacidade política. É que a sua capacidade é meramente administrativa, ou seja, embora possuindo negócios próprios, interesses seus, não têm o poder de *dizer* sobre tais competências. Não podem *legislar* sobre aqueles interesses. Inserem-se, em consequência, na própria pessoa de capacidade política que os criou. Por isso que, operada a descentralização, a pessoa surgida será federal, estadual ou municipal, conforme a sua origem se deva à vontade da União, do Estado ou do Município.

As pessoas assim nascidas são chamadas *autarquias*.

2.6 *Autarquias*

Interessa ao nosso trabalho, ainda, conceituar e classificar as autarquias, pois iremos, mais além, verificar se os Territórios Federais são abrangidos por esse conceito e se devemos perquirir a respeito do seu substrato.

Servimo-nos, mais uma vez, dos ensinamentos de Celso Antônio Bandeira de Mello,[8] expondo, a seguir, o seu pensamento.

Define-as, o reputado Autor, como "pessoas jurídicas de direito público de capacidade exclusivamente administrativa".

É fácil perceber, diante desse conceito, que elas constituem fruto da descentralização administrativa, eis que a sua capacidade é meramente administrativa.[9] Sendo produto da descentralização administrativa, a sua criação e os seus comandos fundamentais dependem de lei. A entidade autárquica exerce funções próprias do Estado; em consequência, ela tem direitos e deveres que, embora próprios seus, são também do Estado. Perseguem interesses públicos estatais.

Por ser dotada de personalidade, por se caracterizar como centro subjetivado de direitos e obrigações, a autarquia pode opor seus interesses aos da Administração central, com ela contratando ou mesmo se defendendo, uma vez que a lei, ao criá-la, pretendeu que certos serviços públicos fossem conduzidos de certa forma. Não é, pois, o Executivo que a cria e lhe determina as funções, pois aquele também age segundo a lei. Assim, a autarquia extrai a sua força, o seu "ser", da própria lei, independendo da vontade do Executivo.

Não se deixa, contudo, de reconhecer tratar-se de pessoa que auxilia o Estado no cumprimento de sua missão administrativa. Inexistindo a au-

8. Ob. cit., pp. 61 e ss.

9. Cirne Lima chama-as *pessoas meramente administrativas.*

tarquia, o Estado, por meio de órgãos próprios do Executivo, de sua administração centralizada, haveria de exercer os serviços conferidos. Simplesmente que, por tratar-se de ente personificado, escapa à linha hierárquica, àquela subordinação que se impõe aos órgãos da administração central.

Examinado o conceito, vejamos como é possível classificá-las.

O jurista cujo pensamento estamos reproduzindo e que exaustivamente tratou do tema classifica-as segundo os seguintes critérios: a) critério da pessoa jurídica criadora da autarquia; b) critério da estrutura jurídica da autarquia; c) critério do fator demarcatório da competência da autarquia.

O primeiro deles conduz à afirmação de que as autarquias serão federais, estaduais ou municipais, conforme tenham sido criadas pela União, pelos Estados ou pelos Municípios.

De acordo com o segundo critério, a divisão é feita em corporações e fundações, distinção que é comum tanto ao direito privado como ao público. Ao fazer-se esta diferenciação quer-se indagar do seu substrato para se saber se se trata de agremiação de indivíduos que se reúnem para atingir dada finalidade ou se se trata de patrimônio afetado a uma finalidade. No primeiro caso encontramos a corporação; no segundo, a fundação. Na primeira hipótese, os indivíduos que a compõem são internos à pessoa; na segunda, são externos a ela.

"Do ponto de vista rigorosamente jurídico – ensina Geraldo Ataliba – interessa exclusivamente a classificação estrutural das autarquias. Assentado que o traço essencial da autarquia é a personalidade jurídica, na tradicional dicotomia das pessoas jurídicas se encontrará o critério classificador das entidades autárquicas".[10] E conclui: "Duas formas conhece o direito, de pessoas jurídicas. Ou a corporação, que se caracteriza pela união de pessoas, tendo em vista a perseguição de uma finalidade comum, ou a afetação de um patrimônio a determinada finalidade".

Pelo último dos critérios indicados (o do fator demarcatório da competência), as autarquias podem ser *territoriais* ou *não-territoriais*.

As autarquias territoriais são aquelas que têm suas competências definidas em função de um território, e as não-territoriais têm sua competência estabelecida em função de dada matéria.

Realça o fato de que ambas as espécies exercem suas atividades em dado território. Apenas uma delas (as territoriais) tem o território como seu elemento caracterizador, como parte de sua substância. As demais (as não

10. *Normas Gerais de Direito Financeiro* e *Regime Jurídico das Autarquias*, p. 23.

territoriais, também chamadas de serviço) têm, no território, mero âmbito de alcance da eficácia de sua ação jurídica.

Fizemos esta breve exposição para indagar, mais adiante, se todas as pessoas jurídicas de direito público de capacidade exclusivamente administrativa se inserem no conceito de autarquia, ou, mesmo, se é relevante essa inserção, bem como a sua classificação estrutural.

3. *Conclusões*

Encontramo-nos aparelhados, agora, para buscar respostas às indagações feitas na parte inicial deste capítulo.

Eis a pergunta: *O Território é parte integrante da Federação? É seu componente?*

Como é facilmente perceptível pela nossa dissertação, não podemos admitir que o Território seja parte integrante da Federação. Ser parte componente, integrante de um todo, é compor a sua substância, o que quer significar que desaparecidas as partes componentes desaparece o todo. A Federação é formada por compartimentos que possuem capacidade política (os Estados). O desaparecimento de tais partes integrantes dela, ou seja, a incapacitação política, implica, necessariamente, o desaparecimento da Federação, porque é da sua substância a composição por segmentos dotados de capacidade de dispor regras sobre negócios seus por meio de autoridades próprias. Por óbvio, extintas as partes que fornecem a sua substância, extinguir-se-á o todo federal. O Estado perderá, no caso, o seu substrato federal, passando a unitário.

Pois sendo assim, indaga-se: extintos os Territórios, acaso desaparecerá a Federação?

A evidência da resposta é cristalina. Só a extinção dos Estados enquanto centros de capacidade política pode importar o desaparecimento da Federação.

Em outras palavras: não importa, à corporificação da Federação, a existência ou não dos Territórios. Nada significam para a sua caracterização. Não são pessoas dotadas de autonomia política.

Bem por isso, aliás, a Constituição estabeleceu, no art. 18, § 2º, que: "Os Territórios Federais integram a União...".

Não os incluiu no rol do art. 1º do Texto Magno.

Não é o território, contudo, mero órgão da União. É ser personalizado. É centro para onde convergem direitos e obrigações. Basta atentar para os seguintes dispositivos constitucionais: o art. 128, I, "d", e o seu § 3º, que distinguem o Ministério Público da União e dos territórios; o art. 102, I, "e", que prevê a hipótese de litígio entre Estado estrangeiro ou organismo internacional com a União, de um lado, e com o Território, de outro; o art. 211, § 1º, que manda a União organizar o sistema federal de ensino, de um lado, e o do território, de outro. Tudo a revelar, portanto, a personalidade jurídica dos territórios.

Como ser personalizado que é, integra a administração descentralizada da União. Já o definimos em trabalho anterior: "é pessoa de direito público, de capacidade administrativa e de nível constitucional, ligada à União, tendo nesta a fonte de seu regime jurídico infraconstitucional".[11]

11. Examinar o nosso livro: *Território Federal nas Constituições Brasileiras*.

Capítulo V

DISTRITO FEDERAL

1. Introdução. 2. Natureza jurídica do Distrito Federal. 3. Os tributos no Distrito Federal.

1. Introdução

Verifica-se nas Federações a necessidade de sítio que constitua a sede das decisões da união de Estados. É nesse local que são formuladas as diretrizes governamentais pertinentes à Federação. Aí se localizam os órgãos do Poder Federal: o Executivo, o Legislativo e o Judiciário. Aí se encontram órgãos do poder que ora se manifestam como agentes da Federação, ora como agentes da União.

No nosso sistema, Brasília, que integra o Distrito Federal, é a Capital Federal (art. 18, § 1º).

É nele que se tomam decisões, em nível infraconstitucional, sobre o governo federal.[1]

O Distrito Federal, na Constituição de 1891, sucedeu ao chamado "Município Neutro". Este, no Estado Unitário brasileiro, era a sede do governo nacional. Atribuía-se-lhe organização especial, diferentemente dos demais Municípios, que tinham organização geral. Não pertencia ao território de nenhuma Província. Por isto que o art. 10 do Decreto n. 1, de 15.11.1889, que proclamou a República e instituiu a Federação, estabeleceu que o território do "Município Neutro" ficava provisoriamente sob a administração imediata do governo provisório da República e a cidade do Rio de Janeiro constituída, também provisoriamente, sede do Poder Federal.

1. A Constituição de 1891, no seu art. 3º, já estabelecia que ficava pertencendo à União no planalto central da República uma zona de 14.400 km2, que seria oportunamente demarcada para nela estabelecer-se a futura Capital Federal.

A Constituição de 1891, embora reservasse área no planalto central para estabelecimento da futura capital federal, definiu o "Município Neutro" como o Distrito Federal.

Antes, portanto, a área onde se decidiam as questões nacionais não pertencia a nenhuma Província e nem ao governo central. A área era do próprio Município que tinha, apenas, um regime especial, por tratar-se de sede das decisões globais do Estado.

Herculano de Freitas aponta a preocupação do legislador constituinte, dizendo que "o legislador constituinte se preocupou em criar uma Capital, uma cidade puramente oficial, como fizeram os americanos, que deslocaram a sua daqui para ali e afinal criaram a cidade de Washington, puramente oficial, sem comércio, sem indústria, apenas sede política do governo americano".[2]

Essa a razão que explicava a provisoriedade da capital no antigo "Município Neutro" (art. 2º) e a previsão de sua localização no planalto central do País.

Tudo com vistas à criação de um centro político-administrativo, o que só veio a operar-se em 1961.

2. *Natureza jurídica do Distrito Federal*

O Distrito Federal é pessoa jurídica de direito público, com capacidade legislativa, administrativa e judiciária. É, hoje, tal como a União, Estados e Municípios, autônomo politicamente. Titulariza competências próprias, legisla sobre elas e as administra por meio de autoridades próprias. Com efeito, o Distrito Federal tem uma Câmara Legislativa onde estão os deputados distritais (art. 32, §§ 2º e 3º); é dirigido pelo Governador e pelo Vice-Governador (art. 32, § 2º); a ele são atribuídas as competências legislativas nomeadas aos Estados e Municípios (art. 32, § 1º).

3. *Os tributos no Distrito Federal*

O art. 145 da CF autoriza o Distrito Federal a criar taxas e contribuição de melhoria, além dos impostos nela previstos. No art. 155 alude aos impostos que podem ser instituídos para o Distrito Federal: o de transmissão *causa mortis* e doação de quaisquer bens ou direitos; o de operações relativas à circulação de mercadorias e serviços e sobre propriedade de veículos automotores.

2. *Direito Constitucional*, 1923, p. 87.

Paulo de Barros Carvalho tem salientado que *tais tributos não são exclusivamente estaduais*. São *também estaduais*. Estaduais quando instituídos e arrecadados no Estado. Distritais, porém, quando instituídos e arrecadados no Distrito Federal.

Essa é a posição que melhor atende, no particular, ao sistema constitucional tributário.

Capítulo VI

O MUNICÍPIO. REGIÕES METROPOLITANAS

1. Introdução. 2. Autonomia municipal. 3. Competência dos Municípios. 4. Organização política e administrativa. 5. Competência para edição das Leis Orgânicas Municipais. 6. Intervenção estadual nos Municípios. 7. A fiscalização financeira e orçamentária. 8. As Regiões Metropolitanas, aglomerações urbanas e microrregiões.

1. Introdução

A autonomia municipal, no Brasil, é realidade natural anterior à própria autonomia política dos Estados federados. Basta examinar a origem do Município, tão bem explicada por Ataliba Nogueira nas suas preciosas *Lições de Teoria Geral do Estado*, publicadas pelo Instituto de Direito Público da Faculdade de Direito da Universidade de São Paulo.

Ensina que os aglomerados humanos se formaram em torno de uma capela, templo erigido pelos colonizadores em face de sua intensa religiosidade, sempre que se avizinhavam.[1] Isto ocorreu antes mesmo da Inde-

1. "Houve um dia em que o colonizador quis testemunhar a sua fé e erigiu a ermida. Fez doação do terreno, constituiu-lhe patrimônio e aquela gleba de terra em que se erguia a capela e terrenos adjacentes passaram para uma pessoa jurídica. Aliás, a expressão 'capela' originariamente não significa templo, mas certo instituto jurídico-canônico.

Os terrenos, a seguir, eram aforados para produzirem renda com que se atendesse às despesas do culto.

Com a edificação da capela já os vizinhos se utilizaram dela para o culto externo e recepção dos sacramentos, quando conseguiam a vinda do sacerdote, o que ocorria de tempos em tempos, às vezes cada dois anos e mais. Em tais ocasiões, batizavam-se os pagãos, casavam os noivos e recebiam a bênção nupcial aqueles que, mesmo sem sacerdote, já haviam convolado às núpcias; realizavam-se sufrágios pelas almas dos mortos" (ob. cit., p. 149).

pendência, época em que vigoravam as Ordenações do Reino português. Entretanto, os vizinhos não aplicavam aqueles comandos legais. Às vezes, nem mesmo os conheciam. Legislavam de acordo com os usos e costumes, de acordo com as necessidades locais. Daí se vê que esses aglomerados humanos dispunham a respeito dos negócios locais por meio de manifestações também locais.

Sendo assim, quando a ordem jurídica nacional conferiu autonomia política aos Municípios – ainda que restritamente na Constituição do Império (art. 169 daquela Constituição, regulamentado pela Lei de 1 de outubro de 1828) – reconheceu, simplesmente, uma realidade natural.

Essa afirmação autonômica dos núcleos populacionais, antes da afirmação jurídica, é que levou Pedro Calmon a salientar que "o Município é uma instituição mais social do que política, mais histórica do que constitucional, mais cultural do que jurídica". Tudo para enfatizar a autonomia nascida espontaneamente.

Interessa, contudo, ao nosso trabalho a forma pela qual o constituinte cuidou do Município.

É o que passaremos a fazer.

2. *Autonomia municipal*

Autonomia política é a capacidade conferida a certos entes para: a) legislarem sobre b) negócios seus c) por meio de autoridades próprias.

É nessa trípode que se assenta a autonomia.

Examinemos, no caso do Município, se a Constituição lhe atribui esse suporte caracterizador.

O art. 29 do Texto Magno estabelece que o Município "reger-se-á por lei orgânica...", uma espécie de Constituição municipal, o que indica, por si, a sua autonomia, mas ainda acrescenta a previsão de Prefeito, Vice-Prefeito e Vereadores (*autoridades próprias*), escolhidos em eleições diretas (art. 29, I e II), de competências próprias, tais como "legislar sobre assuntos de interesse local", "suplementar a legislação federal e estadual no que couber" (ver art. 30 e seus incisos), o que caracteriza os *negócios seus*. Sobre tais negócios disporá a Câmara dos Vereadores (*legislação própria*).

Achão-se presentes, portanto, os elementos definidores da autonomia política do Município. Será inconstitucional a lei que dispuser sobre as matérias entregues à competência do Município.

3. Competência dos Municípios

Os Municípios titularizam competências próprias. Di-lo o art. 30. Tudo o que disser com a administração própria, no que respeite ao seu interesse local. Caracterizada a matéria como sendo de interesse local do Município, só o legislador dela poderá cuidar. Entre as matérias de interesse local municipal o constituinte explicitou aquelas que dizem respeito à decretação e arrecadação dos tributos de sua competência e à aplicação de suas rendas, bem como à organização dos serviços públicos locais. São, estas, matérias de interesse do Município. Encontram-se enumeradas, dentre tantas, no texto constitucional (art. 30, III a IX). Daí por que as competências dos Municípios se elencam como competências *expressas*, sendo algumas *enumeradas*. Estão expressas e enumeradas aquelas arroladas nos incisos III a IX, do art. 30 da CF.[2]

Estão simplesmente expressadas aquelas que dizem respeito ao interesse local. Se estas estão expressadas, mas não enumeradas, quais são aquelas catalogáveis no conceito de interesse local?

Doutrina e jurisprudência, ao tempo da Constituição anterior, se pacificaram no dizerem que é de peculiar interesse aquele em que predomina o do Município no confronto com os interesses do Estado e da União. *Peculiar interesse* significa *interesse predominante*. *Interesse local* é expressão idêntica a *peculiar interesse*.

Exemplificando: é da competência da União legislar sobre trânsito e transporte nas vias terrestres (art. 22, XI). Entretanto, não se põe em dúvida a competência do Município para dispor sobre tais matérias nas vias municipais. Estacionamento, locais de parada, sinalização, mão e contramão de direção, corporificam matérias de peculiar interesse municipal. Afastam a legislação estadual e federal.[3]

A identificação desse âmbito material referente ao *interesse local* é de fundamental importância, pois é a partir dessa descoberta que se define a competência legiferante sobre a matéria.

2. Eugênio Franco Montoro, *Os Municípios na Constituição Brasileira*.

3. Também ilustra este raciocínio o julgado proferido na Ap. 101.978-1: "Competência Legislativa – Lei disciplinadora da colocação de cartazes e anúncios cinematográficos – Atribuição afeta ao Município naquilo que diz respeito a seu peculiar interesse – Inexistência de atrito com a legislação federal e a estadual pertinentes à polícia dos espetáculos cinematográficos.

"Inegável a competência do Município, no âmbito da matéria de seu peculiar interesse e do espaço que lhe reserva o texto constitucional de legislar sobre o chamado "mobiliário urbano", onde se inserem os 'anúncios', que compreendem painéis, cartazes, letreiros, placas, etc. Tal atribuição não atrita com a legislação federal e a estadual pertinentes à polícia dos espetáculos cinematográficos, apenas a complementa, sempre no âmbito da esfera reservada ao Município" (*RT* 636/83-84).

Tudo quanto dissemos leva à conclusão de que a competência do Município em tema de *interesse local* será desvendada casuisticamente.

4. *Organização política e administrativa*

Distinga-se a organização política da administrativa.

A política é a que diz respeito à constituição dos poderes municipais, às funções do prefeito e vice-prefeito e vereadores, bem como à organização da Câmara dos Vereadores, ao número de suas sessões, ao desenvolvimento delas etc.

A administrativa toca aos serviços públicos locais, à organização estrutural da administração municipal, aos servidores do Município, aos serviços, à sua organização interna, enfim.

Quando a Constituição alude, no art. 29, à lei orgânica municipal, refere-se à organização política.[4] A auto-organização tem esse significado.

5. *Competência para edição das Leis Orgânicas Municipais*

A ideia de autonomia política, tal como colocada, traz em si os pressupostos de autogoverno, autoadministração e auto-organização.

A doutrina não divergia quanto aos dois primeiros pressupostos. Tergiversava, porém, quanto à possibilidade de auto-organização. A maioria propendia pela afirmação de que a organização municipal era fornecida por lei estadual.[5] Partia-se da concepção de que os Municípios, na Federação brasileira, eram seres intraestaduais, cabendo aos Estados ditarem sua organização.[6]

A doutrina referida não punha em dúvida a competência municipal para ditar a sua organização administrativa. Sustentava a sua incompetência para editar a organização política.

Dalmo de Abreu Dallari sustenta tese oposta.[7] "Em minha opinião", disserta, "é uma exorbitância dos Estados a elaboração de leis orgânicas municipais. Na verdade, a Constituição não deu competência aos Estados

4. Eugênio Franco Montoro, ob. cit., p. 143.

5. No Estado de São Paulo, o Dec.-lei 9, de 31.12.69, era a "Lei Orgânica dos Municípios".

6. Os Territórios Federais, pessoas administrativas, eram divididos em Municípios. Estes recebiam seu "ser", suas características, diretamente da Constituição Federal. Na Federação brasileira os Municípios não eram, pois, necessariamente, seres intraestaduais.

7. "Auto-organização do Município", *RDP* 37-38/297.

para organizar os Municípios. Ela deu aos Municípios competências para se organizarem. E mais: esta afirmação, muito clara, de que a organização municipal será 'variável segundo as peculiaridades locais' parece afastar definitivamente a hipótese de uma lei estadual que estabeleça uma organização-padrão para todos os Municípios do Estado, nem seria possível cogitar-se, no caso de São Paulo, por exemplo, de uma lei orgânica que oferecesse 571 padrões de organização municipal, para que, em cada caso, se considerassem as peculiaridades locais".

E Ataliba Nogueira[8] já ressaltara: "É errada, mesmo em face do direito constitucional vigente no Brasil, a atribuição que se arroga aos Estados federados de organizar os Municípios, seja por meio de dispositivos na Constituição estadual, como no Estado do Rio Grande do Sul, seja (pior ainda) pelas chamadas leis orgânicas, que não passam de leis ordinárias, inconstitucionais (Constituição de 1967, art. 15)".

Ao nosso modo de ver, essa era a posição mais adequada ao sistema normativo. Tudo se cifrava à correta intelecção do parágrafo único do art. 14 da CF de 1967/1969 assim redigido: "Parágrafo único. A organização municipal, variável segundo as peculiaridades locais, a criação de Municípios e a respectiva divisão em distritos dependerão de lei".

Cuidava-se de organização *política*. Não da *administrativa*, sediada no item II do art. 15, especialmente na letra "b".

Era inquestionável a competência do Município para editar lei organizadora de sua estrutura política, devendo obediência exclusiva aos preceitos constitucionais que a ele se refiram. Os arts. 15 e 16 forneciam boa parte da principiologia que devia nortear a atividade legislativa municipal ao dar a lume a sua lei orgânica.

Além desses princípios explícitos, outros, implícitos, que permeavam o Texto Constitucional, também haviam de ser obedecidos. Assim, os referentes ao princípio republicano, ao processo legislativo, à asseguração dos direitos individuais e aos preceitos atinentes à formulação tributária (da anualidade, da legalidade e da igualdade).

Os parâmetros da atuação legislativa municipal, nesse campo, já se encontram fixados na Constituição.

Não se argumente – para contrariar – que a expressão "lei", do mencionado art. 14, parágrafo único, era usada no singular e que nele estão previstas duas hipóteses: a da a) organização municipal e a da b) criação de Municípios e respectiva divisão em distritos, sendo impossível à *lei muni-*

8. "Teoria do Município", *RDP* 6/13.

cipal criar Município. Por isso, encontrando-se no singular (é o argumento), a *lei* só pode ser a estadual, capaz de *criar* Municípios.

Não discordamos dessa última afirmação. Só lei estadual poderia criar Município. Ocorre, entretanto, que o vocábulo *lei*, no caso, tinha significado *plural*. Ou seja, o parágrafo único do art. 14 usava a palavra *lei* referindo-se ora à municipal, ora à estadual, ora à federal.[9]

Assim, para a criação de Municípios, a lei era a estadual. Ou federal, se se tratar de Município no Território Federal. Entretanto, para a sua organização, a lei é a municipal. De igual maneira, será municipal a lei criadora dos distritos.

Com efeito, dizia a Constituição de 1967, a organização municipal é "variável segundo as peculiaridades locais". Só o Município seria capaz de avaliar tais peculiaridades. Ainda mais. A organização política ditada por lei estadual vulnerava, precisamente, o parágrafo único do art. 14, porque, ao invés de conferir "variabilidade" de acordo com as particularidades locais, "uniformizava", "parificava" aquela organização, conferindo uma única a todos os Municípios. Não dessemelhava, assemelhava. Não distinguia, igualava. Não observava, em consequência, o imperativo constitucional que autorizava – e até determinava – a desuniformização, a desparificação, a dessemelhança, a desigualdade, sempre que as condições fossem diversas entre os Municípios.

Tanto é correta esta interpretação que os Municípios do Rio Grande do Sul editavam suas leis orgânicas e jamais se cogitou da declaração de sua inconstitucionalidade.

Não se invoque o argumento segundo o qual, no caso do Rio Grande do Sul, a Constituição estadual conferia essa competência aos Municípios. A Constituição estadual não podia dar aquilo que a Federal proibiu. Assim, de duas, uma: ou a Constituição Federal atribuía essa competência ao Município ou, então, a negava. Se atribuía, a Constituição sul-rio-grandense não teria feito mais do que entregar o que a Carta Magna já entregara ao Município.

Caso contrário, a Constituição estadual não poderia dispor nesse sentido, porque contrariaria o Texto Federal. Não há, relativamente ao parágrafo único do art. 14, duas interpretações possíveis. Só uma era a correta. Ao nosso parecer, era adequada aquela que conferia aos Municípios a competência para editar suas leis orgânicas.

9. Não há novidade nesta afirmação. A Constituição, em vários preceitos, utilizava a palavra *lei*, no singular, com significado plural. Basta atentar para o art. 153, §§ 1º, 2º, 3º e 4º, da Constituição anterior.

Essa intensa discussão doutrinária sob a égide da Constituição anterior levou o constituinte de 1988 a deixar clara a competência para o Município auto-organizarse. Fixou no art. 29: "O Município reger-se-á por lei orgânica, votada em dois turnos, com o interstício mínimo de dez dias, e aprovada por dois terços dos membros da Câmara Municipal, que a promulgará, atendidos os princípios estabelecidos nesta Constituição, na Constituição do respectivo Estado e os seguintes preceitos: ...".

6. *Intervenção estadual nos Municípios*

A intervenção de uma pessoa política em outra é, sempre, excepcional. Já dissemos que a regra é a não intervenção. Por isso que só é possível a intervenção em casos expressamente previstos no texto constitucional.

Autorizam a intervenção estadual:

"Art. 35. (...):

"I – deixar de ser paga, sem motivo de força maior, por dois anos consecutivos, a dívida fundada;

"II – não forem prestadas contas devidas, na forma da lei;

"III – não tiver sido aplicado o mínimo exigido da receita municipal na manutenção e desenvolvimento do ensino e nas ações e serviços públicos de saúde;

"IV – o Tribunal de Justiça (do Estado) der provimento a representação para assegurar a observância de princípios indicados na Constituição Estadual, ou para prover a execução de lei, de ordem ou de decisão judicial."

Merece comentário especial o disposto no inciso IV, supra.

Aí se verifica que os princípios indicados na Constituição estadual também hão de ser obedecidos pelos Municípios, os quais, de resto, são princípios também fixados para os Estados na Constituição Federal.

Também se verifica que, nesses casos, o decreto de intervenção dependerá de provimento, pelo Tribunal de Justiça do Estado, de representação formulada pelo Ministério Público local (art. 35, IV, c/c o art. 129, IV).

Diferentemente dos demais casos em que o Governador pode decretar a intervenção de ofício, ou mediante representação de interessado, no caso em exame este só poderá fazê-lo após a manifestação do Ministério Público, que representa, e do Tribunal de Justiça, que dá provimento à representação.

Tal como na intervenção federal no Estado, o chefe do Executivo estadual decreta a intervenção mas é obrigado a submeter o seu ato, com a respectiva justificação, em 24 horas, à apreciação da Assembleia Legislativa.

Com a intervenção fica paralisada, momentaneamente, a autonomia municipal. Esta paralisação poderá ser em maior ou menor extensão. Tudo dependerá das limitações impostas no decreto interventivo.

Se, apesar da intervenção, a Câmara Municipal não for atingida na sua atividade legiferante, a redução autonômica será menor: cinge-se à interferência no Executivo, com o afastamento de suas autoridades, podendo, então, falar-se na ocorrência da *autonomia limitada*.

7. *A fiscalização financeira e orçamentária*

Os governantes do Município gerem a coisa pública. Daí a fiscalização financeira e orçamentária determinada pela Constituição Federal. Esta é efetivada, internamente, pelo próprio Executivo, por meio de instrumentos instituídos por lei, e, externamente, por meio da Câmara Municipal.

É bastante amplo o controle previsto no Texto Constitucional. Alude à fiscalização contábil, financeira, orçamentária, operacional e patrimonial.

O controle interno tem o sentido de auxiliar o governante executivo a fim de que possa pautar sua conduta administrativa segundo a lei. Com isto, estará buscando evitar a desaprovação que poderá surgir no momento do controle externo. Este, como dissemos, é exercido pela Câmara Municipal, onde estão os representantes do povo, diretamente interessados na boa gestão dos negócios públicos. A Câmara Municipal, neste mister, é auxiliada pelo Tribunal de Contas do Estado, ou do Município ou, ainda, Conselho de Contas (onde houver).

Os Municípios, como regra, não podem instituir Tribunais de Contas próprios ou órgãos municipais para aquele desempenho técnico. Excepcionam-se os Municípios que já os tenham criado.

Anote-se que o constituinte prestigiou o parecer prévio emitido pelo Tribunal sobre as contas que o prefeito deve prestar, anualmente, dizendo que a Câmara Municipal somente poderá rejeitar o teor do parecer por decisão de 2/3 de seus membros. Isso não ocorre no plano estadual e federal. Ao que parece, o constituinte pretendeu evitar, com essa valoração, possíveis aprovações ou desaprovações de contas que possam ter como móvel razões meramente emocionais, derivadas de litígios ou de sólida amizade entre vereadores e prefeitos. Indubitavelmente, verifica-se nos Municípios maior proximidade pessoal entre os membros do Legislativo e do Executivo municipais.

Inovação extremamente importante a trazida pelo art. 31, § 3º, reveladora da participação popular nos negócios de governo. Preceitua que as contas dos Municípios – além da fiscalização pelo Poder Legislativo (já tradicional) – deverão ficar, durante 60 dias, anualmente, à disposição de qualquer contribuinte, que, após exame, poderá questionar-lhes a legitimidade. A lei, segundo o aludido dispositivo (art. 31, § 3º), estabelecerá o processo desse questionamento.

8. As Regiões Metropolitanas, aglomerações urbanas e microrregiões

Este tema não poderia situar-se em outro título, dadas as implicações com a autonomia municipal.

Já sabemos que União, Estados e Municípios constituem esferas de governo. Será a Região Metropolitana uma quarta esfera de governo, uma pessoa dotada de capacidade política? Se não for, caracteriza-se como pessoa de capacidade administrativa? Ainda, será pessoa?[10]

Sérgio Ferraz a define como "o grupamento de Municípios, que por apresentarem características sócio-econômicas homogêneas demandam uma realização conjunta dos serviços de interesses comuns". E aduz que "é irrelevante, para sua instituição, que a comunidade de Municípios esteja compreendida dentro de um mesmo Estado-membro".[11]

A ideia de Região Metropolitana deriva da conurbação. As áreas urbanas vão-se aglomerando em torno de um Município maior, eliminando as áreas rurais e fazendo surgir, entre os Municípios, área urbana única, o que passa a exigir a integração dos serviços municipais.

Eros Grau,[12] monografista do tema, lembra que "o intenso crescimento urbano determina, como fato característico do século XX, o aparecimento de centros metropolitanos. Tal processo de crescimento se manifesta de tal modo que em torno de determinados núcleos urbanos outros se vão agregando, integrando-se a ponto de comporem novas realidades urbanas. Assim, as várias unidades integradas formam um aglomerado único, tecido de relações e interações mútuas que transformam todo o conjunto em um sistema sócio-econômico relativamente autônomo, abrangente de todas elas".

De logo se afirme que a região metropolitana não é dotada de personalidade. Com este dizer fica afastada a ideia de governo próprio ou, mesmo,

10. Pessoa: centro de imputação de direitos e deveres.

11. "As regiões metropolitanas no Direito brasileiro", tese oferecida ao 8º Congresso Nacional de Procuradores de Estado em 1977, publicada em *Teses*, p. 371.

12. *Regiões Metropolitanas: Regime Jurídico*, p. 5.

de administração própria. Não é pessoa política nem administrativa. Não é centro personalizado. Não é organismo. É órgão.

Para encontrar a natureza desse órgão é preciso verificar qual a sua fonte criadora. É a lei complementar estadual, di-lo o art. 25, § 3º, da CF.

É preciso, ainda, examinar sua composição: é composto por Municípios.[13]

Embora composto por Municípios, as suas decisões não obrigam àqueles, tendo em vista a autonomia municipal.

A agregação municipal é feita pela lei complementar.

A boa exegese do texto constitucional leva à convicção de que a Região Metropolitana nada mais é do que órgão de planejamento, dele derivando a execução de funções públicas de interesse comum.

Tanto quanto foi dito aplica-se às *aglomerações urbanas* e às *microrregiões*, figuras criadas pela Constituição de 1988.

Geraldo Ataliba[14] ressalta que somente a adesão voluntária dos Municípios poderá viabilizar o seu funcionamento, o que deverá ser feito por meio de convênio ou consórcio.

13. Adilson Abreu Dallari enfatiza que a Região Metropolitana é composta de Municípios, e não pela área de Municípios abrangidos ("Uso do solo metropolitano", *RDP* 14/286).

14. *Lei Complementar na Constituição*, p. 93.

PARTE III

DIVISÃO ORGÂNICA DO PODER

Capítulo I

TRIPARTIÇÃO DO PODER

1. Introdução. 2. Significado constitucional da palavra "poder". 3. O poder é uno. 4. Funções típicas e atípicas de cada Poder. 5. Significado da independência entre os Poderes. 6. Indelegabilidade de atribuições. Impossibilidade de exercício simultâneo de funções.

1. Introdução

Não há *Estado* sem *poder*. Este é emanação da soberania. É nota tipificadora do Estado. É de sua atuação que surgem as normas organizadoras do Estado: trata-se do conjunto de preceitos imperativos incidentes sobre certos seres fixados em determinado território. Evidencia-se o *poder* pela circunstância da *organização*. Esta é fornecida pelas aludidas normas imperativas.

Não há sociedade sem organização. Daí a parêmia secular: *ubi societas, ibi jus; ubi jus, ibi societas*.[1]

A Constituição torna literal essa concepção no parágrafo único do art. 1º. Ao dizer que todo o poder emana do povo, está indicando a fonte do poder constituinte.[2]

2. Significado constitucional da palavra "poder"

As palavras, para o direito, têm o significado que este lhes empresta. Variam as acepções de acordo com o sentido que o constituinte lhes atribui.

1. Onde está a sociedade está o direito; onde está o direito está a sociedade.

2. Carlos Ayres de Britto, "Os sentidos do vocábulo *poder* na Constituição", *Vox Legis* 145/181, pp. 23-28.

A expressão "poder" não escapa a essa regra. São vários os seus significados. Carlos Ayres de Britto foi quem, com mestria, focalizou esse tema.[3]

É ele utilizado em três acepções: a) *poder* enquanto *revelação da soberania* (art. 1º, parágrafo único, da CF); b) *poder* enquanto *órgão do Estado* (art. 2º da CF); c) *poder* enquanto *função* (arts. 44, 76 e 92 da CF).

Tais dispositivos devem ser lidos exemplificativamente da maneira que segue. O art. 1º, parágrafo único: "o governo emana do povo (...)". O art. 2º: "São órgãos da União, independentes e harmônicos entre si, o Legislativo, o Executivo e o Judiciário". O art. 44: "A função legislativa é exercida pelo Congresso Nacional (...)" etc.

3. O poder é uno

Equivocam-se os que utilizam a expressão "tripartição dos poderes". É que o poder é uma unidade. Como já vimos, é atributo do Estado.[4]

A distinção é entre os órgãos desempenhantes de *funções*.

Deve-se ao Barão de Montesquieu a sistematização final da repartição do poder.

Propôs a criação de órgãos distintos e independentes uns dos outros para o exercício de certas e determinadas atividades.

Foi observando as sociedades que os autores verificaram a existência de três funções básicas: uma, produtora do ato geral; outra, produtora do ato especial e uma terceira solucionadora de controvérsias. As duas últimas aplicavam o disposto no ato geral. Seus objetivos, porém, eram diversos: uma, visando a *executar, administrar,* a *dar* o disposto no ato geral para desenvolver a atividade estatal; outra, também aplicando ato geral, mas com vistas a *solucionar controvérsias* entre os súditos e o Estado ou entre os próprios súditos.

Tais funções sempre foram identificáveis em todas as sociedades, especialmente naquela que a doutrina chama Estado Absoluto. Neste, o soberano concentrava o exercício do poder, exercitando-o por si ou por meio de auxiliares. Todas estas atividades dependiam da vontade do soberano. Daí por que titularizava "poder incontrastável de mando". Ou seja: desempenhava *funções* distintas. Não havia *órgãos* – independentes uns

3. Idem, ibidem.

4. Valmir Pontes Filho, em trabalho de conclusão de curso de mestrado, na PUC-SP, depois de criticar a expressão "tripartição de Poderes", salienta: "O que ocorre, na realidade, é que o organismo estatal, toda vez que manifesta a sua vontade, o faz, necessariamente, através de três espécies de atos: a lei, a sentença e o ato administrativo".

dos outros – desempenhadores daquelas funções. O soberano enfeixava, de forma absoluta, o exercício do poder. Dessa circunstância derivava o *absolutismo*, sistema em que uma pessoa física (o soberano) concentrava o exercício do poder e, por isso mesmo, não era possível imputar-se-lhe responsabilidade. Pois a sua vontade era a fonte do ato geral, do especial e daquele solucionador de controvérsia. Legislação, execução e jurisdição dependiam de seu querer.[5]

Essa fórmula governamental gerava o despotismo, a desigualdade, a injustiça.

Fazia surgir atos detrimentosos às liberdades do indivíduo, enquanto tal. Vulnerava direitos que os homens acreditavam possuir pela circunstância de existirem.

Por essas razões é que a doutrina constrói a concepção da criação de órgãos independentes, uns dos outros, para o exercício daquelas funções. E, ainda, esses órgãos, bem como os seus integrantes, submetiam-se ao disposto no ato geral que, por sua vez, haveria de ser fruto da "vontade geral". Não mais da vontade de um indivíduo, mas da vontade de todos. O ato geral seria a súmula das aspirações individuais sobre a maneira de conduzir os misteres do Estado.

O mérito da doutrina, especialmente de Montesquieu, no seu *O Espírito das Leis*, não foi o de propor certas atividades para o Estado, pois estas já eram identificáveis. O valor de sua doutrina está na proposta de um sistema em que cada órgão desempenhasse função distinta e, ao mesmo tempo, que a atividade de cada qual caracterizasse forma de contenção da atividade de outro órgão do poder. É o sistema de independência entre os órgãos do poder e de inter-relacionamento de suas atividades. É a fórmula dos "freios e contrapesos" a que alude a doutrina americana.[6]

Subjaz, nessa doutrina, a ideia de proteção e resguardo dos direitos e liberdades do indivíduo.

5. "L'État c'est moi" – é a frase atribuída a Luís XIV para expressar o Absolutismo.

6. É de Jaime Vidal Perdomo a lição: "Aunque con anterioridad se le había presentado tambíen con una destinación política, el principio, como las más importantes nociones del derecho constitucional, surgió con porvenir político en el siglo XVIII gracias a la influencia de la obra de Montesquieu; la separación de los poderes implicaba la disminución del poder real al trasladar a una asamblea el ejercicio de la función legislativa. Para protegerse contra cualquier abuso real se predicaba la independencia de los órganos. La aplicación práctica del principio de la separación transformó las monarquías absolutas em limitadas; luego se dió un paso más adelante hasta el establecimiento de los regímenes parlamentarios.

"Opuesta a la confusión de poderes, la separación requiere la existencia de órganos gubernamentales especializados en el cumplimiento de las funciones estatales y, además, independencia entre si" (*Derecho Constitucional General*, pp. 161-162).

Antes de Montesquieu, Aristóteles já distinguia três poderes: a) poder deliberante: deliberava sobre todos os negócios do Estado; b) poder executivo: atribuído aos magistrados e exercido com fundamento nas decisões tomadas pelo poder deliberante; e c) poder de fazer justiça: dizia respeito à jurisdição.

Esclareça-se que, na colocação do pensador grego, tais poderes não tinham as características depois formuladas por Montesquieu; não eram independentes. Aristóteles classificou, na verdade, as atividades de governo.

Também antes de Montesquieu, John Locke já classificara as funções estatais propondo a sua entrega a órgãos independentes. Aludiu a: a) *poder federativo*, ao qual cabia tudo o que dissesse respeito às relações exteriores do Estado; b) *poder legislativo*, editor de leis com o principal objetivo de especificar a forma pela qual o Estado protegeria os seus integrantes; c) *poder executivo*, que executava o disposto na lei, no interior do Estado.

Sua proposta, porém, difere da formulada por Montesquieu. É que Locke atribuía ao Legislativo posição de preponderância relativamente aos dois outros; de modo que estes eram subordinados àquele.

4. Funções típicas e atípicas de cada Poder

Cada órgão do Poder exerce, preponderantemente, uma função, e, secundariamente, as duas outras. Da preponderância advém a tipicidade da função; da secundariedade, a atipicidade.

As funções *típicas* do Legislativo, Executivo e Judiciário são, em razão da preponderância, legislar, executar e julgar.

Atipicamente, o Legislativo também administra e julga. É o que evidenciam os arts. 51, IV, e 52, XIII, da CF. Esses artigos estabelecem a competência de cada uma das Câmaras para disporem sobre sua organização, polícia e provimento de cargos de seus serviços. Nesse particular há uma atividade legislativa que "dispõe a respeito do assunto", mas há também uma atividade administrativa no instante em que o Legislativo provê cargos, aloca servidores, lhes confere férias, licenças etc.

No art. 52, I e II, encontramos a competência privativa do Senado Federal para julgar o Presidente e o Vice-Presidente da República nos crimes de responsabilidade e os Ministros de Estado e os comandantes da Marinha, do Exército e da Aeronáutica nos crimes da mesma natureza conexos com aqueles, bem como processar e julgar os Ministros do Supremo Tribunal Federal, o Procurador-Geral da República e o Advogado-Geral da União nos crimes de responsabilidade, função que não é legislativa.

O Executivo, igualmente, "julga" e legisla.

A todo instante a Administração Pública defere ou indefere pedidos de administradores, aprecia defesas e recursos administrativos. Para tanto, se organiza em instâncias recursais, criando, no seu interior, tribunais administrativos. No desempenho dessa atividade está aplicando a lei para solucionar um litígio.[7]

O Executivo também legisla por disposição expressa do art. 62, autorizador de medidas provisórias, e do art. 68, *caput*, e § 2º, que prevê a possibilidade de o Presidente da República elaborar leis delegadas.

O mesmo ocorre com o Judiciário. Legisla, ao editar regimentos internos (art. 96, I, "a"), e administra, ao organizador seus serviços auxiliares, provendo-lhes os cargos na forma da lei, bem como ao conceder licenças e férias aos magistrados e serventuários que lhes forem imediatamente vinculados (art. 96, I, "b" e "f").

Extrai-se, do exposto, a ideia de tipicidade e atipicidade das funções próprias de cada órgão do poder.

5. *Significado da independência entre os Poderes*

O Legislativo, o Executivo e o Judiciário são Poderes independentes entre si, estabelece o art. 2º da CF.

De que maneira é revelada essa *independência?*

Em primeiro lugar pela circunstância de cada Poder haurir suas competências no Texto Constitucional. Nenhuma norma infraconstitucional pode subtrair competências que foram entregues pelo constituinte.

Há mais, entretanto, para garantir a independência de que se trata.

Veja-se o caso do Poder Legislativo. O art. 53 da CF garante a inviolabilidade dos deputados e senadores no exercício do mandato, por suas opiniões, palavras e votos.

A razão desse dispositivo é garantir a atuação independente do Legislativo. Certas manifestações que, feitas por cidadãos, podem caracterizar delito não o são se efetivadas por parlamentares.

Estas prerrogativas dos parlamentares objetivam impedir cerceio – mesmo psicológico – na atividade daqueles representantes populares que,

7. Não se trata do exercício da *jurisdição* no seu sentido constitucional; mas de qualquer forma trata-se de uma atividade que visa a solucionar o litígio, embora não tenha a marca da definitividade.

dentre outras funções, têm a de fiscalizar os atos do Poder Público, nas suas variadas atividades.

Não é garantia do parlamentar, apenas. É garantia da instituição. É modo de assegurar o mecanismo da liberdade de atuação do Legislativo.

Tanto isso é verdade que, em outra passagem, o constituinte proíbe determinadas atividades a deputados e senadores, desde a expedição do diploma ou desde a posse.

São as hipóteses catalogadas no art. 54, I e II.[8] De sua leitura se extrai o desiderato constituinte: impedir aos parlamentares qualquer ligação funcional ou de interesse, impeditiva do bom desempenho parlamentar.

Também aqui, ao proibir, a preocupação se volta para a independência da instituição.

Além disso, quando o parlamentar for processado por crime comum, a Casa a que ele pertence poderá sustar o andamento da ação, desde que haja provocação de partido político e a sustação se dê pelo voto da maioria dos membros da Casa. É o que estabelece o art. 53, § 1º, da Constituição Federal, com a redação dada pela EC 35, de 20.12.2001.

Assim – para impedir ingerência do Executivo –, a Constituição confere ao Legislativo a competência para dispor sobre sua organização, polícia e provimento de cargos de seus serviços (arts. 51, IV, e 52, XIII, da CF).

Ideias idênticas se aplicam ao Judiciário. A esse órgão do Poder também foram conferidas garantias.

O art. 95 assegura aos juízes os seguintes predicamentos: I – vitaliciedade; II – inamovibilidade; III – irredutibilidade de subsídio.

Note-se o da *vitaliciedade*. O juiz não perde o seu cargo por decisão estranha ao Poder de que faz parte. Só este pode decidir a respeito da perda

8. Art. 54. Os deputados e senadores não poderão:

I – desde a expedição do diploma:

a) firmar ou manter contrato com pessoa jurídica de direito público, autarquia, empresa pública, sociedade de economia mista ou empresa concessionária de serviço público, salvo quando o contrato obedecer a cláusulas uniformes;

b) aceitar ou exercer cargo, função ou emprego remunerado, inclusive os de que sejam demissíveis *ad nutum*, nas entidades constantes da alínea anterior;

II – desde a posse:

a) ser proprietários, controladores ou diretores de empresa que goze de favor decorrente de contrato com pessoa jurídica de direito público, ou nela exercer função remunerada;

b) ocupar cargo ou função de que sejam demissíveis *ad nutum*, nas entidades referidas no inciso I, "a";

c) patrocinar causa em que seja interessada qualquer das entidades a que se refere o inciso I, "a";

d) ser titulares de mais de um cargo ou mandato público eletivo.

do cargo, e nunca por decisão administrativa, mas por decisão com a marca da jurisdição. Por isso, alude a "sentença judicial". Essa vitaliciedade só é adquirida após dois anos de exercício, no dizer do art. 95, I.

A *inamovibilidade* é outra faceta reveladora da independência. Objetiva permitir a livre atuação do magistrado na sua jurisdição sem temor de eventual remoção por haver desagradado quem quer que seja. A inamovibilidade garante decisões sobranceiras. A sua eventual remoção por "motivo de interesse público" só se pode dar por decisão do Tribunal competente. Nunca por decisão de órgão estranho ao Poder Judiciário.

Igualmente, no caso da *irredutibilidade de subsídios*. Quer-se, com tal garantia, impedir que Executivo e Legislativo, em possível conluio, reduzam subsídios da magistratura com objetivo de amesquinhar o Judiciário.[9]

Aqui, também, o constituinte se preocupou com a instituição para conferir-lhe independência. Tanto que, no art. 95, parágrafo único, impõe restrições à atividade dos magistrados sob pena de perda do cargo judiciário. Impede-os de exercer outras funções, salvo uma de magistério; de receber percentagens ou custas nos processos sujeitos ao seu despacho e julgamento; de se dedicar a atividade político-partidária; de receber auxílios ou contribuições de pessoas físicas ou entidades públicas ou privadas e de exercer a advocacia no juízo ou tribunal do qual se afastou, durante três anos. Tudo com o objetivo de dirigir o trabalho do juiz à instituição e de impedir qualquer comprometimento emocional que lhe retire a desejável imparcialidade (daí por que proíbe a atividade político-partidária).

As prerrogativas e as proibições buscam assegurar a independência.

O Judiciário, tal como o Legislativo, também organiza seus serviços auxiliares, provendo-lhes os cargos, na forma da lei. Cuida de todo aparato administrativo necessário para dar suporte ao desempenho de sua atividade típica. Não depende, como visto, do Poder Executivo, cuja atividade típica é administrar.

O Executivo, por sua vez, tem sua independência revelada pelas competências privativas que lhe são atribuídas e, ainda, porque a Constituição lhe confere, independentemente de autorização do Legislativo ou do Judiciário, a direção superior da administração pública, conferindo ao seu Chefe (Presidente da República) o comando supremo do braço civil e do braço militar.

9. A remuneração dos servidores pode vir a ser reduzida, como medida de caráter geral. Isso não pode ocorrer com os subsídios da magistratura, tendo-se, até, cogitado da impossibilidade de concessão de aumentos em níveis inferiores aos da correção monetária fixados oficialmente, uma vez que os sucessivos aumentos em índices inferiores ao valor da moeda importariam, indiretamente, redução dos vencimentos, vedada pelo texto constitucional.

6. Indelegabilidade de atribuições. Impossibilidade de exercício simultâneo de funções

Embora a atividade dos três Poderes se inter-relacione, dado que o desempenho de um se relaciona com o de outro, a regra constitucional é a da indelegabilidade de atribuições. A Constituição anterior previa expressamente a indelegabilidade de atribuições de um para outro Poder, assim como o impedimento de exercício simultâneo de funções. Tal previsão não se deu no Texto Constitucional em vigor. Entretanto, facilmente se extraem essas conclusões do exame do ordenamento jurídico.

Em primeiro lugar, ao tripartir o Poder, o constituinte assinalou a *independência* entre eles.

A *independência* supõe *separação*, sendo ilógico supor que, separadas as *funções* e entregues a *órgãos* distintos por uma vontade soberana (Assembleia Constituinte) e, portanto, acima da vontade dos órgãos criados, possam eles, a seu critério, delegar atribuições, uns para os outros.

Em segundo lugar, porque a Constituição prevê expressamente hipótese de delegação. É o caso da delegação que o Congresso Nacional pode fazer ao Presidente da República para que este elabore a lei delegada (art. 68 da CF).

Se a delegação pudesse ser feita segundo critérios de cada Poder, não haveria necessidade da aludida autorização delegatória constitucional.

Ao lado da indelegabilidade de atribuições, impossibilita-se a investidura em funções de Poderes distintos. Quem for investido na função de um deles não poderá exercer a de outro. Essa convicção também deflui do exame do sistema constitucional. É que o art. 56 preceitua que não perderá o mandato o deputado ou senador investido no cargo de Ministro de Estado, Governador de Território, Secretário de Estado, do Distrito Federal, de Território, de Prefeitura de Capital ou chefe de missão diplomática temporária. Ora, se há autorização expressa para o exercício de funções do Executivo, por membros do Legislativo, fica evidente que o exercício simultâneo de funções não é tolerado pela Constituição (salvo as hipóteses expressamente mencionadas).

O objetivo constitucional é evidente: quer-se preservar a independência de cada órgão do Poder.

De fato, a vantagem da tripartição do poder reside na circunstância de os integrantes de cada qual deles se investirem, funcional e psicologicamente, nas suas atribuições próprias. Só assim se garante desempenho desenvolto e livre. Se alguém é, ao mesmo tempo, deputado e governador, não poderá desempenhar nenhuma dessas funções a contento. Basta dizer que uma das funções do Legislativo é a fiscalização dos atos do Executivo. Como realizá-la, diante da duplicidade?

Capítulo II

PODER LEGISLATIVO: SUA ESTRUTURA

1. Introdução. 2. A Câmara dos Deputados. 3. O Senado Federal. 4. As Mesas Diretoras e as Comissões. 5. Garantia dos parlamentares.

1. Introdução

O tema exige a indagação seguinte: existe alguma relação entre a forma de Estado e a estrutura do Poder Legislativo, no Brasil?

A forma de Estado é federal. O Legislativo nacional é, estruturalmente, bicameral.

O bicameralismo, no particular, atende à forma de Estado federal positivada pelo constituinte. É que são duas as Casas legislativas componentes do Congresso Nacional, órgão que desempenha a função legislativa: a Câmara dos Deputados e o Senado Federal. Na primeira se encontram os representantes do povo brasileiro (art. 45); na segunda, os representantes dos Estados e do Distrito Federal (art. 46).

Assim, tanto o povo brasileiro quanto as unidades da Federação (Estados) têm representação no órgão Legislativo.

Dentre as funções do Legislativo encontra-se a de ditar normas nacionais, isto é, preceitos que obrigam a todos os que se achem no território nacional.

Uma das notas características da Federação é a participação da vontade dos Estados na formação da vontade nacional. Como ambas as Casas cuidam da elaboração da lei nacional, os Estados participam de sua formação por meio da representação no Senado Federal.

Daí a relação entre o nosso bicameralismo e a Federação. Por isso, é chamado de bicameralismo do tipo *federativo*. Com isto se o distingue de outros sistemas bicamerais como o *aristocrático*, encontrável na Inglaterra, onde uma das Casas representa a nobreza (Câmara dos Lordes) e a outra, os comuns (Câmara dos Comuns).

Para o desempenho da função legislativa, as Casas se reúnem separada ou conjuntamente. Verificam-se, destarte, reuniões da Câmara dos Deputados, do Senado Federal e do Congresso Nacional.

Deve-se distinguir a *legislatura* da *sessão legislativa*. Aquela corresponde ao período de mandato do parlamentar; a sessão legislativa corresponde às reuniões semestrais do Congresso Nacional, que se verificam de 2 de fevereiro a 17 de julho e de 1º de agosto a 22 de dezembro, tal como prescreve o art. 57, na redação dada pela EC 50/2006.

De outro lado, as sessões são *ordinárias* ou *extraordinárias*. Ordinárias são aquelas ocorrentes nos períodos já mencionados (art. 57), extraordinárias são as que se realizam fora daquele período. Essa convocação extraordinária pode ser feita pelo Presidente do Senado Federal em caso de decretação de estado de sítio, de estado de defesa ou intervenção federal e para o compromisso e a posse do Presidente e do Vice-Presidente da República.

Pode, ainda, verificar-se a convocação extraordinária pelo Presidente da República ou pelos Presidentes da Câmara dos Deputados e do Senado Federal ou mediante requerimento da maioria dos membros de ambas as Casas. Nestas hipóteses, a convocação basear-se-á na urgência ou no interesse público relevante.

2. A Câmara dos Deputados

O número total de deputados será estabelecido por lei complementar. Para candidatar-se é preciso: a) ser brasileiro nato ou naturalizado (art. 14, § 3º, I); b) ser maior de 21 anos de idade (art. 14, § 3º, VI, "c"); c) estar no exercício dos direitos políticos (art. 14, § 3º, II).

Ao dispor, no art. 45, que os deputados são os representantes do povo,[1] o constituinte significou que a representação é do povo brasileiro, esteja em Estado, Território Federal ou Distrito Federal. Porém, para estabelecer o número de deputados a serem eleitos por Estado, tomou como referência a população,[2] como se verifica no art. 45, § 1º, da CF.

A lei complementar é que estabelece, para cada legislatura, o número de deputados que representarão o povo brasileiro de cada Estado. Nenhum Estado, porém, terá mais de setenta ou menos de oito deputados. Donde se vê que o povo brasileiro de Estados muito populosos poderá ter, proporcionalmente, representação menor do que a de Estados menos populosos.

A legislatura, por sua vez, é de quatro anos.

1. Povo brasileiro é aquele que vem definido no art. 12 da CF.

2. População equivale à soma de brasileiros, estrangeiros e apátridas.

3. O Senado Federal

No Senado estão os representantes dos Estados e do Distrito Federal. Os pontos referenciais, para a eleição, são os Estados e o Distrito Federal.

A paritariedade da representação se assenta no princípio federativo. Visa a manter o equilíbrio das unidades federadas por força da participação parificada de todos os Estados nas decisões nacionais, seja naquelas de competência privativa do Senado, seja naquelas de que participa na condição de componente do Congresso Nacional.

São condições para a candidatura ao Senado: a) ter nacionalidade brasileira (art. 14, § 3º, I); b) ser maior de 35 anos de idade (art. 14, § 3º, VI, "a"); c) estar no exercício dos direitos políticos (art. 14, § 3º, II). O mandato de senador é de oito anos, havendo renovação de quatro em quatro anos, alternadamente, por um e por dois terços (art. 46, §§ 1º e 2º, da CF).

Cada senador será eleito com dois suplentes, que o substituirão segundo a ordem em que foram eleitos.

4. As Mesas Diretoras e as Comissões

Cada uma das Câmaras é dirigida pelo Presidente e demais membros da Mesa Diretora.[3]

As reuniões das Câmaras (dos deputados e dos senadores) são dirigidas pela Mesa. Também as do Congresso Nacional; nesse caso, funciona como Mesa dirigente aquela formada por membros do Senado Federal e da Câmara dos Deputados que nela ocupam funções alternadamente (Presidente do Senado, Vice-Presidente da Mesa da Câmara, e assim alternadamente).

Assim, temos as seguintes Mesas dirigentes: a) da Câmara dos Deputados; b) do Senado Federal; c) do Congresso Nacional.

Cada Mesa dirigente pertence à respectiva Casa. A Mesa dirigente do Congresso Nacional é aquela mista, com membros do Senado e da Câmara.

Questão interessante reside na busca da interpretação correta do art. 57, § 4º, que estabelece o prazo de dois anos de mandato para membro da Mesa de qualquer das Câmaras, proibindo-se a reeleição.

Poderia um deputado que participasse de uma Mesa na qualidade de secretário candidatar-se a presidente na eleição seguinte para preenchimento dos cargos da Mesa? Estaria a vedação circunscrita ao próprio cargo desempenhado, ou estende-se a todos os cargos da Mesa?

3. A Constituição denomina como "Mesa" o conjunto daqueles parlamentares eleitos por seus pares para dirigir os trabalhos legislativos durante dois anos. Essa previsão se encontra no art. 57, §§ 4º e 5º.

Geraldo Ataliba examinou essa questão à luz da Constituição de 1967.[4] Depois de enfatizar a importância dos princípios para a interpretação desse dispositivo constitucional, ressalta que o regime republicano se caracteriza modernamente pela tripartição do exercício do poder e pela periodicidade dos mandatos políticos com consequente responsabilidade de seus exercentes.

"Nota-se no nosso sistema", escreve aquele jurista, "que os mandatos de natureza legislativa são sempre renováveis, mediante periódica consulta ao eleitorado. Doutro lado, não se consente o mesmo aos mandatos executivos. Estes não comportam, para o período imediatamente subsequente, reeleição. Não há, no nosso direito constitucional, possibilidade de reeleição para o exercício de cargos executivos.

Evidente que essa diferença de tratamento sistemático entre as funções executivas e legislativas se dá exatamente em função da soma de poderes concretos que a Constituição põe nas mãos dos exercentes de funções executivas, em contraste com os postos nas mãos dos legisladores. No Brasil, a internância dos cargos de natureza executiva é peremptória, absoluta, categórica e irremissível. Assim, a periodicidade, em funções puramente legislativas, admite a reeleição: nas funções executivas implica necessariamente alternância.

Ora, a função de membro da Mesa das Casas Legislativas é função de natureza executiva. Não é função legislativa. É função de direção, supervisão, polícia, administração e execução. Em tudo e por tudo, se afigura função executiva e administrativa.

O critério, pois, informativo do procedimento hermenêutico a ser adotado há de ser consentâneo com essa diretriz tão nitidamente traçada.

É sabido que todos os preceitos contidos na Constituição fixam os limites de eficácia e a própria dimensão dos princípios. Desta forma, não podem ser interpretados de modo que contrarie a direção por eles apontada. As simples regras sublinham, denotam os princípios. Em outras palavras: a nenhum intérprete é lícito chegar a resultado de nenhum trabalho exegético que termine por negar ou contrariar a direção apontada pelos princípios.

Portanto, parece-nos ser muito mais consoante com as exigências do princípio republicano a interpretação que postula a alternância cabal e completa no que diz respeito à Mesa do Congresso, do que qualquer outra solução. Não podem ser interpretadas em "sentido" (Recaséns Siches) inverso.

4. Examinar: "Reeleição das Mesas do Legislativo", na *Revista de Informação Legislativa*, n. 69, jan/mar/81, p. 49.

Quando o intérprete se encontre diante de duas opções e, num primeiro momento, possa parecer que é livre para escolher entre um e outro rumo, é forçado – por imperativos e exigências fundamentais do sistema – a adotar aquele termo da alternativa que melhor satisfaça às exigências dos princípios. Em outras palavras, a alternativa que caminhe no rumo apontado pelos princípios de modo mais consentâneo.

Em conclusão: discute-se, no caso, se é a Mesa ou é o mesmo cargo que devem ser entendidos como sitos no fulcro do problema. Parece imperativo afirmar que essa questão já não é indiferente como, à primeira vista, pode parecer, a uma simples leitura do texto interpretado.

As considerações exegéticas aqui desenvolvidas demonstram que a referência é à Mesa. Quem tenha participado de uma Mesa não pode pleitear recondução à Mesa imediatamente subsequente. Isso é, no sistema da nossa Constituição, reeleição."

Foi, como se vê, matéria geradora de muita polêmica sob o império da Constituição anterior. Entretanto essa questão ficou superada pela Constituição de 1988 que, no art. 57, § 4º, vedou "... a recondução para o mesmo cargo na eleição imediatamente subsequente", o que significa a possibilidade de eleição para *outro* cargo da Mesa.[5]

5. *Garantia dos parlamentares*

Garante-se a atividade do parlamentar para garantir a instituição. Conferem-se a deputados e senadores prerrogativas com o objetivo de lhes permitir desempenho livre, de molde a assegurar a independência do Poder que integram. Daí as garantias constitucionais de inviolabilidade no exercício do mandato e imunidade processual.

A *inviolabilidade* diz respeito à emissão de *opiniões*, *palavras* e *votos*.

Opiniões e palavras que, ditas por qualquer pessoa, podem caracterizar atitude delituosa, mas que assim não se configuram quando pronunciados por parlamentar. Sempre, porém, quando tal pronunciamento se der no exercício do mandato. Quer dizer: o parlamentar, diante do Direito, pode agir como cidadão comum ou como titular de mandato. Agindo na primeira qualidade não é coberto pela inviolabilidade. A inviolabilidade está ligada à ideia de exercício de mandato. Opiniões, palavras e votos proferidos sem

5. A discussão de ocupação de cargo na Mesa está referida à mesma legislatura. Não de uma para outra. O esclarecimento é necessário em face de dúvidas interpretativas que se verificaram na leitura da edição anterior.

nenhuma relação com o desempenho do mandato representativo não são alcançados pela inviolabilidade.[6]

Para viabilizar essa inviolabilidade o § 2º do art. 53 determina que, a partir da expedição do diploma até a inauguração da legislatura seguinte, os membros do Congresso Nacional não poderão ser presos, salvo em flagrante de crime inafiançável, nem processados criminalmente, sem prévia licença da Casa a que pertencerem.

A Emenda Constitucional n. 35, de 20.12.2001, trouxe inovações referentes à inviolabilidade. Modificou aquela referente à prática de crimes comuns. Antes, havia necessidade de prévia licença da Câmara ou do Senado para processar criminalmente o parlamentar. Agora, recebida a denúncia contra o Senador ou o Deputado o Supremo Tribunal Federal dela dará ciência à Casa respectiva, mas iniciará o processo criminal. A Casa a que pertencer o parlamentar é que poderá, por iniciativa de partido político e pelo voto da maioria dos membros da Casa, sustar o andamento da ação. Esse pedido de sustação deverá ser apreciado no prazo improrrogável de 45 dias de seu recebimento pela Mesa Diretora. Sustado o processo, suspende-se a prescrição enquanto durar o mandato, já que, cessado este, restabelece-se o andamento do processo criminal.

Manteve-se a inviolabilidade por opiniões, palavras e votos no âmbito penal ampliando-se também para o civil, nessas hipóteses.

Todas estas regras vieram, como dito, na Emenda Constitucional n. 35 de 20.12.2001.

Eliminou-se como se viu a necessidade de licença prévia para processar criminalmente o parlamentar já que não eram poucos os que buscavam mandato parlamentar para obter possível impunidade.

A Casa legislativa, ao tomar conhecimento do flagrante de crime inafiançável, não procede a julgamento técnico-jurídico, mas simplesmente decide sobre a prisão e sobre a oportunidade do processo-crime.

Ao decidir, a Câmara estará implicitamente definindo se aquele ato concreto foi praticado como extensão ou implicação do exercício da função parlamentar, ou não.

6. Com efeito, a inviolabilidade parlamentar está absolutamente adstrita ao exercício do mandato. Neste sentido o julgado proferido em grau de *habeas corpus*, envolvendo a imunidade de vereador, prevista pela Constituição Federal no art. 29, VIII: "A verificação da inviolabilidade do vereador, por suas palavras e opiniões consideradas ofensivas, implica detido exame de provas de modo a que se possa concluir que adstritas ao exercício do mandato e na circunscrição municipal, para o quê não é o *habeas corpus* meio idôneo" (HC 195.848-3, in *RT* 664/281).

Capítulo III

PODER LEGISLATIVO: SUAS FUNÇÕES

1. Funções típicas e atípicas. 2. A função fiscalizadora. 3. Os Tribunais de Contas.

1. Funções típicas e atípicas

Já dissemos que a atividade do Legislativo é tipificada pela produção de normas infraconstitucionais geradoras de direitos e obrigações. Legislar é sua atividade típica. Esse vocábulo "legislar" é abrangente de todas as espécies normativas previstas no art. 59 da CF, à exceção das medidas provisórias e das leis delegadas. Estas últimas, produzidas pelo Presidente da República sem aprovação posterior do Legislativo.

Também é típico do Legislativo o mister fiscalizatório.

A ele compete exercer a fiscalização contábil, financeira, orçamentária, operacional e patrimonial do Poder Executivo, como previsto no art. 70. Sobre essa fiscalização discorreremos mais adiante.

A Constituição confere o mesmo grau de importância a ambas as atividades. A *fiscalizadora* decorre do princípio da representação popular. Como é nas Casas Legislativas que mais se evidencia aquela representação, a elas cabe empreender, como se fora o povo, a fiscalização.

Ao lado dessas atividades típicas, surgem outras, exercidas em caráter secundário, fazendo nascer a ideia de atipicidade.

São funções atípicas: administrar e julgar. O Legislativo *administra* quando dispõe sobre sua organização, polícia e provimento de cargos de seus serviços.

Julga quando decide a respeito dos crimes de responsabilidade do Presidente da República, dos Ministros do Supremo Tribunal Federal e do Procurador-Geral da República, bem como dos Ministros de Estado nos crimes de responsabilidade conexos com aqueles praticados pelo Chefe do Executivo.

2. *A função fiscalizadora*

Duas competências fiscalizadoras são atribuídas ao Legislativo: uma, ampla e geral, que lhe permite indagar e questionar a respeito de todos os atos do Poder Executivo, inclusive os da administração indireta. É competência derivada da ideia segundo a qual os atos da administração devem ser acompanhados e fiscalizados pelo povo.

Até que ponto irá essa fiscalização?

A lei ordinária pode estabelecer um "processo" de fiscalização.

Note-se que a lei ordinária não estabelecerá "a fiscalização". Esta já é autorizada pela Constituição. O que a lei ordinária fará é estabelecer fórmulas, critérios, "processo" de fiscalização.

De toda sorte, para fiscalizar, impende o estabelecimento de um processo fiscalizatório.

Fique claro que o Legislativo, ao empreender a fiscalização, não pode ir ao ponto de questionar a conveniência e a oportunidade dos atos praticados pela administração.

Poderá ter acesso à máquina burocrática do Poder Executivo para conhecer o ato praticado na sua intimidade e, assim, tomar medidas de crítica ou de aplauso. Ainda mais: o processo de fiscalização poderá servir de base para a convocação de Ministros de Estado e outros agentes do Poder Executivo para prestarem esclarecimentos sobre assuntos determinados; por essa via, também poderá o parlamentar utilizar instrumentos constitucionais como a ação popular e o direito de petição e de representação visando à invalidação de determinados atos ou à indenidade do patrimônio público.

Outra competência fiscalizadora é a prevista no art. 70 do Texto Constitucional. Cuida-se da fiscalização financeira e orçamentária. Nesse mister o Congresso Nacional é auxiliado pelo Tribunal de Contas da União.[1]

Esclareça-se que todas as unidades administrativas estão sujeitas a esse controle. Assim a do Executivo, a do Legislativo e a do Judiciário.[2] Também deverá prestar contas qualquer pessoa, física ou jurídica, pública ou privada, que "utilize, arrecade, guarde, gerencie ou administre dinheiros, bens e valores públicos (...)". É o que se extrai do parágrafo único do art. 70.

3. *Os Tribunais de Contas*

O controle de contas do Executivo por órgão distinto dele é da tradição do nosso direito constitucional.

1. Nos Estados e nos Municípios também se opera essa fiscalização. Há Tribunais de Contas estaduais que auxiliam as Assembleias Legislativas e, também, as Câmaras Municipais.

2. O Legislativo e o Judiciário também gerem e aplicam dinheiro público.

A Constituição do Império não previa a existência de uma Corte de Contas, mas exigia a apresentação dos orçamentos a uma das Casas legislativas, a Câmara dos Deputados. Preceituava o seu art. 172: "O Ministro de Estado da Fazenda, havendo recebido dos outros Ministros os orçamentos relativos às despesas das suas repartições, fará na Câmara dos Deputados, anualmente, logo que esta estiver reunida, um balanço geral de todas as despesas públicas do ano futuro e da importância de todas as contribuições e rendas públicas".

O controle de contas, mediante ação fiscalizadora, foi, pois, desde o nascimento do Estado brasileiro, exercido pelo Poder Legislativo.

Mas o Tribunal de Contas ingressou no sistema jurídico nacional em 7.11.1890, por meio do Dec. 966-A.

E ganhou nível constitucional em 24 de fevereiro de 1891, quando o constituinte estabeleceu: "Art. 89. É instituído um Tribunal de Contas para liquidar as contas da receita e despesa e verificar a sua legalidade, antes de serem prestadas ao Congresso".

Verifica-se, já na primeira Constituição republicana, o intuito de institucionalizar o Tribunal de Contas como órgão auxiliar do Poder Legislativo, pois incumbia ao Congresso Nacional "... tomar as contas da receita e despesa de dado exercício financeiro".[3]

Da mesma forma, a Constituição de 1934: "Art. 102. O Tribunal de Contas dará parecer prévio, no prazo de trinta dias, sobre as contas que o Presidente da República deve anualmente prestar à Câmara dos Deputados".

A Constituição de 1937 não deixou claro que entre as competências do Legislativo estava a de examinar as contas dos gestores de dinheiros públicos, mas, ao estatuir prazo para a Câmara dos Deputados "... votar o orçamento", estava conferindo poder fiscalizador àquela Casa legislativa. O constituinte de 1937 não fugiu à regra tradicional do nosso Direito.

Igualmente estabeleceu a Constituição de 1946 (art. 77, § 4º), que deixou claro o caráter do órgão auxiliar do Poder Legislativo.

A Constituição de 1969, art. 70, dispôs: "Art. 70. A fiscalização financeira e orçamentária da União será exercida pelo Congresso Nacional mediante controle externo e pelos sistemas de controle interno do Poder Executivo, instituído por lei. § 1º. O controle externo do Congresso Nacional será exercido *com o auxílio* do Tribunal de Contas da União...".

Finalmente, a Constituição de 1988 dispõe: "Art. 71. O controle externo, a cargo do Congresso Nacional, será exercido com o auxílio do Tribunal de Contas da União (...)".

3. Constituição Federal de 1891, art. 34.

Igualmente, repete a Constituição do Estado de São Paulo: "Art. 87. A fiscalização financeira e orçamentária do Estado será exercida através de controle externo e dos sistemas de controle interno, na forma que a lei estabelecer. § 1º. O controle externo será exercido pela Assembleia, *com o auxílio* do Tribunal de Contas".

Já na vigência da Constituição de 1946, quando o Texto Constitucional não utilizava a expressão "auxílio" (vide arts. 76 e §§ e 77 e §§), a doutrina apontava o Tribunal de Contas como órgão componente do Poder Legislativo, na qualidade de seu auxiliar no exame das contas.

Fued Miguel Temer, que estudou a natureza de suas funções sob a égide daquela Constituição, ensina: "Serão, assim, jurisdicionais os atos de julgar as contas e os de julgar a legalidade dos contratos e das aposentadorias, reformas e pensões? Na estrutura constitucional brasileira, onde se enquadra o Tribunal de Contas? As respostas a estas questões hão de elucidar que o Tribunal de Contas somente pratica atos administrativos como *órgão auxiliar* do Poder Legislativo".[4]

Celso Antônio Bandeira de Mello, no seu insuperável trabalho *Natureza e Regime Jurídico das Autarquias*,[5] abonando a lição citada, escreve: "Poder-se-ia citar, ainda, o caso do Tribunal de Contas. É órgão do Legislativo e desempenha funções administrativas de controle como instrumento auxiliar daquele Poder".

Parece-nos, conforme a lição de Fued Miguel Temer, que "a conclusão a que se chega, por via da estrutura do Estado democrático e constitucional e do texto expresso da Constituição Federal, é que o Tribunal de Contas é órgão auxiliar do Congresso Nacional e pratica somente atos de natureza administrativa".

Outra não era, aliás, ainda sob o regime constitucional de 1946, a expressão da Lei federal 830, de 23 de setembro de 1949, sacramentadora do caráter auxiliar dimanado da Constituição: "Art. 1º. O Tribunal de Contas, órgão auxiliar do Poder Legislativo na fiscalização da administração financeira da União, especialmente na execução do orçamento, tem sua sede na Capital da República e jurisdição em todo o território nacional".

Resulta do exposto que o Tribunal de Contas é parte componente do Poder Legislativo, na qualidade de órgão auxiliar, e os atos que pratica são de natureza administrativa.

4. *Revista de Direito Público* 1/77.

5. P. 431.

Capítulo IV

O PROCESSO DE CRIAÇÃO DA LEI

1. Conceito de lei. 2. Fases do processo de criação da lei: a) Iniciativa; b) Discussão; c) Votação; d) Sanção ou veto; e) Promulgação; f) Publicação.

1. Conceito de lei

Cuidar-se-á, neste tópico, do processo de formação da lei ordinária.[1]

Lei é ato normativo produzido pelo Poder Legislativo segundo forma prescrita na Constituição, gerando direitos e deveres em nível imediatamente infraconstitucional.

Sua nota básica é a generalidade de seu conteúdo. Especifica-a o Executivo, *ao administrar, dar, executar* o disposto na lei.

Nem sempre, porém, as normas produzidas no Legislativo, veiculadas por lei, são genéricas e abstratas.

Há leis que produzem efeito, concretamente. São as chamadas *leis de efeitos concretos* que, materialmente, se qualificam como atos administrativos.

Não se deve confundi-las com as *leis autoexecutáveis*.

Lei *autoexecutável* é a que atinge o resultado desejado pelo legislador mediante dois procedimentos que se sucedem no tempo – a promulgação e o ato de execução, distinguindo-se por isso da lei que *não é autoexecutável,* a qual exige, para exaurir-se, três etapas sucessivas – a promulgação, a regulamentação e o ato de execução. Já as leis *de efeitos concretos* são,

1. Mais adiante descreveremos a forma de elaboração de cada espécie normativa. Não cogitaremos, aqui, nem mesmo da lei complementar, por entendermos que não se pode exigir prazo para sua apreciação e, ainda, porque o *quorum* para a sua aprovação é diverso daquele exigido para aprovação da lei ordinária.

como o nome indica, as que concretizam em si mesmas o objetivo do legislador, que se consumam no ato instantâneo da promulgação. As outras leis estatuem um comando impessoal e abstrato, que só mediante o ato de execução, em fase subsequente à promulgação, pode incidir sobre o direito individual, realizando o efeito previsto e desejado pelo legislador; ao passo que a *lei de efeito concreto* é o próprio ato administrativo revestido da roupagem formal da lei, consubstanciando num só corpo e num só momento a norma e a sua execução, uma e outra aperfeiçoadas no mesmo e único instante da promulgação, de tal forma que, publicada a lei, nada mais resta fazer-se para a sua efetiva aplicação.[2]

2. *Fases do processo de criação da lei*

a) Iniciativa: é o ato que deflagra o processo de criação da lei.

Podem iniciar esse processo: o Presidente da República, Deputado, Senador, Comissão da Câmara dos Deputados, Comissão do Senado Federal, Comissão do Congresso Nacional, o Supremo Tribunal Federal, os Tribunais Superiores (quando tratar-se de normas atinentes ao Judiciário) e o Procurador-Geral da República (quando tratar-se de normas referentes ao Ministério Público Federal). Também os cidadãos (iniciativa popular).[3] É o disposto no art. 61 da CF, que prevê a *iniciativa geral*. Ao lado desta, verifica-se a *iniciativa reservada*. Só o Presidente da República tem a iniciativa de leis que criem cargos, funções ou empregos públicos na administração direta e autárquica ou aumentem a remuneração; fixem ou modifiquem os efetivos das Forças Armadas; disponham sobre organização administrativa e judiciária, matéria tributária e orçamentária, serviços públicos e pessoal da administração dos Territórios; disponham sobre os servidores públicos da União e Territórios, seu regime jurídico, provimento de cargos, estabilidade e aposentadoria; disponham sobre organização do Ministério Público e da Defensoria Pública, criação, estruturação e atribuições dos Ministérios e órgãos da Administração Pública e sobre militares das Forças Armadas, seu regime jurídico, provimento de cargos, promoções, estabilidade, etc.

É *iniciativa reservada* à Câmara dos Deputados e ao Senado Federal dispor sobre projetos que criem ou extingam cargos de seus serviços e fixem os respectivos vencimentos (arts. 51, IV, e 52, XIII). Também se reserva aos Tribunais a iniciativa sobre a criação e extinção de cargos em

2. V. acórdão proferido em sessão plenária do TJSP no MS 804-0.

3. Também tem *iniciativa* a maioria absoluta dos membros da Câmara dos Deputados ou do Senado Federal sobre projetos que versem matéria que tenha sido objeto de projeto de lei anteriormente rejeitado, tudo numa mesma sessão legislativa (art. 67 da CF).

seus serviços auxiliares, bem como a fixação dos respectivos vencimentos (art. 96, II, "b").

Verifica-se, assim, que a iniciativa pode ser *ampla* (geral) ou *reservada*.

Anote-se que a iniciativa reservada aos Tribunais para propor projetos de lei significa que estes devem dirigir-se diretamente ao Poder Legislativo, propondo o projeto, sem a necessidade de fazê-lo passar, antes, pelo Poder Executivo. A Constituição confere essa competência ao Judiciário para que este, no particular, se relacione diretamente com o Legislativo.

Se o projeto é de iniciativa do Presidente da República e dos Tribunais Federais, será apresentado à Câmara dos Deputados, assim como se apresentado por Deputado; se oferecido por Senador, a discussão se inicia no Senado Federal.

b) Discussão: apresentado o projeto à Casa legislativa competente, passa-se à sua discussão. Esta se opera tanto nas comissões permanentes (a previsão das comissões encontra-se no art. 58) como, posteriormente, em plenário.

As comissões permanentes examinarão a constitucionalidade (aspecto formal) e o conteúdo (aspecto material).[4]

Discutido o projeto nas comissões, é remetido ao plenário para final discussão e votação.

Essa tramitação se opera tanto na Câmara dos Deputados quanto no Senado Federal. Se a segunda Câmara, incumbida de apreciar o projeto (chamada revisora pelo Texto Constitucional), aprovar o projeto, será enviado para sanção ou promulgação; se o emendar, deverá devolvê-lo à Casa iniciadora para que aprecie a emenda; se o rejeitar, será arquivado (art. 65 e parágrafo único).

De logo se vê que a Constituição atribuiu certa preponderância à Casa legislativa revisora no encaminhamento do processo legislativo. É que esta pode arquivar o projeto sem ouvir a Casa iniciadora.

A matéria constante de projeto de lei arquivado ou não sancionado somente poderá constituir objeto de novo projeto na mesma sessão legislativa (refere-se à sessão anual) mediante proposta da maioria absoluta dos membros da Câmara dos Deputados ou do Senado Federal. É, este, mais um caso de *iniciativa* conferida à maioria absoluta das Casas do Congresso

4. As Casas legislativas estabelecem, regimentalmente, comissões de constituição e justiça bem como outras especializadas na emissão de pareceres sobre a matéria abrigada no projeto de lei (saúde, educação, finanças públicas, obras etc.).

Nacional: só esta pode propor projeto de lei que abrigue matéria contida em anterior projeto rejeitado ou não sancionado.

O art. 63, I e II, inadmite emendas aos projetos de lei que aumentem a despesa prevista nos projetos cuja iniciativa seja da exclusiva competência do Presidente da República e naqueles referentes à organização dos serviços administrativos da Câmara, do Senado, dos Tribunais Federais e do Ministério Público.

Emendas que não aumentem a despesa poderão ser oferecidas?

Parece-nos que sim. Mesmo que se modifique, pela emenda, o objetivo desejado pelo proponente, ao dar início ao processo de formação da lei. O que a Constituição confere ao reservar iniciativa é a definição do momento em que se deva legislar sobre determinada matéria. O proponente do projeto é senhor da oportunidade. O mais se passa no interior do Poder Legislativo, no exercício constitucional de sua atividade inovadora da ordem jurídica em nível imediatamente infraconstitucional. Só não pode, por emenda, aumentar a despesa prevista no projeto.

c) Votação: discutido o projeto, passa-se à votação. Tratando-se de lei ordinária, a aprovação se verifica por maioria simples. O assunto é disciplinado pelo art. 47 da CF: "Salvo disposição constitucional em contrário, as deliberações de cada Casa e de suas Comissões serão tomadas por maioria dos votos, presente a maioria absoluta de seus membros".

Significa: só se instala a sessão deliberativa com a presença da maioria dos integrantes da Casa Legislativa. Esta é a maioria absoluta. Presente essa maioria, delibera-se. Aprova-se mediante voto favorável da maioria dos presentes à sessão. Trata-se da maioria simples.[5]

A votação, em certos casos, há de ser feita dentro do prazo fixado pelo Presidente da República. É que o art. 64, § 1º, autoriza o Presidente da República a remeter projetos de lei solicitando sua apreciação em prazo de 90 dias, sendo 45 em cada Câmara.

A inapreciação, nesse prazo, importa a inclusão do projeto na ordem do dia, sobrestando-se a deliberação dos demais assuntos até que se ultime a votação (art. 64, § 2º).

Não há, como se vê, aprovação por *decurso de prazo*. Há, isto sim, mecanismo constitucional que acaba por *obrigar* as Casas legislativas a

5. Exemplificativamente, sendo 100 os integrantes da Casa legislativa, a maioria absoluta é a de 51 membros. Presentes os 51, há *quorum*. A maioria simples equivale a 26 membros. Alerta-se para as hipóteses dos colegiados de números ímpares. Se é de 27 membros, a maioria absoluta é de 14 membros, ou seja, o primeiro número inteiro subsequente ao número obtido da divisão.

aprovarem projeto remetido com solicitação de urgência. Esta norma, por caracterizar-se como "princípio" atinente ao processo legislativo, permite a conclusão segundo a qual Estados, Distrito Federal e Municípios não podem adotar o regime de aprovação de projetos por decurso de prazo.

Temos, assim, que os projetos de lei podem tramitar: a) sem fixação de prazo; b) com fixação de prazo, em regime de urgência.

Assinale-se que o prazo de 90 dias pode dilatar-se para 100 dias. Se houver emenda ao projeto no Senado Federal, retorna ele à Câmara dos Deputados para sua apreciação no prazo de 10 dias. Somados com os 90 dias, fazem 100.

d) Sanção ou veto: não se pode olvidar, de outra parte, a adoção da tripartição do Poder, princípio albergado no art. 2º do Texto Constitucional. Um dos alicerces do sistema de tripartição do Poder – desde Montesquieu – é a ideia do inter-relacionamento entre eles com a finalidade de um Poder conter o outro, impedir exageros na atividade de cada qual, de molde a impedir ou desfigurar a razão mesma de sua adoção: a preservação dos direitos individuais.

Daí por que o Chefe do Poder Executivo participa do processo de elaboração da lei, seja pela *iniciativa*, momento em que se inicia aquele procedimento elaborativo, seja pela *sanção,* quando a ordem normativa é efetivamente inovada. Ou, ainda, pelo *veto*, quando se tenta impedir a modificação do sistema normativo.

Sanção é a aquiescência do Presidente da República aos termos de um projeto de lei.

A sanção pode ser expressa ou tácita. Será *expressa* quando o Presidente manifestar-se, concordando, no prazo de 15 dias. *Tácita*, quando silencia naquele prazo.

A sanção também pode ser *total* ou *parcial* conforme concorde, ou não, com a totalidade do projeto.

Vetar, na significação constitucional, é discordar dos termos de um projeto de lei. Para tanto, o Chefe do Executivo examina dois aspectos: constitucionalidade e interesse público. Verifica, pois, a *forma* e o *mérito.* O primeiro é prejudicial do segundo e, por isso, constitui preliminar de conhecimento do projeto. Antes de entrar no mérito, o Chefe do Executivo verifica se o projeto é consonante com a Constituição, se não a vulnera. Concluindo pela conformidade, examinará o mérito, o interesse público. Por isso, o veto há de ser, sempre, motivado, a fim de que se conheçam as razões que conduziram à discordância, se referentes à inconstitucionalidade ou à falta de interesse público ou, até, se por ambos os motivos. É o que se extrai da leitura do art. 66, § 1º, da CF.

O mesmo juízo deverá ser feito para sancionar o projeto, ou seja, para aquiescer aos termos do projeto.

Repita-se que o princípio haurido da teoria do Barão de Montesquieu – e adotado pela Constituinte – é o da harmonia da atividade dos vários Poderes, havendo muitos mecanismos de contenção de um pelo outro para evitar o indesejável desequilíbrio entre eles.

O veto, como manifestação de discordância, há de ser sempre motivado. Isto porque o Poder Legislativo, produtor último da lei, há de examinar – como dito – as *razões* que levaram ao veto do Chefe do Executivo para convencer-se delas, quando será mantido, ou, então, para inacolhê-las, quando será rejeitado (art. 66, § 4º, da CF).

Quais, entretanto, os limites do veto presidencial?

Em primeiro lugar, relembre-se que o veto pode ser *total* ou *parcial*, abrangendo, em consequência, a totalidade do texto do projeto ou parte dele (artigo, inciso, parágrafo, alínea).

Em segundo lugar, a ideia de *veto* encerra a de *eliminação*, de *exclusão*, de *vedação*. Nunca de *adição*, de *acréscimo*, de *adjunção*.

Esta concepção mais se reforça quando se sabe que a *produção* do projeto de lei se verifica no Legislativo. O Chefe do Executivo pode deflagrar o procedimento de formação da lei, pela iniciativa. Mas é só. Deflagrado aquele procedimento, o projeto se enforma no Legislativo. Lá será emendado com adições (se possível), subtrações ou substituições. Num dado momento – depois da votação – corporifica-se o projeto *criado* pelo Legislativo. Esse "projeto" é que é encaminhado ao Presidente da República, tal como preceitua o art. 66 do Texto Constitucional: "A Casa na qual tenha sido concluída a votação enviará o "projeto" de lei ao Presidente da República, que, aquiescendo, o sancionará". A mesma expressão é utilizada no § 1º do aludido art. 66: "Se o Presidente da República considerar o *projeto*, no todo ou em parte, inconstitucional ou contrário ao interesse público, vetá-lo-á, total ou parcialmente (...)".

Em síntese: o que o Presidente da República recebe para sancionar ou vetar é um projeto de lei que ganhou forma no Poder competente: o Legislativo.

Não pode impressionar o argumento da iniciativa: o Presidente pode, como visto, iniciar o procedimento de elaboração da lei, mas quem dá *corpo* ao projeto é o Legislativo. Acrescente-se – para reforçar – a ideia segundo a qual a manifestação constitucionalmente mais expressiva na formação da lei é a "vontade geral", derivada dos representantes do povo – que têm assento na Câmara dos Deputados – e dos Estados – que têm assento no Senado Federal.

O Presidente da República participa do projeto legislativo numa medida salutar e enriquecedora do princípio da independência e harmonia dos Poderes. Mas, indubitavelmente, o momento principal da elaboração legislativa ocorre nas Casas do Congresso Nacional, centros auscultadores da opinião pública e filtros da fermentação social.

Por tudo isto, é impossível o veto *aditivo* ou *restabelecedor*, isto é, o veto que adicione algo ao projeto de lei ou restabeleça artigos, parágrafos, incisos ou alíneas suprimidos pelo Congresso Nacional.

Uma palavra deve ser dita sobre o *veto parcial*, adotado na reforma constitucional de 1926.

Surgiu para impedir o que a doutrina chama de *riders*, de "caudas legais", que os membros do Legislativo faziam aderir aos projetos de lei de interesse do Executivo, por meio de emendas. Subsistente apenas o veto total, o Chefe do Executivo era obrigado, muitas vezes, a sancionar o projeto de lei com emendas indesejáveis. Ocorria, com frequência, no caso da lei orçamentária.

Adotado, com esse propósito salutar, em 1926 (nova redação dada ao art. 37, § 1º, da primeira Constituição Republicana), foi mantido nas Constituições subsequentes (de 1934, art. 45; de 1937, art. 66, § 1º; de 1946, art. 70, § 1º; de 1967, art. 62, § 1º).

A Constituição de 1988 dele cuida no art. 66, § 2º.

Qual é, no sistema vigente, o seu alcance? O Chefe do Executivo federal pode vetar palavras?

Há presentemente a impossibilidade do veto de palavras.

Pena que seja assim. A Constituição de 1969 não impedia o veto de palavras, o que é medida extremamente saudável. Pode ocorrer que o Chefe do Executivo concorde com o teor de um dispositivo, discordando apenas de uma palavra. Se isto ocorrer, o Presidente da República não tem outra solução: há de vetar, por inteiro, o dispositivo contenedor daquela palavra. Sua vontade, seja não vetando (quando deseja excluir uma palavra), seja vetando por inteiro o preceito (quando desejava excluir apenas uma palavra), estará, nitidamente, viciada.

Isto tudo decorreu de críticas que, sob a égide da Constituição anterior, foram feitas ao veto de palavras.

Costuma-se exemplificar com o veto de uma expressão negativa que venha a ser eliminada por meio de sua utilização, o que desfiguraria inteiramente o projeto de lei, fazendo afirmativo o que era negativo.

Assim, o fundamento doutrinário que alicerça a concepção de que o veto parcial deve ter maior extensão suporta-se na ideia de que, vetando *palavras* ou *conjunto de palavras*, o Chefe do Executivo pode desnaturar o projeto de lei, modificando o seu todo lógico, podendo, ainda, com esse instrumento, legislar. Basta – como se disse – vetar um advérbio negativo.[6]

Data venia, não é bom esse fundamento, uma vez que: a) o *todo* lógico da lei pode desfigurar-se também pelo veto, por inteiro, do artigo, do inciso, do item ou da alínea. E até com maiores possibilidades;[7] b) se isto ocorrer – tanto em razão do veto da palavra ou de artigo – o que se verifica é usurpação de competência pelo Executivo, circunstância vedada pelo art. 2º da CF; c) qual a solução para ambas as hipóteses? O constituinte as previu: aposto o veto, retorna o projeto ao Legislativo e este poderá rejeitá-lo, com o quê se manterá o todo lógico da lei. Objeta-se, entretanto: a rejeição do veto exige maioria absoluta e, por isso, uma minoria (1/3) poderá editar a lei que, na verdade, não representa a vontade do legislador. Responde-se: se isto suceder, qualquer do povo, incluídos os membros do Legislativo, do Executivo ou do Judiciário, pode representar aos legitimados constitucionalmente (art. 103, I a IX, da CF) para a promoção da representação de inconstitucionalidade daquela lei em face de usurpação de competência vedada pelo art. 2º da CF.

***e) Promulgação*:** à sanção segue-se a promulgação.

6. Entre os doutrinadores que defendem essa posição encontramos Manoel Gonçalves Ferreira Filho: "O veto parcial suscita um importante problema que é o da extensão que deve, ou pode, ter a impugnação. Em outras palavras, na intenção dos constituintes, o veto parcial não podia servir para subverter o sentido e o alcance do texto vetado pelo Legislativo. Não poderia, por isso, colher palavras ou frases isoladas no seu corpo, de modo a alterar profundamente a sua significação. De fato, a possibilidade de tais cortes, conjugando-se isso com a necessidade de dois terços para a rejeição do veto, o veto parcial serviria para que o Presidente impusesse, desde que contasse com o apoio de mais de trinta e três por cento dos parlamentares, medidas que repugnariam à esmagadora maioria da Câmara" (*Curso de Direito Constitucional*, pp. 131 e 132).

7. Escrevendo ainda sob o império da Carta Magna de 1967, quando não se permitia o veto de palavras, Nelson de Souza Sampaio vislumbra os problemas que podem surgir com a inadmissibilidade do veto de palavras, ou de trechos de um artigo, parágrafo ou alínea: "Essa disciplinação do veto parcial não deixará, porém, de criar alguns embaraços ao seu exercício. É o que se dará quando o *caput* de um artigo fizer remissão a um parágrafo que o Executivo deseje impugnar, dizendo, por exemplo, "ressalvado o disposto no parágrafo tal". Ou se sacrificará o *caput* também, ou a lei ficará troncha, fazendo alusão ao inexistente, caso o veto ao parágrafo seja aceito" (*O Processo Legislativo*, pp. 83-84).

Promulgar é atestar que a ordem jurídica foi inovada.[8]

A *promulgação* é o ato pelo qual o Executivo autentica a lei, isto é, atesta a sua existência, ordenando-lhe a aplicação e consequente cumprimento, por parte de terceiros, depois dessa providência, ensina Oswaldo Aranha Bandeira de Mello.[9]

Em regra, o Presidente da República é quem promulga a lei. Entretanto, na hipótese de rejeição de veto e, também, no caso de sanção tácita, se o Presidente não promulgar a lei dentro de 48 horas, a competência passa ao Presidente do Senado Federal e, se este não promulgá-la no mesmo prazo, fá-lo-á o Vice-Presidente do Senado Federal.

O que se poderia perguntar é se, passadas as 48 horas, o Presidente da República poderia promulgar o projeto de lei. Respondemos afirmativamente, pois o objetivo da prescrição do § 7º do art. 66 não é transferir a competência, mas autorizar outras autoridades a atestarem a existência da lei na omissão do Presidente. O objetivo é *suprir* e não *impedir* a manifestação do Chefe do Executivo.

***f) Publicação**:* a publicação visa a dar conhecimento a todos de que a ordem jurídica recebeu normação nova. Visa a impedir que se alegue ignorância da lei.

Busca, também, marcar o momento em que o cumprimento da lei passa a ser exigido (mesmo quando a lei indique o início de sua vigência).

Há de ser publicada em órgão oficial. Naquele que veicula, oficialmente, os atos do Poder Público. Nos locais onde não haja jornal oficial, considera-se publicado o ato governamental pelos meios em que rotineiramente se os veiculam no local (afixação de texto no quadro próprio da Câmara Municipal ou da Prefeitura, por exemplo).

Se o texto da lei for parcialmente publicado, far-se-á nova publicação do texto integral. Mas o que foi publicado parcialmente gera direitos e deveres?

A resposta é afirmativa.

É que o texto levado a conhecimento público retrata a decretação, a sanção e a promulgação anteriormente feitas.

8. Essa afirmação tem o efeito de salientar que a lei foi, antes, criada. A promulgação atesta a existência de algo já existente.

9. *Princípios Gerais de Direito Administrativo*, vol. I, p. 235.

Capítulo V

AS ESPÉCIES NORMATIVAS

1. Espécies normativas. 2. Emendas à Constituição. 3. Processo de criação da Emenda à Constituição. 4. Lei complementar e lei ordinária. 5. Processo de criação da lei complementar e da lei ordinária. 6. Peculiaridades do processo de criação da lei ordinária. 7. Leis delegadas. 8. Processo de criação da lei delegada. 9. Medidas provisórias. 10. Processo de criação da medida provisória. 11. Decreto legislativo. 12. Processo de criação do decreto legislativo. 13. Resoluções. 14. Processo de criação das resoluções.

1. *Espécies normativas*

Vêm arroladas no art. 59 da CF. São: I – emendas à Constituição; II – leis complementares à Constituição; III – leis ordinárias; IV – leis delegadas; V – medidas provisórias; VI – decretos legislativos; e VII – resoluções.

2. *Emendas à Constituição*

Examinemos a emenda à Constituição.

Sabemos que há um escalonamento de normas. A lei se submete à Constituição, o regulamento se submete à lei, a instrução do Ministro se submete ao decreto, a resolução do Secretário de Estado se submete ao decreto do Governador, a portaria do chefe de seção se submete à resolução secretarial. Há hierarquia de atos normativos, e no ápice do sistema está a Constituição. A emenda à Constituição é, enquanto projeto, um ato infraconstitucional: só ingressando no sistema normativo é que passa a ser preceito constitucional e, daí, sim, da mesma estatura daquelas normas anteriormente postas pelo constituinte.

Como é que ela pode ingressar no sistema alçando-se à condição de norma constitucional? Na medida em que seja produzida segundo uma forma e versando conteúdo antes posto pelo constituinte. Tanto isto é verdade que o art. 60, §§ 1º e 4º, fixa vedações de natureza *circunstancial* e vedações de natureza *material*.

Com efeito, no § 4º do art. 60 encontramos a expressão: "não será objeto de deliberação a proposta de emenda tendente a abolir a forma federativa de Estado; o voto direto, secreto, universal e periódico; a separação de Poderes e os direitos e garantias individuais". São matérias intocáveis pelo legislador constituinte. Em outras palavras, a rigidez constitucional, nessas matérias, ocupa grau máximo.

De outro lado, no § 1º, encontram-se as vedações *circunstanciais*. Na circunstância do estado de sítio ou na circunstância do estado de defesa ou, ainda, na intervenção federal, não se pode modificar a Constituição Federal. Em outras palavras: o legislador reformador, que tem assento no Congresso Nacional, submete-se aos ditames constitucionais; submete-se àquilo que antes positivou o legislador constituinte ordinário, aquele que criou o Estado, aquele que estabeleceu a Constituição.

A emenda constitucional, por sua vez, só pode ingressar no sistema se obedecer a *processo* determinado, o qual vem arrolado no art. 60, I a III, e §§ 2º e 3º.

Assim, projeto de emenda só pode converter-se em norma constitucional se obediente a processo legislativo especialmente previsto e abrigando conteúdo não destoante do texto constitucional.

Evidentemente, se uma emenda constitucional trouxer modificação, por exemplo, do sistema tributário, vulnerando princípios, ou em desobediência à forma determinada para sua produção, não se admite sua introdução na Constituição. Se vier a introduzir-se, é passível de declaração de inconstitucionalidade.

Convém notar que o texto constitucional abriga vedações explícitas e implícitas.

As *explícitas* são aquelas já mencionadas.

As *implícitas* são as que dizem respeito à forma de criação de norma constitucional bem como as que impedem a pura e simples supressão dos dispositivos atinentes à intocabilidade dos temas já elencados (art. 60, § 4º, da CF).

3. *Processo de criação da Emenda à Constituição*

Têm a *iniciativa* do projeto de emenda à Constituição: o Presidente da República (art. 60, II); os Deputados e Senadores, devendo a proposta, neste caso, ter assinatura de 1/3 dos membros da Câmara dos Deputados ou do Senado Federal (art. 60, I) ou mais da metade das Assembleias Legislativas das unidades da Federação, cada uma manifestando-se pela maioria relativa de seus membros (art. 60, III).

A proposta de emenda é discutida e votada em cada Casa do Congresso Nacional, em dois turnos. Considera-se aprovada se obtiver, em ambos, 3/5 dos votos dos membros de cada uma das Casas (art. 60, § 2º).

Inexiste *sanção* no caso de Emendas Constitucionais. A decisão é, soberanamente, do Congresso Nacional, que exerce a representação popular e dos Estados, na reformulação da estrutura estatal.

Votado e aprovado o projeto, passa-se à *promulgação*, efetivada pelas Mesas da Câmara dos Deputados e do Senado Federal, com o número de ordem sequente a anteriores emendas.

Sobre a *publicação* o Texto Constitucional silencia. Há de entender-se, entretanto, que essa competência é do Congresso Nacional.

4. Lei complementar e lei ordinária

A segunda espécie normativa é a lei complementar à Constituição, que analisaremos juntamente com a lei ordinária. A lei complementar à Constituição foi, durante muito tempo, e ainda é, por muitos doutrinadores, tida por norma intercalar entre a Constituição e a lei ordinária, ou seja, como uma norma que ocupa uma posição de prevalência constitucional, como uma norma à qual se submete hierarquicamente a lei ordinária. Muitos sustentaram que a lei complementar, escalonada no art. 59, vinha antes da lei ordinária e, por isso, seria hierarquicamente superior. Outros sustentaram e chegaram a indicar no Texto Constitucional algumas hipóteses em que a lei ordinária se submeteria à lei complementar.

Na verdade, para o desate desta questão, é preciso saber o que é *hierarquia* para o Direito.

Hierarquia, para o Direito, é a circunstância de uma norma encontrar sua nascente, sua fonte geradora, seu ser, seu engate lógico, seu fundamento de validade, numa norma superior. A lei é hierarquicamente inferior à Constituição porque encontra nesta o seu fundamento de validade. Aliás, podemos falar nesse instrumento chamado lei, porque a Constituição o cria. Tanto isto é verdade que o Supremo Tribunal Federal, ao declarar que uma lei é inconstitucional, está dizendo: “aquilo que todos pensaram que era lei, lei não era”, dado que *lei* é instrumento criado pelo Texto Constitucional. Pois bem, se hierarquia assim se conceitua, é preciso indagar: lei ordinária, por acaso, encontra seu fundamento de validade, seu engate lógico, sua razão de ser, sua fonte geradora, na lei complementar? Absolutamente, não!

A leitura do art. 59, III, indica que as leis ordinárias encontram seu fundamento de validade, seu ser, no próprio Texto Constitucional, tal qual as leis complementares que encontram seu engate lógico na Constituição. Portanto, não há hierarquia entre a lei complementar e a lei ordinária.

Pode surgir a seguinte indagação: por que o constituinte estabeleceu, de um lado, a lei complementar e, de outro lado, a lei ordinária? Qual a razão dessa distinção? Não seria efetivamente em razão de hierarquia?

A resposta está no seguinte: o constituinte estabelece documento que é sintético. São as sumas, são as vigas mestras do sistema. O desdobramento para o cumprimento da Constituição deve ser observado pelo legislador infraconstitucional. Portanto, num *sentido amplo*, todas as leis, todas as espécies normativas, são complementares à Constituição. Isto é, se os limites constitucionais não forem obedecidos, não podem ingressar no sistema. Assim, quando se diz complementar – em sentido lato – significa desdobramento de norma constitucional.

Mas o constituinte criou espécie determinada e a rotulou de lei complementar.

Qual a diferença entre ela e a lei ordinária?

A diferença reside em dois pontos bem claros.

O primeiro é o âmbito material de sua abrangência. Com efeito, em vários dispositivos o constituinte prescreve: "lei complementar disporá sobre isto ou aquilo". "A criação de Estado depende de lei complementar." Poder-se-ia objetar: "mas todas as demais matérias contidas na Constituição também dependem de lei e o legislador estabelece normas, preceitos, também sobre estas matérias". É que, no tocante às leis complementares, em razão do disposto no art. 69 da CF, são aprováveis por maioria absoluta, o que se opõe à maioria simples.

É do confronto entre o art. 69 e o art. 47 da CF que se apura a distinção entre *maioria simples* e *maioria absoluta*. O art. 47 fornece os parâmetros para esta distinção ao estipular: "Salvo disposição constitucional em contrário, as deliberações de cada Casa e de suas Comissões serão tomadas por maioria de votos, presente a maioria absoluta de seus membros." Se há 100 integrantes numa Casa Legislativa e 51 estão presentes, há o que se chama de *quorum*. Uma lei ordinária é aprovável, segundo o art. 47, por 26 votos, isto é, mais da metade dos presentes à sessão.

Já, entretanto, o art. 69 exige a "maioria absoluta". Qual é a maioria absoluta, nesse exemplo? É o número de 51 membros. É "mais da metade" dos integrantes da Casa Legislativa, esclarecendo-se que essa metade é entendida como o primeiro número inteiro subsequente obtido depois da divisão.

Isto significa que a aprovação de lei complementar demanda manifestação de vontade mais qualificada do que a manifestação de vontade que se exige para aprovação de uma lei ordinária (26 votos têm uma expressão, 51 votos têm outra expressão, têm outro significado). E por que o constituinte estabeleceu esta distinção? É porque, na verdade, valorizou estas matérias. Deu-lhes maior relevo. Sendo essas matérias relevantíssimas (ao modo de ver do constituinte), estabeleceu fórmula que exige uma aprovação especial, manifestação mais significativa.

Portanto, a lei complementar se suporta nestes dois pontos: no âmbito material predeterminado pelo constituinte e no *quorum* especial para sua aprovação, que é diferente do *quorum* exigido para aprovação da lei ordinária.

A distinção entre a lei ordinária e a lei complementar reside no *âmbito material* expressamente previsto, que, por sua vez, é reforçado pela exigência de um *quorum* especial para a sua aprovação.

A lei ordinária tem outro campo material. Qual é o campo material da lei ordinária?

Podemos chamar de campo residual. Isto é: campo que não foi entregue expressamente ao legislador complementar, nem ao editor do decreto legislativo e das resoluções.

É por exclusão, pois, que se alcança o âmbito material da lei ordinária.

Não há hierarquia alguma entre a lei complementar e a lei ordinária. O que há são âmbitos materiais diversos atribuídos pela Constituição a cada qual destas espécies normativas.

5. *Processo de criação da lei complementar e da lei ordinária*

Têm *iniciativa* dos projetos de lei complementar e de lei ordinária: o Deputado, o Senador, Comissão da Câmara dos Deputados, Comissão do Senado Federal, Comissão do Congresso Nacional, o Presidente da República, o Supremo Tribunal Federal e Tribunais Superiores, o Procurador-Geral da República e os cidadãos (iniciativa popular) (art. 61).

A *discussão* se opera na Câmara dos Deputados e no Senado Federal (arts. 64 e 65).

A *votação*, visando à aprovação, no caso da lei ordinária, se dá por maioria simples (art. 47); no caso de lei complementar, por maioria absoluta (art. 69).

A *sanção* é da competência do Presidente da República (art. 66) tanto no caso da lei complementar como da lei ordinária.

A *promulgação* cabe ao Presidente da República. Ressalva-se a hipótese em que haja veto com sua subsequente rejeição. Nesse caso, se a lei não for promulgada dentro de 48 horas pelo Presidente da República, o Presidente do Senado a promulgará e, se este não o fizer no prazo de 48 horas (contadas a partir do escoamento do prazo de 48 horas conferido ao Presidente da República), a promulgação competirá ao Vice-Presidente do Senado (art. 66, § 7º). O mesmo procedimento será seguido no caso de sanção tácita, se, após 48 horas, o Presidente não promulgar a lei.

A *publicação*, tanto da lei complementar quanto da lei ordinária, caberá a quem a tenha promulgado.

6. Peculiaridades do processo de criação da lei ordinária

Não se pode estudar o processo de criação da lei ordinária sem atentar para procedimentos diversos que a Constituição estabelece.[1]

São eles: a) leis de tramitação sem prazo; b) leis de tramitação com prazo, em regime de urgência.

Quanto aos projetos de leis de tramitação *sem prazo*, para sua apreciação, o processo legislativo aplicável é aquele já escrito no tópico anterior.

Quanto aos projetos de lei ordinária de tramitação *com prazo* a *iniciativa* é do Presidente da República, pois é este que pode enviar ao Congresso Nacional projetos de lei fixando prazo para sua apreciação: 45 dias pela Câmara dos Deputados mais 45 dias pelo Senado Federal. Estes os termos em que se processa a discussão, sendo certo que, se houver emendas no Senado, a sua apreciação se fará no prazo de 10 dias pela Câmara dos Deputados. Esse prazo de 10 dias significa que o prazo fixado em 90 dias pode dilatar-se a 100. Esses prazos, por sua vez, não correm nos períodos de recesso do Congresso Nacional. Significa que se interrompem para prosseguir a contagem após o recesso.

Quando há fixação de prazo a votação há de ser feita naquele período. Caso contrário, o projeto será incluído na ordem do dia, sobrestando-se a deliberação quanto aos demais assuntos até que se ultime a votação. É fórmula coercitiva estabelecida para obrigar o Congresso a apreciar expressamente o projeto de lei.

1. Eugênio Doin Vieira, no mestrado da PUC-SP, ofereceu, como trabalho final da disciplina "Direito Constitucional", magnífico estudo sobre o assunto.

A *sanção* e a *promulgação* serão feitas nos termos descritos no tópico anterior.

7. Leis delegadas

As leis delegadas derivam de exceção ao princípio da indelegabilidade de atribuições.

A lei delegada, prevista no art. 59, IV, e depois no art. 68 da Constituição, é exceção ao princípio da indelegabilidade de atribuições de um Poder para outro Poder. No art. 68, o constituinte afirma: "As leis delegadas serão elaboradas pelo Presidente da República, que deverá solicitar a delegação ao Congresso Nacional". É uma *delegação "externa corporis"*, ou seja, para fora do corpo do Poder Legislativo.

Delegar atribuições, para o constituinte, significa retirar parcela de atribuições de um Poder para entregá-lo a outro Poder.

Delegação de atribuição, segundo o Texto Constitucional, se verifica com o deslocamento de parcela de atribuição do Legislativo, por vontade deste, para outro Poder, o que se dá na delegação *externa corporis*. Na que autoriza o Presidente da República a editar lei. Delegação de atribuições é, efetivamente, a transferência de parte da atividade legislativa ao Presidente da República.

A delegação ao Presidente da República se faz por meio de resolução do Congresso Nacional (art. 68, § 2º).

Por outra parte, só é possível delegar ao Presidente da República se este solicitar. Em outras palavras: o Legislativo não pode *obrigar* o Presidente da República a legislar.

Ainda são indelegáveis os atos de competência exclusiva do Congresso Nacional (aqueles arrolados no art. 49); os de competência exclusiva da Câmara dos Deputados (arrolados no art. 51); os de competência exclusiva do Senado Federal (arrolados no art. 52) e as leis sobre organização do Poder Judiciário e do Ministério Público, a legislação sobre nacionalidade, cidadania, direitos individuais, políticos, eleitoral e sobre planos plurianuais, diretrizes orçamentárias e orçamento. São indelegáveis, também, as matérias reservadas à lei complementar.

8. Processo de criação da lei delegada

Somente mediante a *iniciativa solicitadora* do Presidente da República é que se pode deflagrar o processo de criação da lei delegada mediante a expedição de resolução autorizadora por parte do Congresso Nacional.

Dependendo do estabelecido na resolução autorizadora, que especificará seu conteúdo e os termos de seu exercício, haverá ou não apreciação do projeto pelo Congresso Nacional. Se a resolução não determinar essa apreciação, dispensa-se a sanção, passando-se à promulgação.

Mesmo que a resolução determine a apreciação pelo Congresso Nacional, parece-nos dispensável a sanção, porque o conteúdo do projeto de lei delegada não se alterará, visto que se fará em votação única, vedada qualquer emenda (art. 68, § 3º).

Não se veta, em consequência, projeto de lei delegada. É ilógico pensar-se que o Presidente vetaria aquilo que ele próprio elaborou.

9. *Medidas provisórias*

As medidas provisórias estão previstas no art. 62 da Constituição.

É exceção ao princípio de que ao Legislativo incumbe editar atos que obriguem. A medida provisória não é lei, é ato que tem a "força da lei". Por que não é lei? Lei é ato nascido no Poder Legislativo que se submete a um regime jurídico predeterminado na Constituição, capaz de inovar originariamente a ordem jurídica, ou seja, criar direitos e deveres. Notem a primeira afirmação: "é ato nascido no Poder Legislativo", capaz de criar direitos e obrigações. A medida provisória também cria direitos e obrigações, também obriga, porque o constituinte permitiu exceção ao princípio doutrinário segundo o qual legislar incumbe ao Legislativo. Não é lei, porque não nasce no Legislativo. Tem a força de lei, embora emane de uma única pessoa, é unipessoal, não é fruto de representação popular, estabelecida no art. 1º, parágrafo único ("todo o poder emana do povo"). Medida provisória não é lei.

A Constituição italiana foi o modelo inspirador do constituinte brasileiro. Ocorre, entretanto, que entre as *medidas provisórias* da Itália e as do Brasil há grande diferença. Lá o sistema do governo é parlamentar e a Constituição prescreve que o "Governo" (no caso, o Gabinete, por meio do Primeiro-Ministro) editará a *medida provisória* sob sua *responsabilidade*. O que é *responsabilidade* no sistema parlamentar? É aquela de natureza *política*. Portanto, o que ocorre se a medida provisória não for aprovada pelo Parlamento italiano? O Gabinete (Governo) cai. Mais ainda: a Constituição italiana *faculta* ao Parlamento – se não aprovada a medida provisória – a regulamentação das relações jurídicas dela decorrentes. Usa a expressão "podendo". Aqui obriga-se. A expressão utilizada é imperativa: "devendo" o Congresso Nacional regulamentar as relações jurídicas dela decorrentes se a medida provisória não for aprovada. Por outro lado, também não prevê a nossa Constituição a responsabilidade política do Presidente da República no caso de não aprovação da *medida provisória.*

Por isso, tenho salientado que a medida provisória pouco difere do decreto-lei previsto na Constituição anterior. E com uma agravante: o decreto-lei somente poderia versar sobre matérias determinadas: segurança nacional, criação de cargos públicos, inclusive fixação de vencimentos, finanças públicas e normas tributárias. Para as medidas provisórias não há essa limitação. Por isso, já salientei, antes da Emenda Constitucional n. 32 de 11.9.2001, que a medida provisória pouco diferia do decreto-lei previsto na Constituição anterior.

Para as medidas provisórias não havia qualquer limitação, antes da aludida Emenda Constitucional n. 32/2001. Agora há, em razão dessa Emenda.

Hoje não se pode editar Medida Provisória sobre matérias relativas a:

a) nacionalidade, cidadania, direitos políticos, partidos políticos e direito eleitoral;

b) direito penal , processual penal e processual civil:

c) organização do Poder Judiciário e do Ministério Público, a carreira e a garantia de seus membros;

d) planos plurianuais, diretrizes orçamentárias, orçamento e créditos adicionais e suplementares, ressalvado o previsto no art. 167, § 3º (inc. I, do art. 62).

Também é proibida a edição de Medida Provisória:

II – que vise à detenção ou sequestro de bens, de poupança popular ou qualquer outro ativo financeiro;

III – reservada a lei complementar;

IV – já disciplinada em projeto de lei aprovado pelo Congresso Nacional e pendente de sanção ou veto do Presidente da República.

Finalmente, as medidas provisórias só podem ser editadas pelo Presidente da República. Não podem adotá-las os Estados e os Municípios. É que a medida provisória é exceção ao princípio segundo o qual legislar compete ao Poder Legislativo. Sendo exceção, a sua interpretação há de ser restritiva, nunca ampliativa.[2]

Questão interessante a ser enfrentada é a seguinte: o que ocorre com a lei anterior, que cuidava de matéria que venha a ser veiculada por medida provisória?

2. Abandonamos posição anterior que sustentamos até a 8ª edição deste compêndio quando dizíamos da possibilidade da adoção, por Estados e Municípios, da medida provisória.

A edição da medida provisória paralisa temporariamente a eficácia da lei que versava a mesma matéria. Se a medida provisória for aprovada, se opera a revogação. Se, entretanto, a medida provisória for rejeitada, restaura-se a eficácia da norma anterior. Isto porque, com a rejeição, o Legislativo expediu ato volitivo consistente em repudiar o conteúdo daquela medida provisória, tornando subsistente anterior vontade manifestada de que resultou a lei antes editada.

10. Processo de criação da medida provisória

A medida provisória tem a particularidade de nascer como diploma normativo pela tão só manifestação do Chefe do Executivo.

A *discussão* é posterior. Já em vigor, produzindo efeitos, é submetida ao Congresso Nacional, que deverá apreciá-la para aprová-la ou rejeitá-la no prazo de 60 dias a contar de sua publicação.

A *aprovação* há de ser expressa, no prazo aludido.

A aprovação converte medida provisória em lei. A não apreciação importa rejeição. Rejeitada, o Congresso Nacional deve regulamentar as relações jurídicas que dela decorram. E o instrumento para essa regulamentação é o Decreto Legislativo.

A Emenda Constitucional n. 32 de 11.9.2001 modificou radicalmente o processo de tramitação da medida provisória para a sua conversão em lei, alterando, também, o seu prazo de validade e impedindo a sua reedição. Agora, fala-se em *prorrogação*. Na reedição poder-se-ia alterar o conteúdo da medida provisória. Na *prorrogação* se estabelece, apenas, mais um prazo de validade que é, igualmente, de 60 dias, sem a possibilidade de alteração.

Esse prazo máximo de 120 dias (60 dias + 60 dias), contado a cada publicação, só se suspende durante o período de recesso do Congresso Nacional.

A votação das medidas provisórias se inicia na Câmara dos Deputados. Comissão Mista de Deputados e Senadores as examinarão e sobre elas emitirão pareceres, especialmente sobre o atendimento de seus pressupostos constitucionais (relevância e urgência).

A Emenda Constitucional n. 32/2001 estabelece que se a medida provisória não for apreciada em até 45 dias contados de sua publicação entrará em regime de urgência, subsequentemente, em cada uma das Casas do Congresso Nacional, ficando sobrestadas, até que ultime a votação, todas as demais deliberações legislativas da Casa em que estiver tramitando (art. 62, § 6º, com a redação dada pela aludida Emenda).

A expressão *subsequentemente* pode gerar a ideia de que a Câmara dos Deputados tem 45 dias e o Senado Federal outros 45 dias, sucessivamente, para, só então, sofrer a consequência do sobrestamento das demais proposições. Esta seria a interpretação literal, que nem sempre é a melhor. Anoto que a Emenda Constitucional alude a um prazo de 60 dias, o que faz supor a necessidade de conclusão do processo legislativo atinente à medida provisória nesse prazo máximo. Ora, a soma de 45 + 45 dias importa 90 dias, o que excede o prazo constitucionalmente fixado para a validade inaugural da medida provisória.

Indispensavelmente haverá um prazo para apreciação pela Comissão Mista de Deputados e Senadores, outro para a Câmara dos Deputados e outro ainda para o Senado Federal, tudo no lapso temporal de 60 dias.

Desaprovada a medida provisória, ou não examinada no prazo de 60 dias prorrogados por mais 60, perde ela sua eficácia desde a sua edição, demandando decreto legislativo para disciplinar as relações jurídicas que dela decorreram.

Entretanto, enquanto não editado o decreto legislativo, até 60 dias após a rejeição ou perda de eficácia da provisória, as relações jurídicas constituídas e decorrentes de atos praticados durante sua vigência conservar-se-ão por ela regidas (art. 62, § 11).

Se o Projeto de Lei de conversão da medida provisória alterar o seu texto, esta manter-se-á integralmente em vigor até que seja sancionado ou vetado o projeto (art. 62, § 12). Parece-me que apenas no caso de alteração é que se exige manifestação do Presidente da República mediante sanção ou veto. Se a medida provisória for convertida em Lei sem alteração, basta a publicação da nova lei, que só fará dar sequência à ordem jurídica inovada pela medida provisória, desde a sua edição.

Finalmente, veda-se a adoção de Medida Provisória para regulamentar artigo da Constituição cuja redação tenha sido alterada por meio de Emenda publicada a partir de 1.1.1995 até a promulgação da Emenda Constitucional de 11.9.2001 (CF, art. 246).

Registre-se que a regulamentação estabelecida na Emenda Constitucional n. 32/2001 se dirige apenas àquelas Medidas Provisórias editadas após a sua promulgação. As anteriores se regem pelo sistema anterior.

Há que se fazer uma pergunta.

Quais as deliberações legislativas que ficam sobrestadas? Serão todas as espécies normativas ou apenas aqueles projetos de leis ordinárias cujo conteúdo material seja permitido à medida provisória?

Adicionei às últimas edições deste livro interpretação que dei, no ano de 2009, quando assumi a Presidência da Câmara dos Deputados, com os fundamentos que se seguem, reproduzindo despacho verbal que proferi em Sessão Plenária, quando concluí que o trancamento da pauta a que alude o art. 62, § 6º, refere-se apenas às deliberações legislativas que versem matérias permitidas às medidas provisórias.

Segue parte daquele despacho:

"Fechada a explicação de natureza política, quero dar explicação de natureza jurídica que me leva a esse destrancamento. A primeira afirmação que quero fazer, agora sob o foco jurídico, é de natureza genérica. Aliás, na verdade, duas afirmações de natureza genérica.

"A primeira é que a Constituição – sabemos todos – inaugurou, política e juridicamente, um Estado Democrático de Direito. Não precisamos ressaltar que ela nasceu como fruto do combate ao autoritarismo. Não precisamos ressaltar que ela surgiu para debelar o centralismo. Não precisamos ressaltar que ela surgiu para igualar os poderes e, portanto, para impedir que um dos poderes tivesse atuação política e juridicamente superior a de outro poder, o que ocorria no período anterior ao da Constituinte de 1988.

"Quando digo que se quis um Estado Democrático de Direito, estou reproduzindo o texto constitucional. A Constituição, logo na sua abertura, diz que o Brasil é um Estado Democrático de Direito. Bastaria dizer Estado Democrático. Bastaria dizer Estado de Direito, mas repisou: 'É um Estado Democrático de Direito'. Na sequência, estabeleceu igualdade entre os poderes do Estado. Ou seja, eliminou aquela ordem jurídica anterior, que dava prevalência ao Poder Executivo e, no particular, ao Presidente da República.

"Ao distribuir as funções do Estado, a soberania popular, expressada na Constituinte, estabeleceu funções distintas para órgãos distintos. Para dizer uma obviedade, o Executivo executa, o Legislativo legisla e o Judiciário julga. Portanto, a função primacial, primeira, típica, identificadora de cada um dos poderes é esta: execução, legislação e jurisdição. No caso do Legislativo, a atividade é entregue ao órgão do poder chamado Poder Legislativo. Pode haver exceção a esse princípio? Digo eu: pode e há. Tanto que, em matéria legislativa, o Poder Executivo, por meio do Presidente da República, pode editar medidas provisórias com força de lei, na expressão constitucional. É uma exceção ao princípio segundo o qual ao Legislativo incumbe legislar.

"Sabemos que, quando há exceção a um determinado princípio, a interpretação não pode ser ampliativa. Ao contrário. A interpretação é restritiva. Toda e qualquer exceção retirante de uma parcela de poder de um dos órgãos de governo, de um dos órgãos do Poder para outro órgão de governo só pode ser interpretada restritivamente.

"Então, registrado que há uma exceção, vamos ao art. 62, § 6º, e lá verificamos o seguinte: que a medida provisória, se não examinada no prazo de 45 dias, sobrestará todas as demais deliberações legislativas na Casa em que estiver tramitando. Aí surge uma pergunta: de que deliberação legislativa está tratando o texto constitucional?

"Faço mais uma consideração genérica. A interpretação mais prestante do texto constitucional é a interpretação sistêmica. Quer dizer, eu só consigo desvendar os segredos de um dispositivo constitucional se encaixá-lo no sistema. É o sistema que permite a interpretação correta do texto. A interpretação literal – para usar um vocábulo mais forte – é a mais pedestre das interpretações.

"Então, se eu ficar na interpretação literal, 'todas as deliberações legislativas', eu digo: nenhuma delas pode ser objeto de apreciação. Mas não é isso o que diz o texto. Eu pergunto e a pergunta é importante: medida provisória pode versar sobre matéria de lei complementar? Não pode. Há uma vedação expressa no texto constitucional. A medida provisória pode modificar a Constituição? Não pode. Só a emenda constitucional pode fazê-lo. A medida provisória pode tratar de uma matéria referente a decreto legislativo, como, por exemplo, declarar guerra ou fazer paz, que é objeto de decreto legislativo? Não pode. A medida provisória pode editar resolução sobre o Regimento Interno da Câmara ou do Senado? Não pode. Isto é matéria de decreto legislativo e de resolução.

"Aliás, aqui faço um parêntese: imaginem o que significa o trancamento da pauta. Se hoje estourasse um conflito entre Brasil e outro país e o Presidente mandasse uma mensagem para declarar a guerra, não se poderia expedir o decreto legislativo, porque a pauta está trancada até maio. Então, a Câmara dos Deputados avisaria: 'Só a partir do dia 15 ou 20 de maio poderemos apreciar esse decreto legislativo'.

"Em face dessas circunstâncias, a interpretação que se dá a essa expressão 'todas as deliberações legislativas' é a seguinte: todas as deliberações legislativas ordinárias. Ademais disso, mesmo no tocante às leis ordinárias, algumas delas são excepcionadas. O art. 62, nos incisos I e II, ao tratar das leis ordinárias que não podem ser objeto de medida provisória, estabelece aquelas sobre nacionalidade, cidadania e outros tantos temas que estão elencados naqueles incisos. Então, nessas matérias também, digo eu, não há trancamento de pauta.

"Esta interpretação, como se percebe, é uma interpretação do sistema constitucional. O sistema constitucional nos indica, sob pena de termos que dizer o seguinte: 'a Constituinte de 1988 não produziu o Estado Democrático de Direito; a Constituinte de 1988 não produziu a igualdade entre os órgãos do Poder. A Constituinte de 1988 produziu um sistema de separação de Poderes, em que o Poder Executivo é mais relevante, é maior politicamente do que o Legislativo. Tanto é maior que basta um gesto excepcional de natureza legislativa para paralisar as atividades do Poder Legislativo'. Poderíamos até exagerar e dizer: 'Na verdade, o que se quis foi apenar o Poder Legislativo'. Ou seja, se o Legislativo não examinou essa medida provisória, que nasceu do Poder Executivo, o Legislativo paralisa as suas atividades e passa naturalmente a ser chicoteado pela opinião pública.

"Por isso que, ao dar esta interpretação, o que quero significar é que as medidas provisórias evidentemente continuarão na pauta das sessões ordinárias, e continuarão trancando a pauta das sessões ordinárias. Não trancarão a pauta das sessões extraordinárias, quando poderão ser votadas Emendas à Constituição, leis complementares, decretos legislativos, resoluções e leis ordinárias que versem matérias vedadas às medidas provisórias."

11. Decreto legislativo

Essa espécie normativa tem como conteúdo, basicamente, as matérias de competência exclusiva do Congresso Nacional (art. 49). A leitura do art. 49 evidencia que, por decreto legislativo, sc referendam atos do Presidente da República, aprovam-se os que dependem de sua prévia autorização, que digam respeito aos seus interesses, que apreciem contas do Presidente da República.

12. Processo de criação do decreto legislativo

Há hipóteses em que a deflagração do processo formativo depende do Presidente da República, em outras depende da iniciativa de membro ou comissão do Congresso Nacional.

A *discussão* se passa no Congresso Nacional.

A *aprovação* se dá por maioria simples (art. 47).

Sendo de competência exclusiva do Congresso Nacional, não há *sanção*.

A *promulgação* é feita pelo Presidente do Senado Federal, que o manda *publicar.*

13. Resoluções

Os atos normativos veiculados por resoluções são, em regra, definidos pelos regimentos das Casas Legislativas e pelo Regimento do Congresso Nacional. O constituinte não definiu quais os atos que serão veiculados por resoluções. Uma única menção: no caso da delegação ao Presidente da República para que elabore a lei. É o art. 68, § 2º, da CF: "A delegação ao Presidente da República terá a forma de resolução do Congresso Nacional, que especificará seu conteúdo e os termos de seu exercício".

14. Processo de criação das resoluções

A *iniciativa* cabe aos membros do Congresso Nacional, na forma estabelecida regimentalmente.

A *discussão* das resoluções se dá no interior da Casa Legislativa que deve expedi-las.

A *votação* levará em conta, para aprovação, manifestação favorável da maioria simples.

Não há *sanção,* por tratar-se de matéria privativa, ora do Senado, ora do Congresso Nacional.

A *promulgação* é efetivada pela Mesa da Casa Legislativa que a expedir ou, quando se tratar de resolução do Congresso Nacional, pela Mesa do Senado Federal.

Publica-a a Casa Legislativa de onde emanou.

Capítulo VI

O PODER EXECUTIVO

1. Funções. 2. Parlamentarismo e presidencialismo. 3. Decreto e regulamento. 4. O Presidente da República e os Ministros de Estado. 5. Os funcionários públicos e as Forças Armadas. 6. Crimes de responsabilidade.

1. Funções

Executar é administrar, é dar. Administrar, dar, conferir o preceituado na lei. A competência do Poder Executivo é disciplinada pela Constituição (arts. 76 a 91). Mas o desenvolvimento de sua atividade é infralegal. O art. 84, IV, preceitua competir ao Presidente da República sancionar, promulgar e fazer publicar as leis, expedir decretos e regulamentos (das leis) para sua fiel execução.

Por isso, Celso Bastos salienta que a função específica de *administrar*, cabível ao Executivo, consiste na "prática pelo Estado, como parte interessada de uma relação jurídica, de atos infralegais destinados a atuar praticamente nas atividades descritas na lei".[1]

Embora administrar seja a sua função típica, o Executivo tem outras atribuições. Uma delas, relevante, é a expedição de atos com força de lei: as medidas provisórias (art. 62); outra, de *natureza política*, consiste em sua participação no processo legislativo, pela iniciativa, sanção, veto e promulgação das leis, bem como de deflagrador do processo de emenda à Constituição.

O exame do art. 84 da CF revela que o Presidente da República acumula as funções de Chefe de Estado e de Chefe de Governo. Como Chefe de Estado o representa nas suas relações internacionais (art. 84, VII, VIII,

1. *Curso de Direito Constitucional*, p. 169.

XIX e XX). Como Chefe de Governo representa o Estado nos seus negócios internos, tanto os de natureza política (participação no processo legislativo) como nos de natureza eminentemente administrativa (art. 84, I, II, III, IV, V, VI, IX a XVIII e XXI a XXVII).

2. *Parlamentarismo e presidencialismo*

Essa acumulação de funções revela a adoção do sistema *presidencialista* de governo. Difere do parlamentarismo. Neste, a função de Chefe de Estado é exercida pelo Presidente ou Monarca e a de Chefe de Governo pelo Primeiro-Ministro que chefia o Gabinete (equivalente a Ministério no presidencialismo).

Na verdade, no parlamentarismo verifica-se o deslocamento de uma parcela da atividade executiva para o Legislativo. Nesse particular fortalece-se a figura do *Parlamento*, que, além da atribuição de inovar a ordem jurídica em nível imediatamente infraconstitucional, passa a desempenhar, também, função executiva.

No presidencialismo fica mais nítida a separação das funções.

3. *Decreto e regulamento*

O veículo de manifestação do Presidente da República é o decreto. Por meio desse instrumento é que o Chefe do Executivo exercita suas principais funções jurídicas.

O art. 84, IV, segunda parte, prescreve que o Presidente da República expede decretos e regulamentos para fiel execução das leis. Isto significa que há *decretos* e *regulamentos*. Estes, porém, são veiculados por decretos. Portanto, ao lado dos *decretos regulamentares*, temos os *decretos inominados*, dado que a Constituição somente nominou os regulamentares. O Presidente, nomeando, removendo, demitindo, expede decretos de nomeação, de remoção, de demissão, os quais vão sendo nominados de acordo com seu conteúdo.

Tema controvertido é o que atina ao poder regulamentar que a Constituição confere ao Presidente da República para que estabeleça fórmulas que viabilizem a aplicação da lei. Sua atividade, nesse passo, consiste em tornar operativa a lei, facilitando a sua execução e dispondo normas destinadas à Administração para a boa observância da preceituação legal.

É faculdade do Chefe do Poder Executivo haurida no Texto Constitucional. Não pode o legislador restringir o exercício desse poder. O conteúdo do regulamento, entretanto, é predeterminado pela lei. Não pode, assim, desbordar dos limites legais, sob pena de imediata ilegalidade e mediata inconstitucionalidade.

O Executivo, ao regulamentar a lei, não a interpreta. Busca dar-lhe aplicação, simplesmente.

Como o regulamento é subordinado à lei, esta não pode delegar competência legislativa ao Executivo para criar direitos e deveres.

A lei inova a ordem jurídica infraconstitucional; o regulamento não altera. A lei depende da Constituição; nela encontra seu fundamento de validade. O regulamento depende da lei; nela encontra seu fundamento de validade. Regulamento se prende ao texto legal e seu objetivo é facilitar o processo de execução da lei. É o regulamento também norma abstrata e geral, mas difere da lei por não importar modificação na ordem jurídica. O regulamento, por sua vez, é ato administrativo produzido pelo Chefe do Poder Executivo (tanto no plano federal, como no estadual e municipal). Por isso vincula toda a Administração, em razão do princípio hierárquico, pois o Chefe do Executivo é o comandante supremo de todos os agentes públicos.

A organização administrativa se assenta na hierarquia. E o Chefe, nessa hierarquia, é o que titulariza o posto administrativo máximo (o Presidente, o Governador, o Prefeito, nas várias esferas de governo). Daí por que o decreto regulamentar obriga, diretamente, aos agentes públicos. Não obriga, entretanto, aos administrados, uma vez que não é lei. Não se pode deixar de esclarecer que, embora inobrigando os administrados, ficam eles submetidos a formalidades estabelecidas no regulamento.

Não é próprio da lei – lembra Geraldo Ataliba –, em virtude da generalidade com que deve expressar-se, o entrar em minúcias. Limita-se, por exemplo, a criar um tributo e enunciar prazo para seu recolhimento. Ao regulamento incumbirá prescrever onde poderá ser satisfeita a exigência legal, qual o funcionário que receberá os documentos respectivos, quem os examinará, quais as formalidades a serem observadas etc.

A obrigação, para o particular, deriva, portanto, da lei. O *modo* de cumprir a obrigação é que deriva do regulamento.

Todas as leis são regulamentáveis?

A resposta é negativa. Só serão regulamentáveis aquelas que hajam de ser executadas pelo Poder Executivo. Tanto faz que a lei tenha determinado a regulamentação, ou não. Importa que, para sua aplicação, demande-se atividade executiva.

As leis autoexecutáveis inexigem regulamentação. Leis processuais, civis, penais, trabalhistas, independem de regulamentação porque se destinam diretamente aos particulares e ao órgão judiciário que, interpretando-as, irão aplicá-las.

O Presidente da República poderia delegar a atribuição regulamentar?

A resposta é negativa. Competem-lhe *privativamente* as atribuições arroladas no art. 84. O seu parágrafo único autoriza a *delegação* das atribuições mencionadas nos incisos VI, XII e XXV, primeira parte, a Ministros de Estado ou a outras autoridades. Não as competências do item IV. Daí a privatividade.

Os regulamentos expedidos por autorização do art. 84, IV, são chamados *de execução*. São aqueles que se destinam a dar fiel cumprimento às leis.

A doutrina debate sobre a existência dos regulamentos autônomos no nosso sistema. Seriam aqueles expedidos pelo Chefe do Executivo mediante competência haurida no Texto Constitucional, diretamente, cujo objeto é regular a organização ou a atividade administrativa. Independem de lei. Dependem da Constituição, exclusivamente.

A nosso parecer, o Texto Constitucional não acolhe os regulamentos autônomos.[2]

Em primeiro lugar porque a legalidade é princípio básico do sistema. "Ninguém será obrigado a fazer ou deixar de fazer alguma coisa senão em virtude de lei" (art. 5º, II). Somente o instrumento normativo nascido da manifestação de representantes populares pode obrigar ou conferir direitos. Exceção a essa regra é a medida provisória, ato do Presidente da República que tem a mesma força da lei. Aliás, a circunstância de o constituinte haver permitido ao Chefe do Executivo que edite medidas provisórias reforça a ideia de inexistência de outro ato normativo (como regulamento autônomo) capaz de obrigar. Quando o constituinte pretendeu que o Executivo legislasse criou instrumento especial – a medida provisória – para que dispusesse sobre certas matérias.

"Onde se estabelecem, alteram-se ou extinguem-se direitos, não há regulamento – há abuso do poder regulamentar, invasão da competência legislativa", anota Pontes de Miranda.[3]

Celso Antônio Bandeira de Mello realça o fato de o regulamento ser, sempre, dependente da lei. Revela que a lei é fonte primária do direito e o regulamento fonte secundária, inferior.

2. Roque Carrazza demonstra a inexistência dos regulamentos autônomos no seu *O Regulamento no Direito Tributário Brasileiro*. V. tb, do mesmo autor, *Curso de Direito Constitucional Tributário*, pp. 250 e ss. Diógenes Gasparini sustenta a inexistência dos regulamentos autônomos no seu estudo *Poder Regulamentar*.

3. *Comentários à Constituição de 1967 com a Emenda n. 1 de 1969*, 2ª ed., t. III, p. 314.

"Este último traço é que faz do regulamento, além de regra de menor força jurídica que a lei, norma dependente dela, pois forçosamente a pressupõe, sem o quê nada poderia dispor. No direito pátrio, sem a lei não haveria espaço jurídico para o regulamento".[4]

Da mesma forma, a Constituição não acolhe os regulamentos delegados. São normas com as mesmas características da lei (generalidade e abstração) editadas por força de autorização legal.

Inadmite-se o regulamento delegado diante da vedação constitucional atinente à indelegabilidade de atribuições.

Registre-se, finalmente, que o Congresso Nacional pode "sustar os atos normativos do Poder Executivo que exorbitem do poder regulamentar ou dos limites de delegação legislativa" (art. 49, V). O ato de sustação é da competência exclusiva do Congresso Nacional. Mas isto não significa que o Judiciário não possa examinar essa questão. Se o Executivo insurgir-se, sustentando a conformidade do regulamento à lei, estabelece-se litígio que deve ser solucionado pelo Poder Judiciário, em atenção ao princípio da plenitude da jurisdição (art. 5º, XXXV).

Nem poderia ser de outra forma. Se o maior dos litígios, que é derivado do confronto da lei com a Constituição, pode ser examinado pelo Judiciário, não teria sentido dele subtrair a apreciação da legalidade de ato do Poder Executivo (o confronto do regulamento com a lei).

A exceção ao princípio da indelegabilidade gera a *lei delegada*, não o regulamento delegado.

Em imagem feliz, Celso Antônio Bandeira de Mello salienta que, "na delegação, o legislador como que emite um cheque em branco para a administração, cifrando-se a traçar diretrizes para seu uso e a restringir o saque ao montante da conta bancária que, figurativamente, corresponde às genéricas balizas desenhadas na lei".[5]

Mas essa delegação, esclarece o autor, "escancara para o Executivo larga porta pela qual legisla inconstitucionalmente por via de regulamentos, abrigado no conforto de dispositivos nulos".[6]

4. O Presidente da República e os Ministros de Estado

O Poder Executivo é exercido pelo Presidente da República auxiliado pelos Ministros de Estado. "Poder", aí, tem o significado de função e de órgão.

4. *Ato Administrativo e Direitos dos Administrados,* p. 96.
5. Ob. cit., p. 99.
6. Ob. cit., p. 100.

Também auxilia o Presidente da República o Vice-Presidente, sempre que por ele convocado para missões especiais. Exerce também o Vice-Presidente outras atribuições que lhe forem conferidas em lei complementar.

Eleição do Presidente e Vice-Presidente – A eleição é direta por sufrágio universal e secreto, eleito o candidato que obtiver maioria absoluta de votos.

Se na primeira votação nenhum candidato obtiver maioria absoluta, far-se-á nova eleição, concorrendo apenas os dois candidatos mais votados na primeira. Já, agora, será eleito o candidato que obtiver a maioria simples de votos.

O Presidente da República, juntamente com o Vice, é eleito para mandato de quatro anos (art. 82). Só podem candidatar-se os brasileiros natos maiores de 35 anos e no exercício dos direitos políticos (art. 12, § 3º, I, c/c art. 14, § 3º, I, II e VI, "a").

É permitida a reeleição do Presidente da República, dos Governadores de Estado e do Distrito Federal, dos Prefeitos ou de quem os haja sucedido ou substituído, por um único período subsequente (art.14, § 5º).

O Vice-Presidente auxilia o Presidente no desempenho de suas funções e ainda tem a missão de substituí-lo, no caso de impedimento, e de sucedê-lo, no caso de vaga. Em caso de impedimento de ambos ou de vacância dos respectivos cargos sucedem-nos, pela ordem: o Presidente da Câmara dos Deputados, o do Senado Federal e o do STF.

Na hipótese de vacância a autoridade que estiver no exercício do cargo exercê-lo-á provisoriamente, dado que se fará eleição 90 dias depois de aberta a vaga de Vice-Presidente, para que os eleitos completem os períodos de seus antecessores. Se a vacância verificar-se nos últimos dois anos de mandato presidencial, a eleição para os cargos de Presidente e Vice será feita 30 dias após a última vaga, pelo Congresso Nacional.

Os Ministros de Estado são auxiliares do Presidente da República.

Compete-lhes: exercer a orientação, coordenação e supervisão dos órgãos e entidades da administração federal na área de sua competência e referendar atos e decretos assinados pelo Presidente; expedir instruções para a execução das leis, decretos e regulamentos; apresentar ao Presidente da República relatório anual de sua gestão no Ministério; e praticar os atos pertinentes às atribuições que lhes forem outorgadas ou delegadas pelo Presidente da República.

Sua atribuição é constitucional. Não deriva da vontade do Presidente da República. Têm funções delimitadas pelo Texto Constitucional. Por isso, serão nulos atos e decretos assinados pelo Presidente da República, na área de competência de um Ministro, que não tenham sido por ele referendados.

Também lhes cabe expedir instruções para execução das leis, decretos e regulamentos. Não expedem decretos, nem os regulamentares. Expedem instruções, as quais se destinam a viabilizar a execução das leis, dos decretos e regulamentos atinentes à sua Pasta.

As instruções são normas inferiores ao decreto e regulamento. Algumas se destinam a promover a execução das leis. Assemelham-se, nesse caso, aos regulamentos, tendo, porém, âmbito de validade restrito ao Ministério. Nada impede, porém, que lei, cujo conteúdo se refira à área de competência de um Ministério, seja regulamentada pelo Presidente da República.

Nesta hipótese, pergunta-se: existindo regulamento daquela lei, pode o Ministro expedir instrução para sua execução?

Respondemos afirmativamente, mas ressalvamos que esta instrução limitar-se-á aos pontos deixados em claro pelo regulamento.

A autorização para o Ministro expedir instruções para execução das leis (art. 87, parágrafo único, II) não pode ignorar a privatividade da competência conferida ao Presidente da República para expedir regulamentos para fiel execução das leis (art. 84, IV, segunda parte).

Também não se pode deixar de levar em conta a ideia de subordinação dos Ministros ao Presidente da República, dado que são seus auxiliares.

Assim, a instrução ministerial para execução das leis é permitida quando inexistir "instrução superior" (o regulamento).

Se existir regulamento, o Ministro expedirá instruções nos claros deixados pelo regulamento ou, então, para execução do próprio regulamento.

Só poderão ser Ministros de Estado os brasileiros maiores de 21 anos e no exercício dos direitos políticos (art. 87 da CF).

5. *Os funcionários públicos e as Forças Armadas*

O Chefe do Executivo desenvolve suas atividades auxiliado pelos Ministros de Estado.

A competência de cada Ministério, por sua vez, é desempenhada por servidores públicos.

Essa atividade pode ser desenvolvida pela via direta ou indireta, de que resultam a Administração centralizada e a descentralizada.

Quando a Administração descentraliza sua atividade criam-se *pessoas* (centros de imputação de direitos e deveres). No desenvolvimento em forma de administração centralizada não se verifica surgimento de pessoas. Entretanto, um único agente não consegue cumprir todos os misteres administrativos. Daí por que – mesmo na administração centralizada – *desconcentra-se* o poder decisório da administração, sem quebra do vínculo hierárquico. Delegacias regionais se subordinam ao Ministro, divisões estão hierarquicamente ligadas às delegacias, e, assim, diretorias, chefias de seção etc., formando uma pirâmide em cujo ápice se encontra o Presidente da República.

A seção II do capítulo VII do Título III da CF traz a denominação "Dos Servidores Públicos", uma vez que fixa as normas básicas disciplinadoras dos direitos e deveres de todos os integrantes da administração direta ou indireta. Funcionário é espécie de servidor público, que é gênero.[7] Ao lado dos servidores públicos estão os militares dos Estados, do Distrito Federal e dos Territórios (seção III do capítulo VII do mesmo Título, art. 42) e os membros das Forças Armadas (capítulo II do Título V).[8]

Uns e outros têm como chefe supremo o Presidente da República, tal como se vê do art. 84, II e XIII.

Finalmente, são órgãos de consulta do Presidente da República o Conselho da República e o Conselho de Defesa Nacional.

Ao Conselho da República (ver sua composição no art. 89 da CF) compete pronunciar-se sobre intervenção federal, estado de defesa e estado de sítio, assim como sobre "as questões relevantes para a estabilidade das instituições democráticas".

A novidade (democrática) desse Conselho – que examina, como se viu, questões importantíssimas – é a participação dos líderes da maioria e da minoria (oposição) da Câmara dos Deputados e do Senado Federal e, ainda, seis cidadãos brasileiros natos, sendo dois nomeados pelo Presidente da República, dois eleitos pelo Senado e dois eleitos pela Câmara dos Deputados (art. 89, IV, V e VII, da CF).

Ao Conselho de Defesa Nacional (ver composição no art. 91 da CF) compete, além de opinar sobre a decretação do estado de defesa, do estado de sítio e da intervenção federal, manifestar-se, sob consulta presidencial, a respeito de assuntos relacionados com a soberania nacional e a defesa do Estado Democrático.

7. Recomenda-se a leitura de excelentes obras sobre o assunto: *Apontamentos sobre os Agentes e Órgãos Públicos*, de Celso Antônio Bandeira de Mello, e *Regime Constitucional dos Servidores Públicos*, de Adilson de Abreu Dallari.

8. Com as alterações das EC 16 a 20.

Aparentemente, as atribuições desses Conselhos se superpõem em alguns temas. De toda forma, a duplicidade de opiniões pode melhor auxiliar o Presidente a formar sua convicção em questões relevantíssimas.

6. *Crimes de responsabilidade*

Aquele que exerce função política responde pelos seus atos. É responsável perante o povo, porque o agente público está cuidando das *res* pública. A responsabilidade é corolário do regime republicano.

A Constituição alude a crimes de responsabilidade e a crimes comuns. Que são?

Comuns são os crimes definidos na lei penal e cometíveis por qualquer pessoa.

São de *responsabilidade* aqueles capitulados no art. 85 da Constituição Federal.[9] E praticáveis por pessoas investidas em certas funções.

Quais as pessoas passíveis de responsabilização política?

São: a) o Presidente da República (arts. 85 e 52, I) e o Vice-Presidente da República (art. 52, I); b) os Ministros de Estado e os Comandantes da Marinha, do Exército e da Aeronáutica, nos crimes conexos com aqueles praticados pelo Presidente da República (art. 52, I); c) os Ministros do Supremo Tribunal Federal, o Procurador-Geral da República e o Advogado-Geral da União (art. 52, II).

Tratemos da responsabilidade do Presidente da República.

A Constituição define como tais os atos do Presidente que atentarem contra a Constituição Federal[10] e, em seguida, exemplifica com as seguintes hipóteses: I – a existência da União; II – o livre exercício do Poder Legislativo, do Poder Judiciário, do Ministério Público e dos Poderes constitucionais das unidades da Federação; III – o exercício dos direitos políticos, individuais e sociais; IV – a segurança interna do País; V – a probidade na administração; VI – a lei orçamentária; e VII – o cumprimento das leis e das decisões judiciais.

Essa enumeração é exemplificativa, pois o Presidente poderá ser responsabilizado por todos os atos atentatórios à Constituição Federal. Mas essa exemplificação ressalta a convicção de que somente certas pessoas, no exercício de certas funções, "podem" praticar crimes de responsabilidade.

9. Na esfera estadual, a Constituição local disciplina os crimes de responsabilidade.

10. Não é sem razão que o Presidente ao tomar posse tem o dever constitucional (art. 78) de prestar compromisso de manter, defender e cumprir a Constituição.

As pessoas comuns não têm condições de atentar contra a existência da União, o livre exercício do Poder Legislativo, do Poder Judiciário e dos Poderes constitucionais dos Estados etc. Mas o Presidente da República, titular do pessoal civil e militar, tem, potencialmente, a possibilidade de praticar esse atentado.

O parágrafo único do art. 85 estabelece que esses crimes serão definidos em lei especial, que estabelecerá as normas de processo e julgamento.

Pergunta-se: essa lei, definindo os crimes, poderá elencar outros além dos arrolados nos itens I a VII do referido artigo?

A resposta é afirmativa, uma vez que aquele elenco é exemplificativo, e desde que defina, como crimes, atos que atentem contra a Constituição Federal.

Quanto às normas de processo e julgamento a serem prescritas por essa lei, serão aquelas fixadoras do procedimento na Câmara dos Deputados e no Senado Federal, dado que a tramitação inaugural da responsabilização política já se encontra no Texto Constitucional. Precisamente nos seus arts. 86 e §§ 1º e 2º e 52, I, e seu parágrafo único.

O processo de responsabilidade se inicia na Câmara dos Deputados para declarar a procedência ou improcedência da acusação.

Se declarada procedente, far-se-á o julgamento pelo Senado Federal.

Fala-se em *acusação*. Quem pode acusar o Presidente da República pela prática de crime de responsabilidade?

Todo cidadão no gozo de seus direitos políticos é parte legítima para oferecer a acusação à Câmara dos Deputados.

Somente os cidadãos, isto é, aqueles que a Constituição define como *brasileiros* (art. 12). E devem estar no gozo dos seus direitos políticos. Só quem deles goza pode exercê-los. A acusação da prática do crime de responsabilidade diz respeito às prerrogativas da cidadania; do brasileiro que tem o direito de participar dos negócios políticos.

Qualquer parlamentar poderá dar início ao processo de responsabilização.

A Câmara dos Deputados haverá de autorizar a instauração do processo pela maioria qualificada de 2/3 de seus membros.

Essa autorização significa a existência de fortes indícios da prática do delito gerador da acusação. Não é julgamento. Este se faz no Senado Federal. Para autorizar, a Câmara dos Deputados processará a acusação, instruindo o processo, que será remetido ao Senado Federal. Este julgará. O processo já virá instruído da Câmara dos Deputados. Tanto que esta, em razão da instrução probatória, em que há de assegurar-se ampla defesa, apura os fatos que levam à autorização.

Instaurado o processo pelo Senado Federal, verifica-se a imediata suspensão do Presidente do exercício de suas funções. Somente a ideia de apuração pormenorizada dos fatos levaria o constituinte a determinar o impedimento do Presidente. É impedimento temporário, pois o Presidente reassumirá suas funções se o Senado deixar de condená-lo.

Se o Presidente da República renunciar ao seu cargo quando estiver em curso processo de responsabilização política, deverá ele prosseguir ou perde o seu objeto, devendo ser arquivado?

O art. 52, parágrafo único, fixa duas penas: a) perda do cargo; e b) inabilitação, por oito anos, para o exercício de função pública.

A inabilitação para o exercício de função pública não decorre de perda do cargo, como à primeira leitura pode parecer. Decorre da própria responsabilização. Não é pena acessória. É, ao lado da perda do cargo, pena principal. O objetivo foi o de impedir o prosseguimento no exercício das funções (perda do cargo) e o impedimento do exercício – já agora não das funções daquele cargo de que foi afastado, mas de qualquer função pública, por um prazo determinado.

Essa a consequência para quem descumpriu deveres constitucionalmente fixados.

Assim, porque responsabilizado, o Presidente não só perde o cargo como deve afastar-se da vida pública, durante oito anos, para "corrigir-se", e só então poder a ela retornar.

A renúncia, quando já iniciado o processo de responsabilização política, tornaria inócuo o dispositivo constitucional se fosse obstáculo ao prosseguimento da ação.

Basta supor a hipótese de um Chefe de Executivo que, próximo do final de seu mandato, pressentisse a inevitabilidade da condenação. Renunciaria e, meses depois, poderia voltar a exercer função pública (Ministro de Estado, Secretário de Estado etc.), participando dos negócios públicos dos quais o processo de responsabilização visava a afastá-lo.

Assim, havendo renúncia, o processo de responsabilização deve prosseguir para condenar ou absolver, afastando, ou não, sua participação da vida pública pelo prazo de oito anos.

Neste tema, convém anotar que o julgamento do Senado Federal é de natureza política. É juízo de conveniência e oportunidade. Não nos parece que, tipificada a hipótese de responsabilização, o Senado haja de, necessariamente, impor penas. Pode ocorrer que o Senado Federal considere mais conveniente a manutenção do Presidente no seu cargo. Para evitar, por exemplo, a deflagração de um conflito civil; para impedir agitação interna. Para impedir desentendimentos internos, o Senado, diante da circunstância, por exemplo, de o Presidente achar-se em final de mandato, pode entender que não deva responsabilizá-lo.

Foi para permitir esse juízo de valor que o constituinte conferiu essa missão à Câmara dos Deputados (que autoriza o processo) e ao Senado Federal. Não ao Judiciário, que aplica a norma ao caso concreto, segundo a tipificação legal.

A decisão condenatória tem a força própria da coisa julgada? É irrevisável pelo Judiciário?

Responde-se da seguinte forma: o Judiciário não pode reexaminar o mérito da questão que levou o Senado a responsabilizar o Presidente. Esse juízo é feito, única e exclusivamente, pelo órgão político.

Entretanto, nada impede que o Presidente da República sirva-se de mandado de segurança contra a Mesa da Câmara e do Senado Federal, para demonstrar – se for o caso – que houve irregularidade procedimental, em descumprimento ao Texto Constitucional e à lei especial referida no parágrafo único do art. 85.

O Judiciário não examinará o mérito; examinará a forma procedimental.

Finalmente, anote-se que nos *crimes comuns* o Presidente da República é julgado pelo Supremo Tribunal Federal, depois que a Câmara dos Deputados declarar procedente a acusação (art. 86).

Há crimes de responsabilidade que caracterizam, também, crime comum. Daí por que o art. 52, parágrafo único, dispondo sobre a perda do cargo e a inabilitação para o exercício da função pública, prescreve que a aplicação dessas penas se verifica "sem prejuízo das demais sanções judiciais cabíveis".

Crimes comuns, por sua vez, também podem levar à perda do cargo.

A Constituição não distingue. Tanto numa como noutra espécie de crime, a Câmara deve autorizar o processo, abrindo espaço para o Senado Federal ou o Supremo Tribunal Federal, conforme o caso, julgar o delito.

Em ambas as hipóteses, autorizado e instaurado o processo (e no crime comum se verifica essa pronúncia), o Presidente ficará suspenso de suas funções (art. 86, § 1º).

Não tem sentido que o Presidente da República, nos crimes comuns, fique suspenso de suas funções, por força da autorização, e, mais tarde, quando o Supremo Tribunal Federal condená-lo, a elas retorne. Se houve o impedimento temporário, verificar-se-á mais tarde o impedimento definitivo.

É certo que há crimes comuns cuja gravidade não deveria ensejar a perda do cargo. Suponha-se uma contravenção (excesso de velocidade). Se o Presidente vier a ser condenado por esse fato, a consequência inafastável é a perda do cargo. Mas, para tanto, impõe-se a manifestação da Câmara dos Deputados, cuja declaração autoriza o julgamento pelo Supremo Tribunal Federal. E aqui é que mais se explica a razão pela qual o constituinte determinou essa apreciação preliminar. É para que esta emita juízo político, verifique a conveniência ou inconveniência, oportunidade ou inoportunidade, para o País, de se autorizar o julgamento e eventual condenação. A sua apreciação levará em conta esses fatores e é muito provável que, no exemplo dantes formulado, a Câmara dos Deputados conclua que a infração não é tão grave ao ponto de ensejar o afastamento do Presidente da República. Fica, portanto, a critério da Câmara dos Deputados autorizar o desencadeamento de procedimento que leve à vacância do cargo de Presidente da República.

De tudo fica claro que o Presidente perderá o cargo tanto em razão da prática de crime de responsabilidade como de crime comum. O que não há, no caso de perda do cargo por crime comum, é a inabilitação, por oito anos, para o exercício de função pública. Esta pena apenas se aplica no caso de crime de responsabilidade, como deflui do art. 52, parágrafo único, que se reporta aos itens I e II do mesmo dispositivo.

Capítulo VII

PODER JUDICIÁRIO: SUAS FUNÇÕES. GARANTIAS DOS MAGISTRADOS

1. Funções: a jurisdição. 2. Escolha dos dirigentes dos Tribunais. 3. O Supremo Tribunal Federal. 4. Garantias dos magistrados. 5. O Conselho Nacional de Justiça. 6. O Conselho Nacional do Ministério Público.

1. Funções: a jurisdição

O Judiciário, como os demais Poderes do Estado, pratica, além dos atos que o tipificam – os jurisdicionais –, outros, de natureza *administrativa* e *legislativa*.

Por ato *jurisdicional* entende-se aquele capaz de produzir a *coisa julgada* (art. 5º, XXXVI). É função típica, prevalecente, do Poder Judiciário exercer a *jurisdição*. Esta, por sua vez, consiste no poder de dizer o direito (*juris dicere)* aplicável a uma controvérsia, deduzida processualmente em caráter definitivo e com a força institucional do Estado.[1]

A *definitividade* é traço marcante da jurisdição. Deriva do preceito insculpido no art. 5º, XXXV, da CF, segundo o qual "a lei não excluirá da apreciação do Poder Judiciário lesão ou ameaça a direito". Por força dele é que a solução de litígios, pela Administração, por mais capazes que sejam os seus tribunais, não é definitiva. Qualquer do povo, qualquer órgão público, qualquer tribunal administrativo poderá "dizer o direito" que deve ser aplicado à dirimência de uma controvérsia.

Não estará, contudo, exercendo a *jurisdição* no sentido rigorosamente científico que lhe empresta a Constituição ao atribuí-la ao Poder Judiciário. É que tais decisões poderão ser levadas, sempre, ao Judiciário, para que ali, escoados os recursos, se opere a "definitividade" da decisão.

1. Geraldo Ataliba, "VI Curso de Especializaação em Direito Tributário".

De outro lado, ainda que a parte litigante no Executivo ou no Legislativo veja evidenciada a inexistência de direito que alicerce sua pretensão, ainda que se utilize de todos os recursos administrativos buscando amparo para suas razões, nem assim podem tais órgãos do Poder, utilizando-se da força, compelir o particular a fazer, a não fazer, a pagar, a entregar ou a não entregar. Só ao Judiciário se confere tal competência.

A força das instituições do Estado é colocada a seu serviço para o cumprimento de suas decisões.

Assim, se o contribuinte deixou de pagar o tributo e peticionou à Administração, sem sucesso, vendo improvido o seu requerimento, não fica a Administração autorizada a sacar do patrimônio do particular tantos bens quantos bastem para a cobertura de seu crédito. Haverá de servir-se do Judiciário para atingir esse objetivo. O Governador do Estado não cumpre ordem judicial? A hipótese autoriza a intervenção federal no Estado (CF, art. 34, VI). O Presidente da República descumpre decisão judiciária? É caso de responsabilização política (CF, art. 85, VII). Em síntese: a força das instituições estatais é colocada à disposição do Judiciário para fazer valer as suas decisões.

A *definitividade* das suas decisões e a possibilidade de utilizar toda a *força institucional do Estado* tipificam o exercício da função primordial do Poder Judiciário: a jurisdição.

Exceção a essa capacidade de "dizer o direito" é a prevista para os crimes de responsabilidade (CF, art. 52, I e II).

2. *Escolha dos dirigentes dos Tribunais*

Questão interessante é a que diz respeito à escolha dos dirigentes dos Tribunais de Justiça com número superior a 25 julgadores (art. 93, XI, da CF).

O art. 96, I, "a", da CF registra competir aos Tribunais eleger seus órgãos diretivos.

Surgem dúvidas quando se quer interpretá-lo. Isto porque a Carta Magna, no art. 93, XI, estabeleceu que nos Tribunais da Justiça, com número superior a vinte e cinco julgadores, poderá ser constituído órgão especial para exercício das atribuições administrativas e jurisdicionais da competência do Tribunal Pleno. Significa: para certos assuntos, administrativos e jurisdicionais, um número menor de desembargadores, integrantes de órgão especial, decidirá pelo número total de desembargadores componentes do Tribunal. Como se fosse o Plenário.

De logo se vê que o "órgão especial" *não* é o Plenário, mas *faz as vezes* de Plenário.

Percebe-se, ainda, que nem todas as funções do Tribunal são exercitáveis pelo "órgão especial". Apenas as jurisdicionais e administrativas. Com efeito, aludindo expressamente a estes misteres, o constituinte significou que outros existem. Senão, aludiria, apenas e genericamente, às "funções do Tribunal". Não o fez, contudo. Isto porque, além da administrativa e jurisdicional, outras funções são catalogadas na Constituição como próprias do Judiciário: aquelas referentes à eleição de seus dirigentes e à elaboração de seus regimentos internos (art. 96, I, "a").

Importa saber o que se entende por *administração* e por *jurisdição*.

Administrar, no caso, significa fazer atuar o aparelho burocrático que permite o desempenho de outra função: a jurisdicional. Por isso, na *administração* se inclui, além da regração sobre o pessoal administrativo, a aplicação de penas disciplinares a magistrados e a remoção destes. Tudo debaixo da lei, em obediência a ela e a fim de dar satisfação aos seus objetivos, como ressalta Celso Antônio Bandeira de Mello.[2] Esta autorização constitucional – de os Tribunais exercerem, por si, os misteres administrativos – decorre do princípio da separação de Poderes. É um dos suportes da independência do Judiciário, dado que sobre essa matéria cada Poder decide soberanamente.

Exercer a *jurisdição*, por sua vez, significa: aplicar a lei a casos concretos, visando a dirimir litígios, produzindo, assim, decisões definitivas que serão cumpridas coercitivamente. Para tanto, fica a serviço do Judiciário toda a força das instituições estatais.

A eleição dos dirigentes do Tribunal não é matéria de natureza administrativa, nem jurisdicional. Diz respeito ao arcabouço constitucional de um Poder. A estrutura mesma do Poder Judiciário estadual. Por isso, seu substrato é diverso: é função *governativa*, na medida em que tais dirigentes comandam um dos segmentos do Poder Público.

Como é *legislativa* a prática da elaboração do regimento interno.

Uma e outra (a eleição de dirigentes e a formulação de normas regimentais) não são alcançadas pelo disposto no art. 93, XI, que atribui ao órgão especial competência para o exercício, tão-só, de atribuições *administrativas* e *jurisdicionais* do Tribunal Pleno.

Ainda assim, não são exercitáveis, pelo órgão especial, todas as atividades administrativas.

2. *Curso de Direito Administrativo*, p. 631.

Identifiquemos, na Constituição e no que interessa aos Tribunais de Justiça, quais são as *funções administrativas* e, em seguida, as *jurisdicionais*.

São *administrativas*: a) organizar suas secretarias e serviços auxiliares, provendo-lhes os cargos (art. 96, I, "b" e "c"); b) conceder licença e férias a seus membros e aos juízes que lhes forem imediatamente vinculados (art. 96, I, "f"); c) propor a criação de novas Varas judiciárias (art. 96, I, "d").

São *jurisdicionais*: a) dirimir litígios, em caráter definitivo e com a força institucional do Estado (art. 92), pois a expressão "Poder Judiciário", nesse artigo, está usada no sentido de "função jurisdicional"; b) declarar a inconstitucionalidade de leis ou atos normativos.

Destas *funções*, o "órgão especial" pode exercer aquelas *administrativas*. E, quanto às *jurisdicionais*, poderá exercitá-las todas.

A atividade consistente na escolha do dirigente do Tribunal não é administrativa, nem jurisdicional, é *política*, na medida em que está ligada à ideia de *representação*. Ademais, o *presidente* "preside" o Tribunal, e não apenas o órgão especial.

Daí por que da eleição para os órgãos diretivos dos Tribunais todos os julgadores devem participar.

3. O Supremo Tribunal Federal

O Supremo Tribunal Federal é o órgão de cúpula do Poder Judiciário, tendo jurisdição em todo o território nacional. Isto não quer dizer que o Poder Judiciário seja nacional. Há, isto, sim, um Judiciário federal e um Judiciário estadual, como veremos ao estudar a estrutura do Poder Judiciário.

O Supremo Tribunal Federal tem competência *originária* e *recursal*. A recursal em *caráter ordinário* e *extraordinário*.

Compete-lhe, originariamente, processar e julgar as causas e questões arroladas no art. 102, I, "a" a "r".

A competência do art. 102, I, "r", diz respeito ao julgamento das ações contra o Conselho Nacional de Justiça e contra o Conselho Nacional do Ministério Público, órgãos novos criados pela Emenda Constitucional 45, de 8.12.2004, que veiculou a chamada *Reforma do Judiciário*, mas que traz, no seu interior, preceitos referentes a outras matérias (competências do Senado Federal, Orçamento, Defensorias Públicas e o próprio Ministério Público).

A aludida Reforma do Judiciário incluiu no art. 102, III, mais uma hipótese de recurso extraordinário: quando a decisão recorrida julgar válida lei local contestada em face de lei federal.

Já estava previsto que as decisões definitivas de mérito proferidas nas ações declaratórias de constitucionalidade de lei ou ato normativo federal produziriam eficácia contra todos e efeito vinculante relativamente aos demais órgãos do Poder Judiciário e ao Poder Executivo.

A Emenda Constitucional 45/2004 ampliou essa determinação. Incluiu as decisões definitivas de mérito proferidas nas ações diretas de inconstitucionalidade, conferindo efeito vinculante relativamente aos órgãos do Poder Judiciário e também à Administração Pública direta e indireta, nas esferas federal, estadual e municipal.

Isto tudo para não haver dúvida de que a vinculação se aplicava também à Administração indireta, e em todas as esferas de governo (federal, estadual e municipal). Disse, mais, no art. 103-A: se o STF, de ofício ou por provocação, mediante decisão de dois terços dos seus membros [*oito membros*] (assim, tanto nas ações diretas de inconstitucionalidade ou de constitucionalidade, e ainda que na via de exceção ou de defesa), após reiteradas decisões vier a aprovar súmula em matéria constitucional, terá ela efeito vinculante dirigido aos órgãos antes aludidos. Autoriza-se, no caso, a revisão ou cancelamento da súmula, na forma estabelecida em lei.

Em recurso *ordinário* compete-lhe julgar o *habeas corpus*, o mandado de segurança, o *habeas data* e o mandado de injunção decididos em única instância pelos Tribunais Superiores, se denegatória a decisão; assim também o crime político.

Cabe-lhe finalmente, em recurso *extraordinário* – tal como prescrito no art. 102, III, "a" a "d" –, exercer a função de guardião da Constituição.

Registre-se, por fim, que em razão da criação do Superior Tribunal de Justiça, que absorveu parte das competências que a Constituição anterior conferia ao STF, este converteu-se em órgão com a significativa tarefa de preservar a incolumidade da Constituição. Por isso, já dissemos: sua função é a de velar pela Constituição.

Integram o Supremo Tribunal Federal onze Ministros. São nomeados pelo Presidente da República dentre brasileiros natos, maiores de 35 anos e com menos de 70, de notável saber jurídico e reputação ilibada. Antecede a nomeação a aprovação, pelo Senado Federal, em audiência pública, do nome indicado pelo Presidente da República.

A Constituição alude "a notável saber jurídico". Haverá de ser bacharel em Direito? Indubitavelmente, sim. Só pode notabilizar-se na área jurídica aquele que nela desempenhar atividade durante certo período.

4. Garantias dos magistrados

Já dissemos, reiteradamente, que as garantias conferidas aos juízes (art. 95) visam a conferir independência à instituição a que pertencem.

Os predicamentos da Magistratura não se caracterizam como privilégio dos magistrados, mas como meio de assegurar o seu livre desempenho, de molde a revelar a independência do Judiciário.

Integra-se o art. 95 com o art. 2º da CF, fixador de um dos alicerces do sistema (o princípio da separação entre os órgãos do Poder).

Essas garantias são as de: a) vitaliciedade; b) inamovibilidade; c) irredutibilidade de subsídios.

A propósito dessas prerrogativas remetemos o leitor ao capítulo "Tripartição do Poder", no item "Significado da independência entre os Poderes".

5. O Conselho Nacional de Justiça

Uma das grandes inovações da Emenda Constitucional 45/2004 (Reforma do Judiciário) foi a criação do *Conselho Nacional de Justiça*, com o objetivo de fazer uma espécie de "controle externo" do Poder Judiciário. Tanto que lhe compete, basicamente, "o controle da atuação administrativa e financeira do Poder Judiciário e do cumprimento dos deveres funcionais dos juízes" (art. 103-B, § 4º).

Sua composição é mista: o Presidente do STF, um Ministro do STJ, que exercerá a função de Ministro-Corregedor e ficará excluído da distribuição de processos no seu Tribunal, um Ministro do TST, um Desembargador de Tribunal de Justiça, indicado pelo STF, um Juiz Estadual, indicado pelo STF, um Juiz de TRF, indicado pelo STJ, um Juiz Federal, indicado pelo STJ, um Juiz de TRT, indicado pelo TST, um membro do Ministério Público da União, um membro do Ministério Público Estadual, escolhido pelo Procurador-Geral da República, dois advogados indicados pelo Conselho Federal da OAB e dois cidadãos, indicado um pela Câmara dos Deputados e outro pelo Senado Federal.

A Presidência do Conselho cabe ao Presidente do STF e, nas suas ausências e impedimentos, pelo Vice-Presidente do STF.

6. O Conselho Nacional do Ministério Público

Embora não caiba a alocação desse tema no capítulo do Poder Judiciário, já que o Ministério Público é instituição independente integrada ao capítulo “Das Funções Essenciais à Justiça”, a ele aqui me reporto porque criou-se o *Conselho Nacional do Ministério Público* na aludida Emenda Constitucional que veiculou a Reforma do Judiciário.

É presidido pelo Procurador-Geral da República e integrado por quatro membros do Ministério Público da União, três membros do Ministério Público dos Estados, dois juízes, indicados um pelo STF e outro pelo STJ, dois advogados indicados pela OAB e dois cidadãos, indicado um pela Câmara dos Deputados e outro pelo Senado Federal.

Tal como ocorre no caso do Conselho Nacional de Justiça, o mandato dos membros é de dois anos.

Capítulo VIII

PODER JUDICIÁRIO: SUA ESTRUTURA

Como decorrência da forma federal de Estado, a Justiça se biparte em federal e estadual.

A divisão é feita tendo em vista a solução de litígios que envolvam o trato de questões locais, em que não se verifique interesse da União.

Na Federação, negócios locais, assim definidos pela Constituição, são legislados e executados por órgãos locais. Também são solucionados por Judiciário local.

A Justiça federal leva em conta, basicamente, o figurante na relação processual ou, então, a matéria questionada.

Assim, a Justiça federal é estruturada da seguinte forma:

JUSTIÇA FEDERAL COMUM

- a) Justiça federal de primeiro grau de jurisdição (examinar competências e composição nos arts. 106, II, 109 e 110 da CF)
- b) Tribunais Regionais Federais – segundo grau de jurisdição (examinar composição e competências nos arts. 107 e 108 da CF)

JUSTIÇA FEDERAL ESPECIALIZADA

- a) Justiça Militar (examinar arts. 122 a 124 da CF)
  1. Juízes militares (instituídos por lei)
  2. Tribunal Militar (instituído por lei)
  3. Superior Tribunal Militar
- b) Justiça Eleitoral (examinar arts. 118 a 121 da CF)
  1. Juntas Eleitorais
  2. Juízes eleitorais
  3. Tribunais Regionais Eleitorais
  4. Tribunal Superior Eleitoral
- c) Justiça do Trabalho (examinar arts. 111 a 116 da CF)
  1. Juízes do Trabalho
  2. Tribunais Regionais do Trabalho
  3. Tribunal Superior do Trabalho

A Justiça estadual, por sua vez, também se biparte em comum e especial:

- JUSTIÇA ESTADUAL (examinar art. 125 da CF)
  - a) Justiça estadual comum (art. 125 da CF)
    1. Juízos de primeiro grau de jurisdição, inclusive juizados especiais (art. 98, I), e justiça de paz (art. 98, II)
    2. Tribunal de Justiça (tribunais de segundo grau de jurisdição)
  - b) Justiça estadual especializada
    - Justiça Militar estadual (art. 125, §§ 3º a 5º, da CF)
      1. Juízes de Direito e Conselho de Justiça
      2. Tribunal de Justiça ou Tribunal de Justiça Militar. Este nos Estados em que o efetivo da Polícia Militar seja superior a vinte mil integrantes

Também é órgão do Poder Judiciário o Supremo Tribunal Federal. Esse estudo foi feito no capítulo referente às funções do Poder Judiciário, ao qual remetemos o leitor.

Igualmente, o Superior Tribunal de Justiça, previsto no art. 92, II, e com a competência e composição disciplinadas nos arts. 104 e 105 da Constituição Federal.

A EC 45, de 8.12.2004, publicada em 31.12.2004, introduziu entre os órgãos do Poder Judiciário o Conselho Nacional de Justiça (art. 92, inciso I-A), com a composição e a competência determinadas pelo art. 103-B, *caput*, e §§ 4º e 5º.

É questionável a inserção do Conselho Nacional de Justiça entre os órgãos do Poder Judiciário, até porque destina-se a realizar o chamado controle externo daqueles mesmos órgãos. Sua natureza jurídica está a merecer estudos mais aprofundados.

Registre-se, como inovação do Texto Constitucional de 1988, a determinação feita à União, Distrito Federal, Territórios e Estados para criarem *Juizados Especiais* com a função de conciliar, julgar e promover a execução nas causas cíveis "de menor complexidade e infrações penais de menor potencial ofensivo" (art. 98, I).

A definição dessas causas, da constituição e do funcionamento desses "Juizados Especiais" foi dada pela Lei 9.099, de 26.9.95, no âmbito das justiças estaduais e pela Lei 10.259, no da Justiça Federal.

PARTE IV

INSTRUMENTOS DE GARANTIA DE DIREITOS

Capítulo I – *O MANDADO DE SEGURANÇA*

Capítulo II – *O "HABEAS CORPUS"*

Capítulo III – *AÇÃO POPULAR*

Capítulo IV – *DIREITO DE PETIÇÃO*

Capítulo V – *O MANDADO DE INJUNÇÃO*

Capítulo VI – *O "HABEAS DATA"*

Capítulo I

O MANDADO DE SEGURANÇA

1. Introdução. 2. Ilegalidade e abuso de poder. 3. O mandado de segurança no Direito brasileiro. 4. Direito líquido e certo. Conceito. 5. A autoridade responsável. 6. Cabimento da medida liminar após denegação da segurança. 7. Recurso administrativo e mandado de segurança. 8. O mandado de segurança coletivo. 9. Súmulas do STF e do STJ.

1. Introdução

É impossível iniciar o trato do tema sem fazer colocações de natureza histórica altamente elucidativas para a compreensão desse instrumento constitucional assegurador dos direitos individuais.

Sabe-se, sem novidade alguma, que a História registra uma espécie de sociedade denominada Estado de Direito que surgiu em oposição ao que antes se conheceu como Estado Absoluto.

O titular do poder no Estado Absoluto, ou seja, o soberano, enfeixava em suas mãos as três funções estatais: a atividade legislativa, produtora das normas gerais; a executiva, aplicadora do disposto na norma geral; e a judicial, consistente na solução de controvérsias pela aplicação da norma geral. Estas três funções eram exercidas pelo soberano.

O soberano era irresponsável pelos seus atos em relação aos súditos; por isso mesmo, os atos por ele praticados não eram impugnáveis por aqueles aos quais se dirigiam. Tanto era assim que, em dado estádio histórico, a soberania, hoje reconhecidamente nota característica do Estado, residia na figura do soberano. Não tinham os indivíduos meio eficaz, instrumento capaz de conter eventuais abusos do soberano.

Quando a doutrina política constrói uma concepção destinada a repartir estas funções, a legislativa, a executiva e a judiciária, entregando-as a órgãos distintos e independentes uns dos outros, de molde a que um órgão pudesse conter a atividade de outro, surge a necessidade de dotar cada qual dos cidadãos de instrumentos capazes de paralisar a atividade do Estado quando vulnerasse direitos próprios da pessoa humana. Procurando-se a tripartição do poder público, buscando-se a entrega destas funções a órgãos independentes uns dos outros, subjacente a essa ideia estava a de proteção dos direitos do indivíduo. É certo, entretanto, que, em muitos sistemas, o monarca continuou a exercer uma dessas funções. A ele remanesceu, no mais das vezes, aquela de natureza executiva, a atividade de natureza administrativa.

A intenção foi impedir que o monarca, com o seu agir, vulnerasse direitos individuais. Prevaleceria a "vontade geral", expressa na lei. Transplanta-se, nesse momento, da pessoa física, o soberano, para a pessoa jurídica, o Estado, a característica estatal "soberania". Os indivíduos passaram, então, a postular um instrumento contra a atividade do monarca, que exercia, muitas vezes, a administração, como também postularam e obtiveram remédio capaz de assegurar os seus direitos contra o próprio Estado, ou seja, contra todas as autoridades exercentes das demais funções, contra todos os "governantes", seja o que tinha sede no Executivo, no Legislativo ou no Judiciário.

Todos os atos do Estado que importassem violação de direitos individuais, catalogados em vários movimentos revolucionários vitoriosos, haveriam de ter o correspectivo instrumento assegurador. Nasce, em razão da divisão dessas funções e entrega delas a órgãos distintos, o ato de natureza administrativa, ato que passava a ser impulsionado, que passava a ser produzido nos termos da lei. Quando se passa ao Estado de Direito, é a lei, e não mais a vontade do soberano, é a vontade geral – no dizer de Rousseau – que impulsiona, que movimenta o administrador.

Este ato, assim surgido, passa a encontrar parâmetros na própria lei. A atividade administrativa nela encontrava a sua nascente e o seu escoar. Só nos seus limites é que o administrador poderia movimentar-se. O legislador, ao editá-la, vincula direta e imediatamente a atividade do administrador, fazendo com que o ato a ser por ele expedido já esteja predefinido na lei, ou, então, fixam-se opções de tal sorte que o administrador, entre vários caminhos, pode escolher um deles.

Na primeira hipótese, em face dessa vinculação rígida, da existência de uma linguagem direta do legislador para o administrador, temos o *ato vinculado*. No caso em que há uma flexibilidade maior na atividade do administrador – por vontade da lei e não por vontade do administrador – temos o chamado *ato discricionário*. Ambos, entretanto, estão ligados à lei.

Varia a forma de ligação. O ato discricionário, assim, haverá de ser conforme à lei. Diferentemente do vinculado – em que o administrador não tem escolha –, aqui faculta-se-lhe opção, escolha de modos de agir. Sempre, porém, por autorização legal.[1]

2. *Ilegalidade e abuso de poder*

A CF, no art. 5º, inciso LXIX, assim como a Lei regulamentar 12.016, de 7.8.2009, fala em *ilegalidade* e *abuso de poder*. O mandado de segurança é conferido aos indivíduos para que eles se defendam de atos ilegais ou praticados com *abuso de poder*. Portanto, tanto os atos vinculados quanto os atos discricionários são atacáveis por mandado de segurança, porque a Constituição Federal e a lei ordinária, ao aludirem a *ilegalidade,* estão se reportando ao *ato vinculado,* e ao se referirem a *abuso de poder* estão se reportando ao *ato discricionário*.

Não se trata do exame do mérito do ato discricionário. Este é da competência exclusiva do administrador. Trata-se de verificar se ocorreram os *pressupostos* autorizadores da edição do ato discricionário. É lícito ao Judiciário penetrar nessa questão.

Assim não fosse, nem a Constituição, nem a lei ordinária, falariam em *ilegalidade* e *abuso de poder.*

O abuso de poder se verifica, exata e precisamente, na edição do ato discricionário e não na expedição do ato vinculado. No ato vinculado a ilegalidade é direta e imediata. Na edição do ato discricionário a ilegalidade é indireta e mediata. Conclui-se que o mandado de segurança pode dirigir-se tanto contra o ato vinculado quanto contra o ato discricionário. Este, em face do abuso de poder.

3. *O mandado de segurança no Direito brasileiro*

O mandado de segurança foi introduzido no direito brasileiro na Constituição de 1934 e não há similar no direito estrangeiro. Bem é de ver, entretanto, que a preocupação dos povos, especialmente a partir das Revo-

1. "Na realidade, toda atividade administrativa do Estado, e não apenas aquela ligada à liberdade dos cidadãos, depende de expressa autorização legal. O fato de nem sempre o ordenamento jurídico positivo indicar, de maneira precisa, os fins a serem atingidos e os meios a serem adotados, ensejando certa margem de discricionariedade, não autoriza a conclusão de se admitir, no direito positivo brasileiro, a emanação de atos administrativos independentes de previsão legal." É o que ensina Luciano Ferreira Leite (*Discricionariedade Administrativa e Controle Judicial*, p. 19).

luções Americana de 1776 e Francesa de 1789, foi a de conter os Poderes do Estado. Na Constituição Imperial de 1824 verificamos a influência das teorias que ensejaram a tripartição do poder público, mas também a influência absolutista, pois aquela Constituição incluiu um quarto Poder, o Moderador.

Segundo o art. 98 da Constituição do Império, este era a "chave da organização política" e capaz – acrescentava o dispositivo – de velar pela independência e harmonia dos demais Poderes.

É evidente que, na medida em que o Imperador velava pela harmonia dos demais Poderes, desarmonizava, retirava a sua recíproca independência. E por isto mesmo, embora a Constituição de 1824 abrigasse capítulo relativo aos direitos individuais, especificador deles por influência da Declaração dos Direitos do Homem (da Revolução Francesa), o certo é que não havia instrumentos eficazes na própria Constituição, capazes de conter a atividade do Estado em face, como mencionado, desse sentido absolutista que à Constituição imprimia o Poder Moderador.

Sentiu-se, por isso, a necessidade de criar mecanismos, em nível infraconstitucional, para garantir os direitos individuais. A Constituição não previa o *habeas corpus* e nem mesmo o mandado de segurança. Leis ordinárias é que introduzem o primeiro deles em nosso sistema, o qual alcança nível constitucional em 1891.[2] O seu conteúdo, porém, não é aquele próprio de sua origem, que se destinava, simplesmente, a permitir o direito de locomoção. A Constituição de 1891 não o circunscreve apenas ao pressuposto de ir e vir ou de ficar. Alude a ilegalidade ou abuso de poder. Qualquer direito violado em função de ilegalidade ou abuso de poder seria por ele amparado.

E, sendo assim, o *habeas corpus,* em 1891, fazia as suas vezes e as do mandado de segurança tal como posto pelo constituinte de 1934, protegendo todo direito que restasse vulnerado. Ocorreu, entretanto, que a reforma constitucional de 1926 fez com que o *habeas corpus* voltasse às suas fronteiras clássicas quando uma emenda substitutiva modifica o preceito constitucional para restringir o seu alcance ao direito de locomoção, razão pela qual os demais direitos, a partir de 1926, ficaram sem defesa. Qualquer outra violação de direito restava indefesa por medida pronta, eficaz. Daí as discussões, principalmente no STF, sobre a necessidade de se proteger os

2. A compreensão de seu nome já dá os contornos básicos do instituto. *Habeas corpus* significa "tome o corpo", isto é, submeta-se o paciente à vista do juiz para que verifique a coação e o liberte, se for o caso (Vicente Greco Filho, *Os Direitos Individuais e o Processo Judicial*, p. 40).

demais direitos, admitindo-se, então, a ação possessória para a proteção de direitos.

Cuida-se da posse dos direitos pessoais, e a jurisprudência constrói uma espécie protetiva que ia buscar amparo nas ações possessórias. Asseguravam-se, por meio de ações possessórias, os direitos pessoais, e essa construção jurisprudencial, que mediou de 1926 a 1934, repercute na Constituinte desse ano, que traz o mandado de segurança como instrumento assegurador dos demais direitos não amparáveis pelo *habeas corpus*.

O preceito constitucional foi regulado pela Lei 191. Em 1937 sobrevém nova Constituição que elimina o mandado de segurança.

Mais uma vez foi decisivo o papel dos Tribunais. A jurisprudência insiste em amparar os demais direitos individuais não garantidos pelo *habeas corpus* sustentando que, apesar da não inserção daquela medida na Constituição de 1937, continuava em vigor a Lei ordinária de n. 191, que garantia a sua existência. Assim, os Tribunais acolhiam o mandado de segurança contra atos ilegais violadores de direito individual.

Na Constituição de 1946 o mandado de segurança é previsto expressamente, sempre para garantir direito líquido e certo, e, nesses termos, subsistiu à Constituição de 1967 e foi encartado no art. 153, § 21, da Constituição de 1969 tendo sido regulado pela Lei 1.533, de 31.12.51.

Na Constituição de 5.10.88 assim ficou estabelecido: "conceder-se-á mandado de segurança para proteger direito líquido e certo, não amparado por *habeas corpus* ou *habeas data*, quando o responsável pela ilegalidade ou abuso de poder for autoridade pública ou agente de pessoa jurídica no exercício de atribuições do Poder Público".[3]

O Mandado de segurança está regulado, atualmente, pela Lei 12.016, de 7.8.2009.

Breve histórico, portanto, da introdução do mandado de segurança no nosso sistema, salientando, como ideia norteadora do nosso pensamento, que

3. Para a concessão do mandado de segurança faz-se necessário comprovar a lesão a direito líquido e certo. No entanto, existindo ameaça de lesão a direito líquido e certo, cabível será o mandado de segurança preventivo, no sentido de afastar tal ameaça a direito, nos termos do art. 1º da Lei 12.016, de 2009.

A respeito do mandado de segurança preventivo e em especial do conceito de "ameaça" a direito líquido e certo, esclarece o julgado do MS 445.135-8, 4ª C., 9.5.90:

"O art. 1º da Lei 1.533, de 31.12.51, prevê a hipótese de concessão de segurança a quem demonstrar justo receio de sofrer violação a direito líquido e certo por parte da autoridade impetrada. Celso Agrícola Barbi, apoiando-se em lições de Pontes de Miranda e Jorge Americano, escreve que a ameaça, a que se refere o texto legal, sendo grave, séria, objetiva, autoriza o deferimento (*Do Mandado de Segurança*, Forense, 3ª ed., 1976, p. 107)" (*RT* 661/112).

a preocupação do Estado sempre foi a de conferir ao cidadão instrumentos capazes de impedir qualquer ilegalidade ou abuso de poder do Estado.

4. *Direito líquido e certo. Conceito*

Surge, em face do dispositivo constitucional, a necessidade de explicar o que se entende por "direito líquido e certo".

Arruda Alvim salienta que "a primeira palavra lúcida a respeito foi dita pelo Min. Costa Manso, para quem a essência do conceito, o aspecto mais importante, diz respeito ao fato. Sua frase era esta: 'O fato é que o peticionário deve tornar certo e incontestável'. Sucessivamente, a partir dessa ideia, o Des. Luiz Andrade bem observou, já agora não com relação ao fato, mas ao direito, que a controvérsia não exclui juridicamente a certeza; vale dizer, sendo certo o fato, mesmo que o direito seja altamente controvertido, isso não exclui, mas justifica o cabimento do mandado de segurança. Numa palavra: a controvérsia e a certeza jurídica, esta a ser conseguida a final, na sentença, não são ideias antinômicas, não são ideias que inelutavelmente brigam entre si. Portanto, o direito é certo desde que o fato seja certo; incerta será a interpretação, mas esta se tornará certa, mediante a sentença, quando o juiz fizer a aplicação da lei ao caso concreto controvertido".[4]

Quando se fala, pois, em direito líquido e certo quer-se significar que num primeiro momento o fato pode ser controvertido; depois, tornar-se-á certo pela adequada interpretação do direito. Por isso, não há instrução probatória no mandado de segurança. Impetrante e informante hão de produzir, documentalmente, todo o alicerce para sustentação das suas alegações.[5] O fato, portanto, há de tornar-se incontroverso pela interpretação do direito, dada por meio da decisão judicial.

4. Notas taquigráficas de aula proferida em curso promovido pela Justiça Federal, em São Paulo.

5. Este tem sido o entendimento dos nossos Tribunais, como podemos constatar, entre outros, pelos seguintes acórdãos:

"A impetração do mandado de segurança deve fundamentar-se em direito líquido e certo, provado documentalmente ou reconhecido pelo coator, nunca em simples conjecturas ou em alegações que dependam de outras provas, incompatíveis com o processo expedito da Lei 1.533/51" (RE 75.284, *RTJ* 70/437).

"Descabe o mandado de segurança quando o direito que se pretende proteger não é líquido e certo, por depender de prova a ser colhida e apreciada no juízo impetrado..." (MS 403, 1976, 1º Tribunal de Alçada do Rio de Janeiro).

"O direito líquido e certo amparável pelo mandado de segurança supõe demonstração em prova pré-constituída, sem margem a controvérsia e a incerteza, pressuposto que aqui não se configura" (MS 20.562, *DJU* 30.5.86).

5. A autoridade responsável

O mandado de segurança ataca ato de autoridade. Segundo a Constituição, "responsável pela ilegalidade ou abuso de poder".[6]

Quem é autoridade para tais efeitos?

Celso Bastos pergunta se a segurança "é utilizável contra uma pessoa considerada em si mesma autoridade, ou contra alguém que tenha praticado um ato dotado de força própria de autoridade".[7]

Bem por isso, Hely Lopes Meirelles exemplifica com a figura do porteiro que é agente público mas não é autoridade. "Autoridade", continua o ilustre administrativista, "é o seu superior hierárquico, que decide naquela repartição pública".[8]

6. O mandado de segurança é garantia constitucional voltada à proteção de direito líquido e certo. É cabível quando houver ameaça de violação ou violação a direito líquido e certo, por ilegalidade ou abuso de poder. Daí a Súmula 266 do STF: "Não cabe mandado de segurança contra lei em tese". Em consonância com este entendimento o julgado publicado na *RT* 676/180: "O impetrante, na causa de pedir, precisa narrar fato concreto, que afronta direito líquido e certo. Em se restringindo a arguir a ilegalidade de Portaria, investe contra norma jurídica em tese. Impossibilidade do pedido.

"A portaria é lei em sentido material. Em não gerando situação específica e pessoal, insuscetível de afrontar direito individual, revela-se imprópria para exame de legalidade, via mandado de segurança."

No mesmo sentido, consagrando o não cabimento do mandado de segurança contra lei em tese, o julgado proferido no MS 21.074-5 (AgRg), DF, TP, j. 26.4.90, rel. Min. Celso de Mello, *DJU* 1.6.90: "É plena a insindicabilidade, pela via jurídico-processual do mandado de segurança, de atos em tese, assim considerados os que dispõem sobre situações gerais e impessoais, têm alcance genérico e disciplinam hipóteses que neles se acham abstratamente previstas. O mandado de segurança não é sucedâneo da ação direta de inconstitucionalidade e nem pode substituí-la, sob pena de grave deformação do instituto e inaceitável desvio de sua verdadeira função jurídico-processual" (*RT* 657/210).

E ainda julgado proferido em grau de Apelação 119.934-1, 1ª C, j. 27.3.90: "Embora manifesto o vício formal, a lei, uma vez promulgada, não pode ser desconstituída pela via do mandado de segurança, mas somente pela via da ação direta de inconstitucionalidade. Assim, se impetrado o *writ* para atacar projeto de lei que fora irregularmente aprovado mas não concedida a liminar para sustar o procedimento, prosseguindo a atividade normal para a formação da lei, vindo esta, por fim, a ser promulgada, a impetração perde seu objeto, sendo inaplicável à espécie o princípio de estabilidade da lide. Deve ser o processo extinto sem julgamento de mérito, na forma do art. 267, VI, do CPC" (*RT* 654/80).

Neste mesmo sentido decisão publicada na *RT* 651/69, advertindo que na hipótese não só desapareceu o objeto da impetração – que acabou por atacar lei em tese –, como ainda impossível tornou-se à autoridade coatora consertar o erro porventura ocorrido (Ap. 118.712-1, 5ª C, j. 7.12.89).

7. *Do Mandado de Segurança*, p. 33. Sobre o mandado de segurança contra ato judicial, consultar artigo de E. D. Moniz de Aragão, "Mandado de segurança contra ato judicial", in *RT* 682/7-23.

8. *Mandado de Segurança e Ações Constitucionais*, 32ª ed., 2009, p. 31.

Verifica-se claramente a ideia de que o mandado de segurança se destina a invalidar a "especial força jurídica que reveste certos atos do poder público", conclui Celso Bastos.[9]

Assim, podem ser sujeitos passivos no mandado de segurança os praticantes daqueles atos revestidos de uma força jurídica especial e componentes da União, Estados e Municípios, de autarquias, de empresas públicas e sociedades de economia mista exercentes de serviços públicos e, ainda, de agentes de pessoas de direito privado no exercício de função pública delegada, como, aliás, está literalmente prescrito no texto constitucional.[10]

6. Cabimento da medida liminar após denegação da segurança

Tratando-se de mandado de segurança, garantia constitucional insculpida no capítulo dos direitos e garantias individuais, não se pode interpretar o sistema normativo sem assegurar aquilo que o constituinte pretendeu e que o legislador ordinário especificou (Lei 12.016, art. 7º, III): paralisar a prática do ato lesivo até o pronunciamento definitivo do Poder Judiciário. Não tem suporte jurídico a interpretação que restrinja essa paralisação do ato apenas à instância em que a ordem foi postulada. Essa exegese leva à ineficácia da medida se as instâncias superiores vierem a concedê-la. Bem por isso, Hely Lopes Meirelles, antes da revogada Lei 6.014, de 27.2.73, que concedia apelação das sentenças proferidas em mandado de segurança, alvitrava a possibilidade de o juiz manter a liminar, mesmo negando a segurança.[11] Agora, na última edição de sua obra *Mandado de Segurança e Ações Constitucionais*, registra que "Muito se discutiu acerca da persistência da medida liminar após a sentença denegatória do mandado. De início, os tribunais sustentaram indiscriminadamente sua subsistência enquanto

9. Ob. cit., p. 33.

10. A este respeito, vide ementa do Tribunal de Justiça de São Paulo: "A autoridade administrativa que executa o ato administrativo considerado ilegal e contra o qual se dirige o mandado de segurança é parte legítima para responder à ação. Para tais efeitos, consideram-se atos de autoridade não só os emanados de autoridade pública propriamente dita como, também, os praticados por administradores ou representantes de autarquias e de entidades paraestatais e, ainda, os de pessoas naturais ou jurídicas com funções delegadas" (*RT* 640/62).

11. Hely Lopes Meirelles, antes da vigência do CPC de 1973, sustentava que o juiz, ao denegar a segurança, poderia adotar as seguintes medidas: a) denegava a segurança e cassava a liminar; b) denegava a segurança e mantinha expressamente a liminar; c) denegava a segurança e silenciava quanto à liminar, o que importava a sua mantença (*Mandado de Segurança e Ação Popular*, 8ª ed., pp. 47-48).

não transitasse em julgado a rejeição do *mandamus*, mas a jurisprudência mais recente do STF passou a considerar cessados seus efeitos com a sentença de denegação", citando a Súmula n. 405 do STF: "Denegado o mandado de segurança pela sentença, ou no julgamento do agravo, dela interposto, fica sem efeito a liminar concedida, retroagindo os efeitos da decisão contrária").

E, mais adiante, anota: "Desde a substituição do agravo de petição pela apelação em mandado de segurança, o juiz inferior já não podia modificar a sentença e alterar a situação do julgado após a decisão de mérito, gerando dificuldades para a preservação do direito a ser protegido pelo *mandamus*. Diante dessa situação, entendemos que cabe ao Presidente do Tribunal e, subseqüentemente, ao relator da apelação prover sobre a liminar que se fizer necessária ou inconveniente, após a prolação da sentença". Essa opinião de Hely Lopes Meirelles "é hoje ainda mais atual, tendo em vista os poderes concedidos ao relator, que pode atribuir o efeito suspensivo a agravos de instrumento e apelações normalmente recebidos apenas no efeito devolutivo (CPC, art. 558, com a redação da Lei n. 9.139/95)".[12]

Prevê o ilustre administrativista a possibilidade de se pleitear à E. Presidência do Tribunal ou ao Relator, conforme tenha, ou não, subido a apelação.

É bom registrar que, mesmo antes da modificação recursal introduzida pelo Código de Processo Civil – quando se previa o agravo de petição como recurso competente das decisões proferidas em mandado de segurança –, a concessão da liminar pelo Tribunal *ad quem*, tal como exposto, já era possível. Bastaria a concorrência dos dois pressupostos: relevância dos fundamentos do pedido e inocuidade da medida se, a final, concedida. Este era e continua a ser o caminho adequado. Não podia o juízo de primeiro grau, no regime processual anterior, *denegar a segurança* e, ao mesmo tempo, *manter a liminar*.[13]

É que a sua denegação importava a falta de um dos fundamentos legais autorizadores de sua concessão: a relevância dos fundamentos do pedido. Se o juiz denegava a segurança, estava a revelar a irrelevância dos fundamentos que alicerçaram o pedido. Não possuía o juiz, destarte, base legal para manter a medida que inicialmente concedera.[14] A doutrina que

12. *Mandado de Segurança e Ações Constitucionais*, 32ª ed., 2009, pp. 93 e 95, e nota 185.

13. Este entendimento é consagrado, inclusive, em Súmula do STF de n. 405: "Denegado o mandado de segurança pela sentença, ou no julgamento do agravo, dela interposto, fica sem efeito a liminar concedida, retroagindo os efeitos da decisão contrária".

14. "Concede-se a liminar no mandado de segurança quando seus fundamentos são razoáveis, isto é, quando o pedido é viável à primeira vista e se o direito do impetrante, em

sustentou esse ponto de vista baseava-se na tese de que, por ser o recurso cabível aquele denominado agravo de petição, o juiz tinha, ainda, jurisdição sobre o processo mesmo depois de prolatada a sentença. Mas, no caso, a sua possibilidade de manifestação se cingia à mantença, ou não, da própria decisão. Inadmissível era a concomitância de juízos contraditórios: um, mantendo a sentença denegatória (o que indicava a inexistência de bons fundamentos do pedido), e outro, mantendo a liminar (o que indicaria, por imposição legal, que eram bons aqueles fundamentos).

Ainda mais, em abono da tese. Se a apelação devolve ao conhecimento do Tribunal todas as questões debatidas no juízo de primeiro grau (CPC, art. 515), há de devolver também a matéria atinente à liminar, que é o *primeiro juízo de conhecimento* empreendido pelo juiz no processo. E de relevância inquestionável, pena de ineficácia da medida, como já foi demonstrado.

Ainda, a Lei 12.016/2009, art. 7º, ao referir-se a *juiz,* indica o integrante do Poder Judiciário e não apenas o magistrado de primeiro grau de jurisdição. Não fosse assim, jamais um Desembargador ou Ministro poderia conceder liminar nos casos de competência originária dos tribunais superiores. A exegese literal desnatura, no caso, o instituto previsto no art. 5º, LXIX, sendo prestante, apenas e tão somente, a interpretação de todo o sistema normativo para a boa intelecção daquela garantia constitucional.

Para ressaltar a viabilidade do que se sustenta basta atentar para a circunstância de que, nos demais procedimentos, enquanto houver recurso, a execução da sentença, quando procedida, é provisória e demanda caução (CPC, art. 588). Tudo para impedir uma *lesão irreparável* ao direito do litigante a quem a sentença foi desfavorável.

Como admitir que no mandado de segurança a *lesão possa ser irreparável* simplesmente porque houve pronunciamento de um dos graus de jurisdição?

Poder-se-ia objetar com a inexistência de autorização legal para que a Presidência do Tribunal possa prover a respeito do pedido. Somente seria cabível o pedido quando distribuído o feito a um relator.

Ela existe, contudo. Deriva da aplicação do princípio da igualdade das partes no processo, matéria amplamente exposta pelo Prof. Arruda Alvim, em aula proferida no II Curso de Especialização em Direito Constitucional promovido pela PUC-SP (notas taquigráficas): "De outra parte, este prin-

razão de sua transitoriedade, corre o risco de perecer caso não seja acautelado. A liminar é de direito estrito, só se justificando sua concessão nos casos em direito admitidos" (MS 242.143, 1975, TJSP).

cípio da igualdade de todos perante a lei se projeta densamente no Código de Processo Civil, como não poderia deixar de ser, dado que se trata de um princípio constitucional ao qual todo o ordenamento jurídico se encontra necessariamente vergado.

"A este princípio se denomina, no direito processual civil, de princípio de paridade de tratamento das partes, ou seja, os litigantes hão, no processo civil, de ser tratados igualmente. Não é possível, em nome e ancorado no próprio princípio constitucional, fazer discriminação tendo em vista o tratamento que há de ser deferido pelo ordenamento aos litigantes e, mais do que isto, e especialmente, pela interpretação que o juiz venha a dar ao ordenamento consubstanciado no Código de Processo Civil.

"O desenvolvimento no processo, exatamente sugando a seiva deste princípio da igualdade de todos perante a lei, chega a um outro aspecto, que não é o do aspecto estritamente formal, mas se endereça para o aspecto substancial. Por este aspecto substancial, em realidade, os doutrinadores do processo, vislumbrando esta regra constitucional, formulam, digamos assim, uma sub-regra, que consiste em que se recomende ao legislador infraconstitucional do processo e ao juiz que apliquem a lei, sempre quando possível, apesar das diferenças intrínsecas e das funções operacionais diversas do autor e do réu, e que lhes deem, apesar destas diferenças, o quanto possível, um tratamento autenticamente igual."

Daí por que, embasado no mencionado princípio da igualdade, o impetrante pode invocar a Lei 12.016/2009, art. 15, que autoriza o Presidente do Tribunal, a quem competir o conhecimento do recurso, a suspender a execução da sentença concessiva de segurança ou suspender a liminar, a requerimento de pessoa jurídica de direito público interessada. Isto significa que, tão logo seja proferida sentença, o Presidente do Tribunal competente para conhecer do recurso passa a ter jurisdição sobre o processo, podendo decidir as questões que nele sejam postas. Que, aliás, já possuía desde a concessão da liminar, dado que está autorizado a suspender os seus efeitos.

Verifica-se, pois, que o Presidente do Tribunal tem *jurisdição* para prover sobre essa matéria, podendo conceder liminar desde que estejam presentes os dois requisitos estabelecidos na Lei 12.016/2009, art. 7º, III, ainda que já tenha havido manifestação do juízo de 1º grau denegando a segurança.

É com tal modo de proceder que o Judiciário dará ao mandado de segurança a posição que, efetivamente, lhe deu o legislador constituinte: a de medida paralisante da eficácia do ato administrativo, impedindo lesão irreparável a direito individual, até final pronunciamento daquele Poder.

7. *Recurso administrativo e mandado de segurança*

A Lei 12.016/2009, art. 5º, estabelece: "Não se concederá mandado de segurança quando se tratar: I – de ato de que caiba recurso administrativo com efeito suspensivo, independente de caução".

Qual a correta interpretação do art. 5º, I, da Lei 12.016/2009 em face do Texto Constitucional?

Em outras palavras: havendo previsão legal de recurso administrativo para a instância superior, fica vedado o acesso ao Judiciário enquanto não exaurida a via administrativa? Qual o exato alcance daquele dispositivo legal?

É preciso ressaltar, de logo, que a garantia constitucional insculpida no art. 5º, LXIX, se destina a impedir lesão a direito individual, ou seja, este instrumento só é utilizável na medida em que se efetiva vulneração a direito líquido e certo.

Outra ideia que deve ser realçada é a de que a Lei 12.016/2009 não exige o exaurimento das instâncias administrativas antes do ingresso no Judiciário.

Sendo assim, nada há, no sistema normativo que exija o percurso de todas as instâncias administrativas para chegar-se ao Judiciário.

É certo, assim, que a proibição de acesso pleno ao Judiciário deriva de dois fatos distintos: a) que a lei determine expressamente a necessidade do percurso da via administrativa; b) que o recurso administrativo interposto tenha efeito suspensivo.

Anote-se que não é o efeito suspensivo, atribuído ao recurso, que impede a utilização do mandado de segurança, mas sim que, em face desse efeito, desaparece a lesão autorizadora do mandado de segurança.

Repita-se: não é o simples fato de o recurso suspender o efeito do ato administrativo que desautoriza o uso do *mandamus*, mas, sim, a circunstância de que a suspensão de seus efeitos importa o *afastamento* da lesão ao direito. Esta inexiste. Inexistindo lesão, não há espaço para a segurança.

Se nenhuma lesão de direito individual será excluída da apreciação do Judiciário, é preciso que ela efetivamente ocorra para autorizar o acesso àquele Poder. Ninguém pode ingressar em juízo a não ser para defender interesse próprio que considere lesado. Mais se acentua esta ideia quando se trata de mandado de segurança. Não há, em face da suspensão dos efeitos do ato considerado lesivo, a somatória dos pressupostos de cabimento do *mandamus*.

De outro lado, é bom que se ressalte o princípio da plenitude do exercício da jurisdição pelo Poder Judiciário em face, precisamente, do disposto no art. 5º, XXXV, da CF.

Este assegura – como é óbvio – o imediato ingresso em juízo tão logo se verifique a lesão aludida no referido artigo.

Na verdade, impossível é coexistência de recurso administrativo em tramitação – ao qual a lei atribuiu efeito suspensivo – com a impetração de mandado de segurança.

Estas medidas não podem ser intentadas concomitantemente. Entretanto, nada impede que o interessado abandone a via administrativa e opte desde logo pela solução judicial.

A preservação da ordem social pela inexistência de conflitos entre seres personalizados é a determinação máxima da ordem jurídica. Por isto que, quanto antes se der solução a eventuais controvérsias, maior estabilidade ganhará a ordem social. Quando o interessado deixa de lado a via administrativa para, imediatamente, buscar o Judiciário está, na verdade, buscando a solução definitiva do litígio e a consequente pacificação da vida social.

Corroborando a ideia ora descrita, lembre-se que a Súmula 429 do STF, já ao tempo do art. 5º, I, da Lei 1.533/51, estabelecia que "a existência de recurso administrativo com efeito suspensivo não impede o uso do mandado de segurança contra omissão de autoridade".

Em outras palavras: mesmo que tenha sido interposto recurso administrativo de uma determinada decisão da instância inferior não se impede a utilização do mandado de segurança contra ato omissivo na hipótese de, ainda assim, restar lesado direito individual.

Na hipótese sumulada existem ambas as medidas: a) o recurso administrativo com efeito suspensivo e b) o acesso ao Judiciário por meio de mandado de segurança.

Este entendimento reforça a ideia que temos procurado defender: a segurança é necessária sempre que houver lesão a direito, não obstada por recurso com efeito suspensivo. No caso de atos omissivos, salta à vista, a suspensividade jurídica do recurso não é de molde a trazer reparação fática à lesão sofrida.

Consequência de tudo quanto estamos expondo é o fato de que, deixando o interessado de utilizar recurso administrativo ao qual a lei atribui efeito suspensivo, surge, às luzes claras, a lesão a direito, circunstância autorizadora do mandado de segurança. Não fosse assim, toda vez que alguém perdesse o prazo para interposição do recurso, a ele estaria vedado o acesso ao Judiciário, visto como se argumentaria que, nessa hipótese, cabia o pedido com efeito suspensivo e a sua não utilização implicaria a perda do direito à impetração da medida judicial.

Todas as razões já indicadas encontram suporte na doutrina e na jurisprudência.

Eis o que Hely Lopes Meirelles ensina: "Quando a lei veda se impetre mandado de segurança contra 'ato de que caiba recurso administrativo com efeito suspensivo, independente de caução' (art. 5º, I), não está obrigando o particular a exaurir a via administrativa para, após, utilizar-se da via judicial. Está, apenas, condicionando a impetração à operatividade ou exeqüibilidade do ato a ser impugnado perante o Judiciário. Se o *recurso suspensivo* for utilizado, ter-se-á que aguardar o seu julgamento, para atacar-se o ato final; se transcorre o prazo para o recurso, ou se a parte renuncia a sua interposição, o ato se torna operante e exequível pela Administração, ensejando desde logo a impetração. O que não se admite é a concomitância do recurso administrativo (com efeito suspensivo) com o mandado de segurança, porque, se os efeitos do ato já estão sobrestados pelo recurso hierárquico, nenhuma lesão produzirá enquanto não se tornar exequível e operante".[15]

No mesmo sentido, Othon Sidou deixou assentado: "Se o ato é de índole positiva e pode ser sustado mediante a simples manifestação do recurso, enquanto é ele decidido, a potencial ação reparatória do remédio pode ser postergada sem gravame para o queixoso, mesmo porque, sustados os efeitos do ato, desaparece, *pro tempore*, o fato que possibilita curso ao mandado de segurança, assim desfalcado do imprescindível direito líquido e certo. Tanto assim é que o prazo caduciário para a utilização da segurança só começa a correr da data de decisão do recurso não provido. Não se trata de suspensão de prazo, porque não se suspende o que não começou a existir, e o fato configurador da lesão é ainda inexistente. Noutras palavras: existe ato, mas ainda não existe fato".

E, por isso, acrescenta: "Desmerece curso, pois, a opinião dos que entendem que se não deve dar mandado de segurança no caso de poder conseguir-se, pelo recurso administrativo, a corrigenda da omissão da autoridade na prática de determinada obrigação. E assim porque, face a todo ato contra que não prevaleça a pronta restauração do direito, seja ele comissivo ou omissivo, atribui-se o seu conhecimento, no sentido de restaurar o direito, ao Poder Judiciário".[16]

É tão expressivo o instrumento constitucional do art. 5º, LXIX, que o Min. Rocha Lagoa, do TFR, ainda sob o regime da Constituição de 1946, foi levado a firmar:

15. *Mandado de Segurança e Ações Constitucionais*, 32ª ed., p. 39.

16. *Do Mandado de Segurança,* 3ª ed., pp. 296-297.

"Frente à generalização em que foi baseada a regra contida no § 24 do art. 141 na Constituição vigente, tenho por derrogados todos os requisitos do Código de Processo Civil e do Estatuto dos Funcionários Públicos que restringem o direito do exercício da petição do mandado de segurança" (MS 177).

E no Supremo Tribunal Federal, já em vigor a Lei 1.533/51, a ementa do RE 22.212, julgado aos 12.5.53, sendo relator o Min. Lafayete de Andrade, foi assim redigida: "O mandado de segurança não está condicionado ao uso prévio de todos os recursos administrativos, porque ao Judiciário não se pode furtar o exame de qualquer lesão de direito".

Unânimes, portanto, a doutrina e a jurisprudência ao entenderem desnecessário o esgotamento da via administrativa para o acesso ao Judiciário, ainda que a lei preveja a possibilidade de utilização de recurso ao qual se conferiu efeito suspensivo.

8. *O mandado de segurança coletivo*

O mandado de segurança é instrumento que visa a proteger direito individual. Portanto, o indivíduo ou uma individualidade (pessoa jurídica) é que pode figurar no pólo ativo da relação processual (impetrante).

A Constituição de 1988 criou o *mandado de segurança coletivo* (art. 5º, LXX), hoje regulado pela Lei 12.016/2009, arts. 21 e 22.

Diferentemente do individual, o *mandado de segurança coletivo* pode ser impetrado por: a) partido político com representação no Congresso Nacional, na defesa de seus interesses legítimos relativos a seus integrantes ou à finalidade partidária; e b) organização sindical, entidade de classe ou associação legalmente constituída e em funcionamento há pelo menos um ano, em defesa de direito líquido e certo da totalidade, ou de parte, dos seus membros ou associados, na forma dos seus estatutos e desde que pertinentes às suas finalidades, dispensada, para tanto, autorização especial.

Anoto que as entidades mencionadas podem figurar no pólo ativo da relação processual do mandado de segurança para defender interesses que digam respeito a assuntos referentes à categoria classista ou associativa genericamente considerada. Para tanto, a entidade impetrante não necessita de autorização dos seus integrantes. Esta já é fornecida pelo texto constitucional e pela lei regulamentar (Lei 12.016, art. 21).[17]

17. Neste mesmo sentido o julgado proferido no MS 10.503-0, TP, j. 18.4.90: "Desnecessária, ademais, expressa autorização dos associados ou indicação nominal dos benefi-

Os direitos protegidos pelo mandado de segurança coletivo podem ser: I – coletivos, assim entendidos os transindividuais, de natureza indivisível, de que seja titular grupo ou categoria de pessoas ligadas entre si ou com a parte contrária por uma relação jurídica básica; ou II – individuais homogêneos, assim entendidos os decorrentes de origem comum e da atividade ou situação específica da totalidade ou de parte dos associados ou membros do impetrante (parágrafo único do art. 21).

A criação do *mandado de segurança coletivo* tem dois objetivos: a) fortalecer as organizações classistas e b) pacificar as relações sociais pela solução que o Judiciário dará a situações controvertidas que poderiam gerar milhares de litígios com a consequente desestabilização da ordem social.

Surge, porém, um problema: o indivíduo que estiver filiado a uma organização coletiva não poderá utilizar-se do mandado de segurança individual em defesa do seu direito no caso de a organização haver impetrado o mandado de segurança coletivo considerado improcedente pelo Judiciário? Em síntese: a decisão no mandado de segurança coletivo faz coisa julgada?

ciários diretos da impetração. A primeira exigência colocaria essa ação de classe na mesma situação das intentadas por associações legitimadas a agir na forma do inc. XXI do art. 5º da Constituição Federal. E a segunda ignora a dimensão dos interesses coletivos tutelados pela garantia constitucional do mandado de segurança coletivo" (*RT* 657/74).

Em sentido contrário, a interpretação do Tribunal de Alçada do Rio Grande do Sul, quando do julgamento da Ap. 190083980: "A teor do art. 5º, XXI, da Carta Maior de 1988, para pleitear em juízo, em nome de seus filiados, as entidades associativas hão que ter expressa autorização. Autorização que pode constar dos respectivos estatutos ou específica, da assembleia-geral, para determinada ação. Não a apresentando a entidade associativa, falecer-lhe-á legitimidade para pleitear judicialmente em nome dos filiados" (in *RT* 668/159).

Quanto à extensão dos efeitos do mandado de segurança coletivo, entende o julgado proferido no MS 10.503-0, TP, j. 18.4.90: "Os direitos resguardáveis pelo mandado de segurança coletivo transferidos à titularidade de sindicatos, entidades de classe ou associações não serão exclusivamente os de toda a classe ou categoria, porque esta contenção do instituto sequer se concilia com a letra da cláusula constitucional, que alude aos interesses dos integrantes dessas organizações, não aos interesses que envolvem todos esses membros ou, mesmo, da "classe" como pessoa distinta, absorvendo claramente os interesses de parte dessa comunidade, desde que com abrangência suficiente para assumir a condição de coletivos" (*RT* 657/74).

A ementa publicada na *RT* 661/66 traz idêntica orientação: "Mandado de segurança coletivo – Impetração visando à defesa de parte dos membros de instituição prevista no art. 5º, LXX, da CF – Admissibilidade – Inexistência de limitação constitucional no sentido de que o remédio heroico somente possa atingir todos os associados.

"Tratando-se de mandado de segurança coletivo, a Constituição Federal não o limitou à defesa dos interesses que cubram somente todos os membros ou associados das entidades previstas em seu art. 5º, LXX. Admite-se, portanto, o remédio heroico diante do universo que pode atingir todos associados ou parte deles."

Segundo o art. 22 da Lei 12.016/2009, “No mandado de segurança coletivo, a sentença fará coisa julgada limitadamente aos membros do grupo ou categoria substituídos pelo impetrante”.

Por outro lado, diz o § 1º do mesmo art. 22: “O mandado de segurança coletivo não induz litispendência para as ações individuais, mas os efeitos da coisa julgada não beneficiarão o impetrante a título individual se não requerer a desistência de seu mandado de segurança no prazo de 30 dias a contar da ciência comprovada da impetração da segurança coletiva”.

Contudo, o desiderato constitucional foi o de ampliar as garantias individuais. Jamais o de restringi-las. Tanto que o fato da criação do mandado de segurança coletivo visou a fortalecer a pretensão levada a juízo. Sempre em benefício dos *indivíduos* componentes da categoria.

Derivaria, assim, da Constituição a autorização – se não mesmo a determinação – para que o legislador ordinário, ao regulamentar o *mandado de segurança coletivo*, estabelecesse que a decisão judicial *faria coisa julgada* quando favorável à entidade impetrante e *não faria coisa julgada* quando a ela desfavorável. Com isso ficaria aberta a possibilidade do mandado de segurança individual quando a organização coletiva não fosse bem sucedida no pleito judicial.

Finalmente, de acordo com o § 2º do art. 22, no mandado de segurança coletivo, a liminar só poderá ser concedida após a audiência do representante judicial da pessoa jurídica de direito público, que deverá se pronunciar no prazo de 72 horas.

9. Súmulas do STF e do STJ

1. A título de ilustração transcrevemos as *súmulas já editadas pelo STF* sobre o tema ora em estudo:

101 – O mandado de segurança não substitui a ação popular.

248 – É competente, originariamente, o Supremo Tribunal Federal, para mandado de segurança contra ato do Tribunal de Contas da União.

266 – Não cabe mandado de segurança contra lei em tese.

267 – Não cabe mandado de segurança contra ato judicial passível de recurso ou correição.

268 – Não cabe mandado de segurança contra decisão judicial com trânsito em julgado.

269 – O mandado de segurança não é substitutivo de ação de cobrança.

270 – Não cabe mandado de segurança para impugnar enquadramento da Lei 3.780, de 12.7.60, que envolva exame de prova ou de situação funcional complexa.

271 – Concessão de mandado de segurança não produz efeitos patrimoniais, em relação a período pretérito, os quais devem ser reclamados administrativamente ou pela via judicial própria.

272 – Não se admite como ordinário recurso extraordinário de decisão denegatória de mandado de segurança.

294 – São inadmissíveis embargos infringentes contra decisão do Supremo Tribunal Federal em mandado de segurança.

299 – O recurso ordinário e o extraordinário interpostos no mesmo processo de mandado de segurança, ou de *habeas corpus*, serão julgados conjuntamente pelo Tribunal Pleno.

304 – Decisão denegatória de mandado de segurança, não fazendo coisa julgada contra o impetrante, não impede o uso da ação própria.

319 – O prazo do recurso ordinário para o Supremo Tribunal Federal, em *habeas corpus* ou mandado de segurança, é de cinco dias.

330 – O Supremo Tribunal Federal não é competente para conhecer de mandado de segurança contra ato dos Tribunais de Justiça dos Estados.

392 – O prazo para recorrer de acórdão concessivo de segurança conta-se da publicação oficial de suas conclusões, e não da anterior ciência à autoridade para cumprimento da decisão.

405 – Denegado o mandado de segurança pela sentença, ou no julgamento do agravo, dela interposto, fica sem efeito a liminar concedida, retroagindo os efeitos da decisão contrária.

429 – A existência de recurso administrativo com efeito suspensivo não impede o uso do mandado de segurança contra omissão de autoridade.

430 – Pedido de reconsideração na via administrativa não interrompe o prazo para o mandado de segurança.

433 – É competente o Tribunal Regional do Trabalho para julgar mandado de segurança contra ato de seu presidente em execução de sentença trabalhista.

474 – Não há direito líquido e certo, amparado pelo mandado de segurança, quando se escuda em lei cujos efeitos foram anulados por outra, declarada constitucional pelo Supremo Tribunal Federal.

510 – Praticado o ato por autoridade, no exercício de competência delegada, contra ela cabe o mandado de segurança ou a medida judicial.

511 – Compete à Justiça Federal, em ambas as instâncias, processar e julgar as causas entre autarquias federais e entidades públicas locais, inclusive mandado de segurança, ressalvada a ação fiscal, nos termos da CF de 1967, art. 119, § 3º.

512 – Não cabe condenação em honorários de advogado na ação de mandado de segurança.

597 – Não cabem embargos infringentes de acórdão que, em mandado de segurança, decidiu, por maioria de votos, a apelação.

622 – Não cabe agravo regimental contra decisão do relator que concede ou indefere liminar em mandado de segurança.[18]

623 – Não gera por si só a competência originária do STF para conhecer do mandado de segurança com base no art. 102, I, "n", da Constituição, dirigir-se o pedido contra deliberação administrativa do tribunal de origem, da qual haja participado a maioria ou a totalidade de seus membros.

624 – Não compete ao STF conhecer originariamente de mandado de segurança contra atos de outros tribunais.

625 – Controvérsia sobre matéria de direito não impede concessão de mandado de segurança.

626 – A suspensão da liminar em mandado de segurança, salvo determinação em contrário da decisão que a deferir, vigorará até o trânsito em julgado da decisão definitiva de concessão

18. Prejudicada pelo art. 16, parágrafo único, da Lei 12.016/2009.

da segurança ou, havendo recurso, até a sua manutenção pelo STF, desde que o objeto da liminar deferida coincida, total ou parcialmente, com o da impetração.

627 – No mandado de segurança contra a nomeação de magistrado da competência do Presidente da República, este é considerado autoridade coatora, ainda que o fundamento da impetração seja nulidade ocorrida em fase anterior do procedimento.

629 – A impetração de mandado de segurança coletivo por entidade de classe em favor dos associados independe da autorização destes.

630 – A entidade de classe tem legitimação para o mandado de segurança ainda quando a pretensão veiculada interesse apenas a uma parte da respectiva categoria.

631 – Extingue-se o processo de mandado de segurança se o impetrante não promove, no prazo assinado, a citação do litisconsorte passivo necessário.

632 – É constitucional lei que fixa o prazo de decadência para a impetração de mandado de segurança.

701 – No mandado de segurança impetrado pelo Ministério Público contra decisão proferida em processo penal, é obrigatória a citação do réu como litisconsorte passivo.

735 – Não cabe recurso extraordinário contra acórdão que defere medida liminar

2. Súmulas do Superior Tribunal de Justiça

41 – O STJ não tem competência para processar e julgar, originariamente, mandado de segurança contra ato de outros tribunais ou dos respectivos órgãos.

105 – Na ação de mandado de segurança não se admite condenação em honorários advocatícios.

169 – São inadmissíveis embargos infringentes no processo de mandado de segurança.

177 – O STJ é incompetente para processar e julgar, originariamente, mandado de segurança contra ato de órgão colegiado presidido por Ministro de Estado.

202 – A impetração de segurança por terceiro, contra ato judicial, não se condiciona à interposição de recurso.

213 – O mandado de segurança constitui ação adequada para a declaração do direito à compensação tributária.

333 – Cabe mandado de segurança contra ato praticado em licitação promovida por sociedade de economia mista ou empresa pública.

376 – Compete a turma recursal processar e julgar o mandado de segurança contra ato de juizado especial.

460 – É incabível o mandado de segurança para convalidar a compensação tributária realizada pelo contribuinte.

Capítulo II

O "HABEAS CORPUS"

1. Introdução. 2. Origem do "habeas corpus". 3. Sujeitos passivos do "habeas corpus".

1. Introdução

Já verificamos que o mandado de segurança garante todos os direitos dotados de liquidez e certeza, menos aquele amparado por *habeas corpus*. Isto quer dizer que o *habeas corpus* também protege direito líquido e certo: a liberdade de locomoção. Locomoção, por sua vez, no seu sentido mais amplo. No de movimento e no de permanência. É o direito de ir, de vir, de restar, de permanecer.

O texto constitucional (art. 5º, LXVIII) autoriza o *habeas corpus* preventivo e o repressivo. Alude a ameaça de violência ou coação em sua liberdade de locomoção (previne, pois) e ao ato concreto pelo qual alguém sofre a violência ou coação (reprime, pois). Não será qualquer ato restritivo da liberdade de locomoção que permitirá a invocação do direito ao *habeas corpus*, mas, sim, aqueles ilegais ou praticados com abuso de poder.

Ilegalidade ou abuso de poder, por sua vez, ligam-se às ideias de afronta direta ou indireta à lei. É ilegal o ato que desborda dos limites legais. É abusivo o ato fundado na lei (que o autoriza) mas que se desvia de sua real finalidade.

A locomoção é o "bem" protegido pelo instituto. Por isso só beneficia as pessoas físicas, não as jurídicas. Estas, contudo, podem impetrá-lo em favor de uma pessoa física – como toda e qualquer pessoa física o impetra em benefício de outrem.

2. *Origem do "habeas corpus"*

A doutrina é vacilante no tocante à origem do *habeas corpus*. Segundo Pontes de Miranda, "o instituto vem de muitos séculos, tido sempre como o melhor remédio jurídico processual". Continua: "o direito de ir, ficar e vir era vaga noção, sem as seguranças e garantias necessárias que a efetivassem. Direito subjetivo, não havia; nem a pretensão, nem a ação. As violações ficavam impunes. Por toda parte, coagiam-se indivíduos, ilegalmente".[1]

A *Magna Charta Libertatum,* outorgada por João Sem-Terra, em 15.6.1215, por força das constantes pressões dos nobres e do clero, norteou os princípios fundamentais do *habeas corpus*. Diz o seu art. 48: "Ninguém poderá ser detido, preso ou despojado de seus bens, costumes e liberdades, senão em virtude de julgamento de seus pares, de acordo com as leis do País".

A ordem tinha o seguinte teor: "Toma (literalmente: tome no subjuntivo, habeas, de *habeo*, *habere*, ter, exibir, tomar, trazer etc.) o corpo deste detido e vem submeter ao Tribunal o homem e o caso".

No século XVII, mais precisamente em 1679, no reinado de Carlos II, o texto suso-transcrito foi regulamentado pelo *Habeas Corpus Act*. E em 1816 surgiu outro *Habeas Corpus Act*, que ampliou o anterior, proporcionando maior celeridade no processamento da ordem da defesa da liberdade pessoal.

O desenvolvimento do instituto, entre nós, se deu logo após a República, quando o Decreto 848, de 11.10.1890, organizou a Justiça Federal, estabelecendo-se o recurso extraordinário em todos os casos de denegação da ordem de *habeas corpus*.

A Constituição do Império não falou em *habeas corpus*. Este, porém, foi regulado pelo Decreto de 23.5.1821, antes de se inserir na Constituição de 1891, para assegurar a liberdade individual.

Em 1891, pela primeira vez, o instituto do *habeas corpus* passa a integrar o texto constitucional. Dizia o seu art. 72, § 22: "Dar-se-á o *habeas corpus* sempre que o indivíduo sofrer ou se achar em iminente perigo de sofrer violência, ou coação, por ilegalidade ou abuso de poder".

Ruy Barbosa foi o primeiro a interpretar o texto constitucional e o fazia de modo amplo, pois não encontrava limites para a concessão do *habeas corpus*. A ele se contrapunha Pedro Lessa. Dos debates de ambos, adveio

1. *História e Prática do "Habeas corpus"*, p. 14.

uma revisão à Constituição que resultou na nova redação do art. 72, § 22: "Dar-se-á *habeas corpus* sempre que alguém sofrer violência por meio de prisão ou constrangimento ilegal na sua liberdade de locomoção". E aqui, por oportuna, se transcreve a lição de Fernando da Costa Tourinho Filho:

"Com a nova redação foram alijados os demais direitos subjetivos. Entretanto, com a Constituição de 1934, suprimiu-se a expressão 'locomoção' e o art. 113, 23, dizia: 'Dar-se-á *habeas corpus* sempre que alguém sofrer, ou se achar ameaçado de sofrer violência ou coação em sua liberdade, por ilegalidade ou abuso de poder'.

"Para amparar outros direitos, criou-se o instituto do mandado de segurança, dispondo assim o art. 113, 33: 'Dar-se-á mandado de segurança para defesa de direito certo e inconstestável, ameaçado ou violado por ato manifestamente insconstitucional ou ilegal, de qualquer autoridade. O processo será o mesmo do *habeas corpus*, devendo ser sempre ouvida a pessoa de direito público interessada'.

"A Constituição de 1946, no seu art. 141, § 23, manteve o remédio: 'Dar-se-á *habeas corpus* sempre que alguém sofrer ou se achar ameaçado de sofrer violência ou coação em sua liberdade de locomoção, por ilegalidade ou abuso de poder. Nas transgressões disciplinares não caberá *habeas corpus*'.

"O constituinte de 1967 manteve a mesma redação da Constituição de 1946, no seu art. 150, § 20. A Emenda Constitucional 1, também, dispôs no mesmo sentido, no seu art. 153, § 20."[2]

E a Constituição de 5.10.88 concede *habeas corpus* sempre que alguém sofrer ou se achar ameaçado de sofrer violência ou coação em sua liberdade de locomoção, por ilegalidade ou abuso de poder.

3. Sujeitos passivos do "habeas corpus"

Pontes de Miranda alude a detentor. Define: "pode ser qualquer indivíduo. Brasileiro ou estrangeiro, autoridade ou simples particular, recrutador ou comandante de fortaleza, agente de força pública, ou quem quer que seja, uma vez que detenha outrem em cárcere público ou privado; ou que esteja de vigia do paciente; ou lhe impeça o caminho; ou o proíba de andar, de mover-se, ou de qualquer modo contrarie a alguém, pessoa física, o direito de ir, ficar e vir".[3]

2. *Processo Penal*, vol. 4º, p. 351.

3. *História e Prática do "Habeas corpus"*, vol. 2º, pp. 42-43.

Verifica-se que, diferentemente do mandado de segurança, qualquer pessoa pode ser sujeito passivo na relação do *habeas corpus*. Não se cuida de autoridade e nem de ato com a força de autoridade. Cogita-se, na impetração, da ocorrência de constrangimento que impeça a locomoção, parta de autoridade pública ou de particular. Não é qualquer particular que pode ser sujeito passivo no *habeas corpus*. É preciso que o constrangimento exercido decorra de função por ele ocupada. Assim, o diretor de hospital que impede a saída do paciente sob o fundamento de débito.[4] Igualmente, o diretor de uma faculdade que impeça alunos grevistas de saírem do recinto da casa de ensino. A coação, no caso, deriva da função exercida pelo coator. Se alguém detiver outrem em uma sala por mero capricho pessoal ou qualquer outra razão a hipótese não é ensejadora de *habeas corpus*. Portanto, o particular "detentor" sujeita-se ao *habeas corpus* quando a coação se verifique por força de sua posição funcional.

4. Transcrevem-se aqui dois acórdãos a título de ilustração: "*Habeas corpus* – Impetração contra particular – Hospital – Retirada de internado impedida, embora com alta do médico, por não ter feito o pagamento das despesas – Ordem concedida – Decisão mantida – Inteligência do art. 647 do CPP – É pacífico que o *habeas corpus* é cabível nas hipóteses de coação oriunda de particular à liberdade de ir e vir" (*RT* 509/336).

"*Habeas corpus* – Impetração contra ato de particular – Radioperador impedido, pelo síndico do edifício em que reside, de ter acesso à laje de cobertura para reparos em antena – Conhecimento" (*RT* 514/310).

Capítulo III

AÇÃO POPULAR

1. Introdução. 2. O princípio republicano e a ação popular. 3. Legitimidade para propor ação. 4. Lesividade ao patrimônio público.

1. Introdução

"Eam popularem actionem dicimus, quae suum ius populi tuetur." Eis a fonte romana da *ação popular*: ação de que se servia o povo para defender direitos do próprio povo.

A Constituição brasileira de 1824 a previa:

"Por suborno, peita, peculato e concussão, haverá contra eles a *ação popular*, que poderá ser intentada dentro de ano e dia pelo próprio queixoso ou por qualquer do povo, guardada a ordem do processo estabelecido na lei" (art. 157).

Dela não cuidou a Constituição de 1891. Fê-lo a Constituição de 1934, no art. 113, 38, como também a Constituição de 1946, no art. 141, § 38. Ignorou-a a Constituição de 1937. A Constituição de 1967 sobre ela dispunha, no art. 150, § 31, e a de 1969 (chamada de Emenda Constitucional 1 à Constituição de 1967), no art. 153, § 21. Finalmente, a CF de 1988 dispõe, no art. 5º, LXXIII, que

"qualquer cidadão é parte legítima para propor ação popular que vise a anular ato lesivo ao patrimônio público ou de entidade de que o Estado participe, à moralidade administrativa, ao meio ambiente e ao patrimônio histórico e cultural, ficando o autor, salvo comprovada má-fé, isento de custas judiciais e do ônus da sucumbência".

Em nível infraconstitucional esse dispositivo é regulamentado pela Lei 4.717, de 29.6.65.

2. O princípio republicano e a ação popular

A ação popular deriva do princípio republicano. A *res* é pública. Daí a república, lembra Geraldo Ataliba.[1]

Se a coisa é do povo, a este cabe o direito de fiscalizar aquilo que é seu. Pertence-lhe o patrimônio do Estado. Por isso é público.

Esse direito – de fiscalização – é adotado pela Constituição em vigor, sob várias formas. Uma primeira é viabilizada pela representação popular nas Casas legislativas, pois os parlamentares servem-se do direito de crítica que a Constituição lhes confere e garante no art. 53, § 1º.

Ainda mais. É o Legislativo (onde estão os representantes do povo e dos Estados) que fiscaliza a aplicação do dinheiro público por meio de controle externo, além do interno, instituído por lei (no interior do Poder Executivo). O controle externo é exercido pelo Poder Legislativo com o auxílio do Tribunal de Contas. Este dá parecer e aquele aprova, ou rejeita, as contas oferecidas pelos responsáveis por bens ou valores públicos. Leiam-se os arts. 70 e ss. da CF.

E ainda, como fruto do princípio republicano: as contas dos Municípios ficarão, durante 60 dias, a cada ano, à disposição dos contribuintes, para o seu exame, apreciação e eventual impugnação. É fiscalização diretamente empreendida pelo povo.

Verifica-se, até aqui, um sistema fiscalizatório efetivado por meio de representação popular. Tudo em obediência ao princípio republicano, cuja valorização máxima é fornecida pelo constituinte com a ação popular.

Com efeito, o constituinte não se cingiu à fiscalização por meio de representantes populares. Quis que fosse exercitada, também, singularmente, por cidadão brasileiro. Isto para que os titulares da coisa pública possam, individualmente, protegê-la contra atos que a lesionem. A Constituição erige cada um dos cidadãos brasileiros em defensor do patrimônio público.[2]

1. Geraldo Ataliba, *República e Constituição.*

2. "A ação popular garante, em última análise, o direito democrático de participação do cidadão na vida pública, baseando-se no princípio da legalidade dos atos administrativos e

Por patrimônio público se entendem os bens e direitos de valor econômico, artístico, estético ou histórico.

3. *Legitimidade para propor ação*

A Constituição alude a *cidadão*. Quem é que, juridicamente, assim se define?

Para adequada resposta impende distinguir o *nacional* do *cidadão*. A Constituição distingue ambos. *Nacionais* são aqueles catalogados no art. 12, ou seja, os natos e os naturalizados. Tanto uns como outros são nacionais, independentemente de sua idade, condição física, mental ou cultural.

Cidadão, diferentemente, é aquele apto a participar dos negócios políticos do Estado, podendo escolher dirigentes ou ser escolhido para dirigir.

É o que decorre do exame da Lei Magna, que abre um capítulo para a nacionalidade (Título II, capítulo III, art. 12) e outro para os direitos políticos (Título II, capítulo IV, art. 14).

Será cidadão aquele alistado eleitor, o que significa que se trata de pessoa maior de 16 anos, civilmente capaz, e no exercício de direitos políticos. É o eleitor, como conceituado no art. 14, § 1º, do Texto Constitucional (combinado com o art. 15).

O constituinte estipulou – com tal dizer – que só aqueles participantes ativos dos negócios do Estado podem postular em defesa do patrimônio público. Participação ativa, como visto, não é própria, apenas, daqueles que dirigem, é também daqueles que podem escolher os dirigentes.

Assim, o menor de 16 anos, os demais incapazes ou os que não estão no gozo dos direitos políticos não podem propor a ação.

A ideia de ação popular está ligada à de discernimento, de convicção íntima, de juízo próprio, de apreciação individual. Isto exclui, também, as sociedades e associações – públicas ou particulares – da legitimação ativa para a demanda popular. A referência a "cidadão" significa "pessoa física", nunca jurídica.

Em síntese: é legitimado para propor a ação popular o titular da cidadania; não são legitimados os estrangeiros, os apátridas, os que não exercem seus direitos políticos (seja porque os perderam ou porque não os adquiriram) e as pessoas jurídicas.

no conceito de que a coisa pública é patrimônio do povo" (Ada Pellegrini Grinover, "A tutela jurisdicional dos interesses difusos", *RePro* 14-15/38).

4. Lesividade ao patrimônio público

Já dissemos que patrimônio público é aquele pertencente ao povo, única razão de existência do Estado. É entidade pública – a partir daquele conceito – todo aquele que, sob alguma forma, participar de ente estatal.

Assim, nos parâmetros constitucionais, são atacáveis por ação popular tanto os atos lesivos ao patrimônio de entidades da administração direta quanto da indireta, inclusive das empresas públicas e das sociedades de economia mista.[3]

Também nestas últimas há uma parcela de patrimônio público, o que faz nascer o interesse popular na adequada aplicação e gestão do patrimônio público nelas empregado.

A doutrina e a jurisprudência têm enfrentado o problema de saber se basta a lesividade para autorizar a demanda popular ou se é indispensável a configuração da ilegalidade.

A questão pode ser solucionada pela compreensão de que é impossível a existência de um ato lesivo, mas "legal". É que a lesividade traz em si a ilegalidade.

Com efeito, o ato pode ser praticado por autoridade constituída e sob a forma legal. Porém, o seu objetivo pode ser outro que não o da finalidade pública. O seu móvel pode ser um interesse pessoal do administrador, sem retratar o interesse público.

Suponha-se uma desapropriação levada a efeito por um Município. A forma legal é perfeita, como, também, a autoridade praticante.

Entretanto, o prefeito municipal teria tido – a título de exemplo – como razão subjetiva o intento de, com a expropriação, deitar abaixo imóvel de um seu desafeto político. Teria havido, aí, desvio de finalidade, que é uma vulneração no sistema normativo. Em outras palavras: ilegalidade.

Verifique-se, no exemplo, que a lesividade trouxe consigo a ilegalidade. Ou seja: a oneração do patrimônio público com o desencaixe de verbas necessárias ao pagamento da expropriação importa lesão por desvio de finalidade.

Ocorreu a lesão, que trouxe consigo a ilegalidade.

3. Também das sociedades mútuas de seguro nas quais a União represente os segurados ausentes, de empresas públicas, de serviços sociais autônomos, de instituições ou fundações para cuja criação ou custeio o tesouro público haja concorrido ou concorra com mais de 50% do patrimônio ou de receita ânua, de empresas incorporadas ao patrimônio da União, do Distrito Federal, dos Estados e dos Municípios, e de quaisquer pessoas jurídicas ou entidades subvencionadas pelos cofres públicos (art. 1º da Lei 4.717, de 29.6.65).

De modo que, embora o texto constitucional não aluda à ilegalidade, ela está sempre presente nos casos de lesividade ao patrimônio público.[4]

4. Alguns autores entendem que a nova ordem constitucional de 1988, ao ampliar o objeto da ação popular (art. 5º, LXXIII), faculta o ajuizamento da ação com fundamento em lesão à moralidade administrativa, independentemente do tradicional requisito da lesão patrimonial. A respeito, ver trabalho de Clóvis Beznos, *Ação popular e Ação Civil Pública,* p. 45.

Capítulo IV

DIREITO DE PETIÇÃO

É assegurado a qualquer pessoa o direito de petição aos Poderes Públicos, em defesa de direitos ou contra ilegalidade ou abuso de poder. É o teor do art. 5º, XXXIV, "a", da CF.

Wilson Accioli[1] lembra que o direito de petição tem suas raízes no *Bill of Rights*, de 1689.

Os súditos dirigiam petições ao rei.

O mesmo ocorreu na Constituição francesa de 1791, quando cidadãos dirigiam petições assinadas individualmente às autoridades constituídas.

"O direito do povo de dirigir petições ao governo para reparação de suas lesões" foi consagrado, também, pela primeira Emenda à Constituição dos Estados Unidos.

Assinale-se que esses direitos são conferidos a todos os brasileiros e estrangeiros, pois a Constituição não distingue entre os nacionais e os estrangeiros, para essa hipótese.

Visa a defender *direito* ou noticiar *ilegalidade* ou *abuso de autoridade.*

Peticionar (fazer petição) significa *ação de pedir*, *rogo*, *súplica*, *requerimento.*

A denúncia ou o pedido poderão ser feitos em nome próprio ou em nome da coletividade.

Dá-se notícia do fato abusivo para que os Poderes Públicos providenciem as medidas adequadas e se *solicita*, se *pede*, medida que defenda direito. A *petição* visa a prevenir a vulneração a direito (daí por que por ela se visa a defender direito) e denunciar ilegalidade ou abuso de poder.

1. *Instituições de Direito Constitucional*, 2ª ed., p. 556.

De qualquer forma, não se fornecem aos seus utilizadores meios de compulsão para o seu atendimento.

Daí a sua pouca utilização, no cotidiano. Embora se saiba que o seu uso constante possa demonstrar o interesse popular na defesa dos direitos individuais e, assim, constituir-se em constante alerta para os Poderes Públicos.

Capítulo V

O MANDADO DE INJUNÇÃO

A vontade constituinte corporifica-se no instante em que se promulga a Constituição. Se houve manifestação da vontade popular soberana por meio de uma Assembleia Constituinte, entende-se que ela deva ser cumprida. Ou seja: as normas constitucionais devem adquirir eficácia plena para sua efetiva aplicação.

As Constituições anteriores continham normas que demandavam legislação integrativa e regulamentadora. Inerte o legislador ordinário, tais normas jamais se tornavam operativas. Assim também ocorria com as normas de natureza programática. Ficavam no papel em face da inação do legislador infraconstitucional.

Em razão dessa realidade do passado é que a Constituição de 1988 cria o *mandado de injunção*, ao lado do *controle de inconstitucionalidade por omissão*. Neste – já registramos em capítulo anterior – há uma espécie de ataque *em tese* à ausência de norma regulamentadora por inércia do Poder competente para expedir o ato normativo. A legitimidade para propor essa ação de inconstitucionalidade é entregue aos arrolados nos incisos I a IX do art. 103 da CF.

O *mandado de injunção* diz respeito ao mesmo tema: falta de norma regulamentadora que torna inviável o exercício dos direitos e liberdades constitucionais e das prerrogativas inerentes à nacionalidade, à soberania e à cidadania (art. 5º, LXXI).[1]

1. A hipótese de cabimento do mandado de injunção é a falta de norma regulamentadora. Elucida este entendimento a ementa oficial decorrente do julgado proferido no MI 81-6 (AgRg), DF, TP, j. 20.4.90, rel. Min. Celso de Mello, *DJU* 25.5.90: "Ementa oficial: Mandado de Injunção. Situação de lacuna técnica. Pressuposto essencial de sua admissibilidade. Pretendida majoração de vencimentos devidos a servidores públicos. Alteração de lei já existente. Inviabilidade. Agravo Regimental improvido.

"A estrutura constitucional do mandado de injunção impõe, como um dos pressupostos essenciais de sua admissibilidade, a ausência de norma regulamentadora.

Nesse caso, qualquer pessoa está legitimada para propô-lo e a consequência é a declaração do direito pleiteado, feita diretamente pelo Judiciário, apesar da ausência da norma regulamentadora. Assim, a decisão judicial no *mandado de injunção* torna *viável* o exercício dos direitos constitucionalmente previstos.[2]

Difere, nesse ponto, do controle da inconstitucionalidade por omissão, em que a decisão judicial simplesmente dará ciência da omissão ao Poder competente para a adoção das providências necessárias. No caso do Poder Legislativo não há prazo fixado e, portanto, não há sanção; em se

"Essa situação de lacuna técnica – que se traduz na existência de um nexo casual entre o *vacum juris* e a impossibilidade do exercício dos direitos e liberdades constitucionais e das prerrogativas inerentes à nacionalidade, à soberania e à cidadania – constitui requisito necessário que condiciona a própria impetrabilidade desse novo remédio instituído pela Constituição de 1988.

"O mandado de injunção não constitui, dada a sua precípua função jurídico-processual, sucedâneo de ação judicial que objetiva, mediante alteração de lei já existente, a majoração de vencimentos devidos a servidores públicos.

"Refoge ao âmbito de sua finalidade corrigir eventual inconstitucionalidade que infirme a validade de ato estatal em vigor" (*RT* 659/213).

No mesmo sentido, ao considerar como pressuposto do mandado de injunção a falta de norma regulamentadora, decisão proferida em grau de apelação pelo Tribunal de Justiça do Rio Grande do Sul (Ap. 189102114, da 6ª C., j. 8.3.90): "A invocação do mandado de injunção pressupõe e só tem cabida quando a inexistência de norma regulamentadora vem a se constituir em obstáculo ou inviabilize o exercício de um direito ou pretensão, causando prejuízo. Se a norma jurídica invocada é autoaplicável, o que ocorre com o artigo 47 do "Ato das disposições constitucionais transitórias", descabe a utilização do mandado de injunção" (*RT* 654/181).

Logo, se o direito pleiteado independe de norma regulamentadora que viabilize o seu exercício, não é cabível o mandado de injunção. Ainda a este respeito: "Mandado de injunção. Impetração contra ato de demissão objetivando a reintegração dos requerentes. Inadequação do instrumento. Direito social consagrado pelo art. 7º, inc. I, da CF, já provisoriamente regulamentado pelo art. 10 do "Ato das Disposições Constitucionais Transitórias" e que independe de nova norma regulamentar para viabilizar o seu exercício. Agravo Regimental não provido" (AgRg no MI 111-1, in *RT* 666/209).

2. Não tem sido esse, no entanto, o entendimento do Supremo Tribunal Federal. Assentou este Tribunal que o mandado de injunção é: "... ação outorgada ao titular do direito, garantia ou prerrogativa dos quais o exercício está inviabilizado pela falta da norma regulamentadora, e ação que visa obter do Poder Judiciário a declaração de inconstitucionalidade desta omissão se estiver caracterizada a mora em regulamentar por parte do Poder, órgão, entidade ou autoridade de que ela dependa, com a finalidade de que se lhe dê ciência dessa declaração para que adote as providências necessárias" (STF, MI, 23.11.89, Min. Moreira Alves, *Boletim* 220, p. 5).

Neste mesmo sentido o julgamento do mandado de injunção 168-5: "O mandado de injunção nem autoriza o Judiciário a suprir a omissão legislativa ou regulamentar, editando o ato normativo omitido, nem, menos ainda, lhe permite ordenar, de imediato, ato concreto de satisfação do direito reclamado: mas, no pedido para que o Tribunal o faça, se contém o pedido de atendimento possível para a declaração de inconstitucionalidade da omissão normativa, com ciência ao órgão competente para que a supra" (in *RT* 671/216).

tratando porém de órgão administrativo, a providência deve ser tomada no prazo de 30 dias, sob pena de responsabilidade.

No controle da inconstitucionalidade por omissão *comunica-se* a omissão; no mandado de injunção o Judiciário deve *declarar* o direito para que dele possa desfrutar o postulante ainda que omisso o regulamentador da norma constitucional.

Insista-se: o Judiciário não legislará nem substituirá o legislador competente. Declarará o direito.

Mas quando é que ao Judiciário será possível fazê-lo sem a intermediação legislativa?

Anote-se, neste passo, que os direitos expressamente referidos no Texto Constitucional ou que independem de norma regulamentadora para o seu desfrute abrem campo ao mandado de segurança (direito líquido e certo) e não para o mandado de injunção. Este é cabível quando a falta de norma regulamentadora torna inviável o exercício de direitos (CF, art. 5º, inc. LXXI). Portanto, o direito invocável por meio de mandado de injunção é aquele dependente de intermediação normativa cuja ausência causa prejuízos. Há direitos previstos na Constituição cuja plenitude é alcançada ao verificar-se a normação integrativa. Entretanto, mesmo naquelas normas constitucionais carecentes de regulamentação é possível vislumbrar – e delas extrair – direitos que podem ser deferidos ao pleiteante se o Judiciário entender que àquela altura já se caracterizou a omissão.

Assim, em mandado de injunção o Judiciário estaria declarando o direito, tendo a sentença força mandamental. Tal forma de proceder não caracterizaria legislação, mas exercício da jurisdição na forma ampliada, tal como fixado pela nova Constituição. Deferiu-se ao Judiciário nova e importante missão: a de impedir que a omissão de autoridade regulamentadora vulnere direitos indefinidamente.

Registre-se, também, que apenas a ausência de norma regulamentadora enseja o mandado de injunção. Não é a falta de atuação administrativa que o permite. Por isso, no caso de normas constitucionais do tipo "a saúde é direito de todos e dever do Estado..." (CF, art. 196) não se legitima a utilização deste instrumento constitucional. É que, no caso, o que se demanda é a construção de hospitais, escolas, contratação de médicos, professores, aquisição de aparelhagem necessária etc. Trata-se de atividade administrativa que dispensa legislação regulamentadora. Não se trata, pois, de incidência do artigo 5º, LXXI, que alude à "falta de norma regulamentadora".

Mas, como dito, não são todas as normas constitucionais de eficácia limitada que autorizam servir-se de injunção.

O Judiciário deverá examinar caso a caso para verificar se estão, em primeiro lugar, definidos na norma constitucional os contornos mínimos ensejadores da declaração do direito e, em segundo lugar, se já se caracterizou a omissão do Poder competente para produzir a regulamentação (não fora assim, no dia 6 de outubro de 1988 já estaria caracterizada a omissão). Falhando um destes requisitos a hipótese é de improcedência do mandado de injunção.

Em face do quanto se disse convém registrar alguns exemplos de normas constitucionais que, parece-nos, ensejariam injunção pelo primeiro dos requisitos (contornos mínimos autorizadores da declaração de direito).

Tome-se o caso do artigo 5º, inciso XXVI: "a pequena propriedade rural, assim definida em lei, desde que trabalhada pela família, não será objeto de penhora para pagamento de débitos decorrentes de sua atividade produtiva...".

Suponha-se a hipótese de proprietário rural de pequena gleba que deve a um estabelecimento bancário importância aplicada na sua atividade produtiva e que está sendo objeto de uma execução. Não há, ainda, lei definindo o que seja "pequena propriedade rural". Inexistindo essa lei federal, certa e seguramente o juiz da execução autorizaria a penhora. Entretanto, basta o senso comum para ter-se ideia – especialmente em caso concreto – do que é ou não "pequena propriedade rural". Por evidente, a omissão do legislador federal, que não a define, está, a esta altura, causando prejuízo a direito constitucionalmente previsto.

Não poderia o Judiciário, à vista do senso comum, declarar o direito à impenhorabilidade de propriedade rural que, a juízo do Tribunal, fosse considerada pequena? Note-se que, para tanto, o Tribunal não estaria legislando mas simplesmente declarando um direito que é desígnio constitucional.

Nada impede que um dia sobrevenha a lei definindo o que seja "pequena propriedade rural". A partir desse instante prevalecerá a definição legal, que não poderá, por óbvio, alcançar as situações jurídicas definitivamente constituídas por decisão judicial. Até porque tal decisão se deu em razão da omissão legislativa. Era outro, portanto, o quadro institucional.

Percebe-se, neste exemplo, que a Constituição efetivamente conferiu ao Poder Judiciário a tarefa de realçar e, assim, preservar o objetivo constitucional fruto do desejo constituinte.

Cumpre ressaltar que o exemplo dado e os demais levam em conta a eventual inexistência de legislação anterior que tenha sido recebida pela Constituição nova.

Tome-se o artigo 17, § 3º: "Somente terão direito a recursos do fundo partidário e acesso gratuito ao rádio e à televisão, na forma da lei, os partidos políticos que alternativamente: (Redação dada pela Emenda Constitucional nº 97, de 2017)".

Suponha-se inexistência da lei, com campanha eleitoral já em andamento. Não poderia o STF, diante de mandado de injunção impetrado por partido político, garantir o acesso gratuito ao rádio e à televisão, fixando o tempo mínimo?

Diferente é o caso do artigo 37, inciso V: "as funções de confiança, exercidas exclusivamente por servidores ocupantes de cargo efetivo, e os cargos em comissão, a serem preenchidos por servidores da carreira nos casos, condições e percentuais mínimos previstos em lei, destinam-se apenas às atribuições de direção, chefia e assessoramento".

Já aqui parece-nos difícil ao Judiciário declarar o direito de servidores ocupantes de cargo efetivo de carreira para exercer este ou aquele cargo em comissão ou função de confiança. Aqui, só mesmo o legislador poderia estabelecer os casos, condições e percentuais mínimos.

Tome-se, também, o artigo 37, inciso VII: "o direito de greve será exercido nos termos e nos limites definidos em lei específica".

Poderia uma associação de funcionários públicos pleitear a declaração judicial do seu direito de greve? Também nos parece difícil que o Tribunal possa declará-lo, dado que não é possível nele vislumbrar requisitos mínimos autorizadores do desfrute desse direito, enquanto os termos e limites não forem definidos em lei específica.

Diferente, por seu turno, é o caso do artigo 45, § 1º: "O número total de Deputados, bem como a representação por Estado e pelo Distrito Federal, será estabelecido por lei complementar, proporcionalmente à população, procedendo-se aos ajustes necessários, no ano anterior às eleições, para que nenhuma daquelas unidades da Federação tenha menos de oito ou mais de setenta Deputados".

Se o critério é o da proporcionalidade populacional; se o princípio adotado pelo constituinte é o da representatividade (*one man, one vote*); se o máximo de deputados por Estado é de setenta e o mínimo de oito, indispensavelmente o Estado mais populoso terá setenta representantes e o menos populoso, oito, na Câmara Federal, apesar de o dispositivo estabelecer que a representação será fixada por lei complementar.

A hipótese é de mandado de injunção por aqueles que se sentirem prejudicados pela omissão legislativa, já que se verificam, no dispositivo, os contornos mínimos autorizadores da declaração do direito com força mandamental.

Já de outra forma há de encarar-se o artigo 201, § 9º, da CF: "Para fins de aposentadoria, será assegurada a contagem recíproca do tempo de contribuição entre o Regime Geral de Previdência Social e os regimes próprios de previdência social, e destes entre si, observada a compensação financeira, de acordo com os critérios estabelecidos em lei. (Redação dada pela Emenda Constitucional nº 103, de 2019)".

Aqui parece-nos difícil ao Tribunal conceder o mandado de injunção impetrado por eventual prejudicado, dado que a compensação financeira entre os diversos regimes de previdência social demanda critérios técnicos dificilmente aferíveis pelo Judiciário. Não há, neste caso, os contornos mínimos ensejadores da injunção.

Há centenas de exemplos na Constituição Federal. Foram pinçados alguns poucos com o objetivo de evidenciar a ideia da discricionariedade do Tribunal na apreciação do mandado de injunção. Se preenchidos os requisitos antes apontados, hão de ser deferidos; se não preenchidos, não hão de ser deferidos.

O certo é que – repise-se – a Constituição Federal conferiu essa tarefa ao Poder Judiciário. Esta é a via interpretativa que pode dar-lhe a tão desejada eficácia. O que não se pode é fazer dele instrumento igual à ação direta de controle da inconstitucionalidade por omissão. São coisas diversas, com objetivos constitucionais nitidamente diferenciados.

Entendemos que o *mandado de injunção* somente pode ser impetrado contra pessoa jurídica de direito público. Primeiro porque o dispositivo criador do *mandado de injunção* refere-se a matérias de ordem pública, como liberdades constitucionais, nacionalidade, soberania e cidadania. Em segundo lugar porque é ilógico imaginar-se uma ação proposta contra particular pleiteando direitos que não foram conferidos em razão de ausência de norma regulamentadora. Seria considerar responsável o particular por ato que se deveu a omissão do Poder Público. Aqui aplica-se a máxima: é incompatível com o Direito a interpretação que leva ao absurdo.

Convém registrar, por fim, que o *mandado de injunção* será julgado pelo Supremo Tribunal Federal quando a elaboração da norma regulamentadora for atribuição do Presidente da República, do Congresso Nacional, da Câmara dos Deputados, do Senado Federal, das Mesas de uma dessas Casas legislativas, do Tribunal de Contas da União, de um dos Tribunais Superiores ou do próprio Supremo Tribunal Federal (art. 102, I, "q"). Será competente o Superior Tribunal de Justiça quando a elaboração da norma regulamentadora for atribuição de órgão, entidade ou autoridade federal, da administração direta ou indireta, excetuados os casos de competência do Supremo Tribunal Federal e dos órgãos da Justiça Militar, da Justiça Eleitoral, da Justiça do Trabalho e da Justiça Federal (art. 105, I, "h").[3]

3. Quanto à competência para processar e julgar o mandado de injunção, elucidativo é o julgamento do MI 157-0, pelo Supremo Tribunal Federal: "Mandado de injunção contra o

Os dispositivos constitucionais acima citados autorizam a convicção de que os Estados poderão estabelecer, nas suas Constituições, a competência dos Tribunais estaduais para o julgamento do *mandado de injunção* contra autoridades e órgãos estaduais e municipais.[4]

Ministério do Trabalho. Competência. Sendo o mandado de injunção dirigido contra o Ministério do Trabalho com o objetivo de que o impetrante obtenha registro como entidade sindical, evidencia-se não ser competente o STF para processá-lo e julgá-lo, ante o disposto no art. 102, I, "q", da CF, não lhe cabendo, por isso mesmo, sequer apreciar se, para o fim em vista, o meio processual utilizado é o adequado. Remessa dos autos ao STJ para processar e apreciar o pedido, como for de direito" (in *RT* 671/215).

4. A Constituição do Estado de São Paulo, em seu art. 74, V, estabelece a competência do Tribunal de Justiça para processar e julgar mandado de injunção "quando a inexistência da norma regulamentadora estadual ou municipal de qualquer dos Poderes, inclusive da administração indireta, torne inviável o exercício de direitos assegurados nesta Constituição".

Capítulo VI

O "HABEAS DATA"

Por meio do *habeas data* objetiva-se fazer com que todos tenham acesso às informações que o Poder Público ou entidades de caráter público possuam a seu respeito (art. 5º, LXXII, "a", da CF).

É fruto, nesta Constituição, de uma experiência constitucional anterior em que o governo arquivava, a seu critério e sigilosamente, dados referentes a convicção filosófica, política, religiosa e de conduta pessoal dos indivíduos.

A insurgência contra os órgãos de informação gerou o *habeas data*.

Examinemo-lo tal como positivado pelo constituinte.

Já dissemos sobre seu objetivo principal: assegurar o conhecimento de informações relativas à pessoa do impetrante, constantes de registros ou bancos de dados de entidades governamentais ou de caráter público.[1]

Por essa dicção, o *habeas data* tanto pode dirigir-se contra órgãos públicos como contra exercentes de atividades de caráter público. O Serviço de Proteção ao Crédito, por exemplo, exerce funções dessa natureza. Os indivíduos que não obtêm crédito junto a estabelecimentos comerciais possuem dados desfavoráveis naquele Serviço. Isto causa inegável prejuízo

1. Observe-se que há julgados que condicionam o cabimento do *habeas data* à existência de lesão de direito, decorrente da negação de informações por parte do órgão que deveria prestá-las. Neste sentido, *Habeas Data* ns. 06 e 08, *LEX-JSTJ e TRF*, 1º de setembro de 1989, pp. 149 a 157 e pp. 158 a 163: "O *habeas data* é a ação constitucional. Submete-se, por isso, às respectivas condições, entre as quais o interesse de agir. Processualmente, significa necessidade de ingresso em juízo, dada a resistência da contraparte. Faltará, entretanto, essa condição, se quem deveria prestar as informações ou promover a retificação dos dados não as negou, porque nada lhe fora requerido. Inexiste, pois, lesão ao direito do impetrante".

Compartilhando da mesma orientação, *Habeas Data* n. 4, DF, 1ª S., j. 13.6.89, *LEX-JSTJ e TRF* 28.8.89 (*RT* 653/197-203).

a qualquer pessoa que se vê barrada no seu anseio de adquirir bens pelo crediário.

Nada impede, a nosso perceber, a impetração de *habeas data* com o objetivo de conhecer as informações que o Serviço de Proteção ao Crédito detenha a seu respeito.

Obtida a informação, seja de entidade governamental ou daquelas de caráter público, segue-se o segundo objetivo do *habeas data*: a retificação dos dados nela constantes (art. 5º, LXXII, "b").

Ressalte-se que só se pode pleitear, por *habeas data*, informações relativas ao impetrante.[2] Não de terceiros, permitidas por outro dispositivo constitucional (art. 5º, XXXIII). A negativa, nesse caso, autoriza o mandado de segurança e não *habeas data.*

O *habeas data* também não pode ser confundido com o direito à obtenção de certidões em repartições públicas. Ao pleitear certidão, o solicitante deve demonstrar que o faz para defesa de direitos e esclarecimento de situações de interesse pessoal (art. 5º, XXXIV, "b"). No *habeas data* basta o simples desejo de conhecer as informações relativas à sua pessoa, independentemente da demonstração de que elas se prestarão à defesa de direitos.

Finalmente, *todos* os dados referentes ao impetrante devem ser fornecidos. Não valerá, na hipótese do *habeas data*, a alegação de sigilo em nome da segurança do Estado. Tal restrição está expressamente prevista no caso do art. 5º, XXXIII, por meio do qual se autoriza a certificação de informações, ressalvando-se "aquelas cujo sigilo seja imprescindível à segurança da sociedade e do Estado". No preceito referente ao *habeas data* não se verifica essa restrição. Não há como, em matéria de direito individual, utilizar-se de interpretação restritiva. Ela há de ser, nessa matéria, ampliativa.

2. "O objeto do *habeas data* é o pedido de apresentação de informações ou retificação de informações sobre a pessoa do impetrante, sendo, pois, uma ação personalíssima, de forma a não admitir o pedido de terceiros, e sequer sucessão no direito de pedir" (Vicente Greco Filho, in *Tutela Constitucional das Liberdades – Direitos Individuais na Constituição de 1988: "Habeas Corpus" – "Habeas Data" – Mandado de Segurança Individual – Mandado de Segurança Coletivo – Mandado de Injunção*, ed. Saraiva, 1989, p. 176).

BIBLIOGRAFIA

LIVROS

ACCIOLI, Wilson. *Instituições de Direito Constitucional*, Forense.

AMARAL SANTOS, Aricê. *O Poder Constituinte*, Sugestões Literárias.

ANHAIA MELLO, José Luiz. *O Estado Federal e as suas novas perspectivas*, Max Limonad.

ATALIBA, Geraldo. *Lei Complementar na Constituição*, Ed. RT.

________. *O Decreto-lei na Constituição de 1967*, Ed. RT.

________. *Sistema Constitucional Tributário*, Ed. RT.

________. *Estudos e Pareceres de Direito Tributário*, Ed. RT.

________. *VI Curso de Especialização em Direito Tributário*, Resenha Tributária, 1978.

________. *República e Constituição*, Malheiros Editores, 1998; 3ª ed., 2011.

ATALIBA NOGUEIRA, José Carlos. *Lições de Teoria Geral do Estado*, edição do Instituto de Direito Público.

BALLADORE PALLIERI, Giorgio. *Diritto Costituzionale*, 10ª ed., Dott. A. Giuffrè.

BANDEIRA DE MELLO, Celso Antônio. *Natureza e Regime Jurídico das Autarquias*, Ed. RT.

________. *Prestação de Serviços Públicos e Administração Indireta*, Ed. RT.

________. *Ato Administrativo e Direitos dos Administrados*, Ed. RT.

________. *Apontamentos sobre os Agentes e Órgãos Públicos*, Ed. RT.

________. *Curso de Direito Administrativo*, 12ª ed., Malheiros Editores, 2000; 29ª ed., 2012.

BANDEIRA DE MELLO, Oswaldo Aranha. *A Teoria das Constituições Rígidas*, José Bushatsky.

________. *Princípios Gerais de Direito Administrativo*, vol. I, 3ª ed., 2ª tir., Malheiros Editores, 2010.

BARACHO, José Alfredo de Oliveira. *Teoria da Constituição*, Resenha Tributária.

BARROSO, Luís Roberto. *Direito Constitucional Brasileiro: o Problema da Federação*, Forense.

BASTOS, Celso Ribeiro. *Curso de Direito Constitucional*, 22ª ed., Malheiros Editores, 2010.

________. *Mandado de Segurança*, Saraiva.

BEZNOS, Clóvis. *Ação Popular e Ação Civil Pública*, Ed. RT, 1989.

BISCARETTI DI RUFFIA, Paolo. *Diritto Costituzionale*, 6ª ed., Nápoles.

BITTENCOURT, Lúcio. *O Controle Jurisdicional da Constitucionalidade das Leis*, Forense.

BONAVIDES, Paulo. *Direito Constitucional*, 4ª ed., refundida, sob o título *Curso de Direito Constitucional*, Malheiros Editores, 1993; 27ª ed., 2012.

________. *Reflexões, Política e Direito*, 3ª ed., Malheiros Editores, 1998.

________. *A Constituição Aberta*, 2ª ed., Malheiros Editores, 1996; 3ª ed., 2004.

BUZAID, Alfredo. *Ação Direta de Declaração de Inconstitucionalidade*, Saraiva.

CAETANO, Marcello. *Manual de Direito Constitucional*, Forense, 1963.

CARRAZZA, Roque Antonio. *O Regulamento no Direito Tributário Brasileiro*, Ed. RT.

________. *Curso de Direito Constitucional Tributário*, 15ª ed., Malheiros Editores, 2000; 28ª ed., 2012.

CARRIÓ, Genaro R. *Notas sobre Derecho e Lenguaje*, Buenos Aires, Abeledo Perrot, 1972.

CRISAFULLI, Vezio. *Lezioni di Diritto Costituzionale*, vol. I, Padova, CEDAM, 1968.

________. *Le Costituzione e le sue Disposizione di Principio*, Milão, Giuffrè, 1952.

CUNHA FERRAZ, Anna Cândida da. *Poder Constituinte do Estado-Membro*, Ed. RT.

DALLARI, Adilson Abreu. *Regime Constitucional dos Servidores Públicos*, Ed. RT.

DALLARI, Dalmo de Abreu. *Elementos de Teoria Geral do Estado*, Saraiva.

DROMI, José Roberto. *Federalismo y Diálogo Institucional*, Tucuman, Argentina, Ediciones Unsta.

FERREIRA FILHO, Manoel Gonçalves. *Curso de Direito Constitucional*, Saraiva.

________. *Do Processo Legislativo*, Saraiva.

FREITAS, Herculano de. *Direito Constitucional*, edição especial, 1923.

GORDILLO, Agustín. *El Acto Administrativo*, Buenos Aires, Abeledo Perrot, 1969.

GRAU, Eros Roberto. *Regiões Metropolitanas — Regime Jurídico*, José Bushatsky.

GRECO FILHO, Vicente. *Os Direitos Individuais e o Processo Judicial*, Atlas, 1977.

HAMILTON, Jay e MADISON. *O Federalista*, Editora Nacional de Direito, 1959.

KELSEN, Hans. *Teoria Pura do Direito*, 4ª ed., Coimbra, Arménio Amado, 1976.

LEITE, Luciano Ferreira. *Discricionariedade Administrativa e Controle Judicial.*

LEME, Ernesto. *A Intervenção Federal nos Estados*, 2ª ed., EGRT.

MALUF, Sahid. *Direito Constitucional*, 4ª ed., Sugestões Literárias.

MEDEIROS, Océlio. *Territórios Federais*, 1944.

MEIRELLES, Hely Lopes. *Mandado de Segurança e Ações Constitucionais*, 22ª ed., Malheiros Editores, 2000; 38ª ed., 2012.

MICHOUD, Léon. *Théorie de la Personalité Morale*, vol. I, 1932.

MONTORO, Eugênio Franco. *Os Municípios na Constituição Brasileira*, Ed. Welenich-EDUC.

PERDOMO, Jaime Vidal. *Derecho Constitucional General*, 2ª ed., Universidad Externado de Colombia, 1981.

PINTO FERREIRA, *Curso de Direito Constitucional*, Saraiva.

PONTES DE MIRANDA. *História e Prática do "Habeas Corpus"*, 8ª ed., Saraiva, 1979.

RIBEIRO, Fávila. *Direito Eleitoral*, Forense.

RUSSOMANO, Rosah. *Curso de Direito Constitucional*, Saraiva.

SALDANHA, Nelson. *Legalismo e Ciência do Direito*, Atlas.

SANTI ROMANO. *Princípios de Direito Constitucional Geral*, trad. de Maria Helena Diniz, Ed. RT.

SIDOU, Othon. *Do Mandado de Segurança*, Ed. RT.

SILVA, José Afonso da. *Curso de Direito Constitucional Positivo*, 18ª ed., Malheiros Editores, 2000; 35ª ed., 2012.

________. *Aplicabilidade das Normas Constitucionais*, 4ª ed., Malheiros Editores, 2000; 8ª ed., 2012.

SIQUEIRA CASTRO, Carlos Roberto. *O Congresso e as Delegações Legislativas*, Forense.

SOUZA SAMPAIO, Nelson de. *Do Processo Legislativo*, Saraiva.

TEMER, Michel. *Território Federal nas Constituições Brasileiras*, Ed. RT.

TOURINHO FILHO, Fernando da Costa. *Curso de Direito Processual Penal*, 3ª ed., Jalovi.

TRIGUEIRO, Oswaldo. *Direito Constitucional Estadual*, Forense.

ARTIGOS EM REVISTAS E CONFERÊNCIAS

ARRUDA ALVIM, José Manoel de. Notas taquigráficas de aula sobre Mandado de Segurança, proferida em curso promovido pela Justiça Federal, em São Paulo.

ATALIBA, Geraldo. "Reeleição das Mesas do Legislativo", *Revista de Informação Legislativa* n. 69.

________. "Inviolabilidade dos parlamentares", *Revista de Informação Legislativa* n. 63.

ATALIBA NOGUEIRA, José Carlos. "Teoria do Município", *RDP* vol. 6.

BONAVIDES, Paulo. "Quem tem medo da Constituinte?", publicado no "Folhetim" da *Folha de S.Paulo*, de 26.7.1981, p. 5.

BRITTO, Carlos Ayres. "O sentido do vocábulo Poder na Constituição", *Vox-Legis* vol. 145.

CARVALHO, Paulo de Barros. Notas taquigráficas de aula em curso de especialização em Direito Tributário na PUC-SP.

DALLARI, Adilson Abreu. "Uso do solo metropolitano", *RDP* vol. 14.

DOIN VIEIRA, Eugênio. "As espécies normativas", trabalho de conclusão de disciplina no Curso de Mestrado da PUC-SP.

DOTTI, René Ariel. "O direito de petição", tese oferecida ao Congresso da OAB realizado em Curitiba.

FERRAZ, Sergio. "As regiões metropolitanas no direito brasileiro", tese oferecida ao VIII Congresso Nacional dos Procuradores de Estado em 1977.

FERREIRA FILHO, Manoel Gonçalves. *Revista da PGE de São Paulo* vol. 12.

FIGUEIREDO, Lúcia Valle. "Tribunais de Contas municipais", *RDP* vol. 62.

GRINOVER, Ada Pellegrini. "A Tutela Jurisdicional dos interesses difusos", *RePro* 14/15.

HORTA, Raul Machado. "Tendências do Federalismo brasileiro", *RDP* vol. 9.

LOUZADA, Paulo de Matos. "Parecer sobre o veto parcial", ainda não publicado.

MARINHO, Josaphat. "Inconstitucionalidade de lei", *RDP* vol. 12.

OLIVEIRA LIMA, Sebastião. "Os contenciosos administrativos", *O Estado de S. Paulo* de 16.4.1978.

PONTES FILHO, Valmir. "A tripartição das funções e a função jurisdicional", trabalho de conclusão de disciplina no Curso de Mestrado da PUC-SP.

SARAIVA, Paulo Lopo. "Federalismo regional", tese para obtenção do grau de Mestre na PUC-SP.

SILVA, José Afonso da. "Estado-Membro na Constituição Federal", *RDP* vol. 16.

VITORINO, António. "Protecção Constitucional e Protecção Internacional dos Direitos do Homem: Concorrência ou complementaridade". *Revista da Faculdade de Direito da Universidade de Lisboa*; vol. XXXIV, Lisboa, 1993.

*ÍNDICE ALFABÉTICO-REMISSIVO**

* Elaborado pelo Dr. Eurico Souza Leite Filho.

M

* * *

EDITORA *Jus*PODIVM | MALHEIROS EDITORES

www.editorajuspodivm.com.br

Impressão e Acabamento

PlenaPrint
Indústria Gráfica

JMA0069